U0840178

当代中国人文大系 历史学

近五百年来福建的家族社会与文化

陈支平 著

中国人民大学出版社
·北京·

“当代中国人文大系”
出版说明

改革开放以来，中国社会的变革波澜壮阔，学术研究的发展自成一景。对当代学术成就加以梳理，对已出版的学术著作做一番披沙拣金、择优再版的工作，出版界责无旁贷。很多著作或因出版时日已久，学界无从寻觅；或在今天看来也许在主题、范式或研究方法上略显陈旧，但在学术发展史上不可或缺；或历时既久，在学界赢得口碑，渐显经典之相。它们至今都闪烁着智慧的光芒，有再版的价值。因此，把有价值的学术著作作为一个大的学术系列集中再版，让几代学者凝聚心血的研究成果得以再现，无论对于学术、学者还是学生，都是很有意义的事。

披沙拣金，说起来容易做起来难。俗话说，“文无第一，武无第二”。人文学科的学术著作没有绝对的评价标准，我们只能根据专家推荐意见、引用率等因素综合考量。我们不敢说，入选的著作都堪称经典，未入选的著作就价值不大。因为，不仅书目的推荐者见仁见智，更主要的是，为数不少公认一流的学术著作因无法获得版权而无缘纳入本系列。

“当代中国人文大系”分文学、史学、哲学等子系列。每个系列所选著作不求数量上相等，在体例上则尽可能一致。由于所选著作都是“旧作”，为全面呈现作者的研究成果和思想变化，我们一般要求作者提供若干篇后来发表过的相关论文作为附录，或提供一篇概述学术历程的“学术自述”，以便读者比较全面地了解作者的相关研究成果。至于有的作者希望出版修订后的作品，自然为我们所期盼。

“当代中国人文大系”是一套开放性的丛书，殷切期望新出现的或可获得版权的佳作加入。弘扬学术是一项崇高而艰辛的事业。中国人民大学出版社在学术出版园地上辛勤耕耘，收获颇丰，不仅得到读者的认可和褒扬，也得到作者的肯定和信任。我们将坚守自己的文化理念和出版使命，为中国的学术进展和文明传承继续做出贡献。

“当代中国人文大系”的策划和出版，得到了来自中国社会科学院、北京大学、清华大学、中国人民大学、北京师范大学、复旦大学、南京大学、南开大学等学术机构的学人的热情支持和帮助，谨此致谢！我们同样热切期待得到广大读者的支持与厚爱！

中国人民大学出版社

再版自序

20 世纪 80 年代，笔者曾从事中国家族史的研究，其成果集中体现在 1991 年三联书店上海分店所出版的《近 500 年来福建的家族社会与文化》一书中。此书是第一部比较全面探讨国内一个区域的家族社会的专著，出版后受到学界的肯定；台湾扬智文化事业股份有限公司也于 2004 年重新印行。笔者甚感欣慰。

十余年来，国内外学界对于中国家族社会史的研究方兴未艾，取得了许多可喜的成果。在这些研究成果中，既有对中国家族制度及其实践的宏观审视，也有对许多不同家族个案的细部考察。笔者更加愿意看到的是，中国家族史的研究前景应该是宏观审视与细部考察的紧密结合。

中国是一个幅员辽阔的国家，不同地区之间存在着社会经济、文化发展不平衡的状况。不用说中国南方和北方之间有着许多不同的人文表现形式，即使在同一省份、同一县市以至更小的区域之内，也会由于自然环境、社会经济的发展水平不同，而存在着一定的差异。中国的家族社会也是如此，各地的表现特征并不完全相同。学者们对中国家族制度、家族社会进行研究并且归纳出了一些带有普遍意义的论点，然而在对不同的区域和具体家族问题的分析上，又往往能够看到许多各具特色的表现形式。这种一般性与特殊性的差异与结合，正是构成中国家族社会丰富内涵的内在因素。我们只有把一般性的宏观审视与特殊性的细部考察紧密结合起来，才能真正把中国家族社会多姿多彩的面貌呈现出来。正因如此，笔者在《近 500 年来福建的家族社会与文化》一书的前言中作过“本书所描述的只能是福建家族与社会的一般形态，以全掩偏或以偏赅全的情况在所难免”的自我评估，在从事福建家族社会宏观审视的同时又注重不同地区、不同家族细部考察成为我贯穿始终的努力方向。本书中收录的有关崇安县民间社会与家族的论文，或许可以对充实福建家族社会的研究有所裨益。

这里要特别指出的是，书中多次采用了“乡族”的概念。自从20世纪80年代中国学界对于家族制度、家族社会的研究形成热潮以来，许多学者针对“家族”、“宗族”的概念及其含义进行了反复的讨论。但是对于“乡族”的概念，也许是由于比较空泛而不好把握的缘故，很少有人给予足够的关注。“乡族”一词，最早是傅衣凌先生在20世纪60年代提出的。他的著名论文《论乡族势力对于中国封建经济的干涉》发表以来，对于其后中国学界开展的家族史研究产生了重要影响。数十年过去了，学界对于“家族”、“宗族”概念的讨论也已偃旗息鼓。但是笔者在反思中国家族史研究的历程时，反而更加深切地感受到：人们对于“家族”、“宗族”等概念的讨论固然必要，然而过于强调概念化的界定，反而在一定程度上阻碍了人们对于家族社会的多重审视。事实上，中国的家族社会，不仅在不同的区域内有着不同的表现形式，而且在同一区域内，不同家族之间的关系也是相互纠结、错综复杂的。在某一个区域内，千家一姓、聚族而居、家族势力控制基层社会的现象固然有之，但是由若干个不同姓氏的家族交错分布、相互依存的现象也是处处可见。而这种基于一定地缘范围和家族血缘范围的“乡族”概念，反而更能在一些特定的区域内体现家族社会的基本特征。“乡族”的概念理应同“家族”、“宗族”的概念一样，受到学界的重视。这也正是笔者在书中既采用“家族社会”又采用“乡族社会”的用意所在。

我在本书初版的结语与思考中曾经如此描述：“宋元以来福建民间家族的最基本的文化内涵，依然是以儒家的‘中庸’学说为道义宗旨的。于是，在这种‘中庸’平衡而又可塑能动的家族社会里，不但可以保存许多落后的、陈旧的政治、经济和文化因素，同时又可以汲取、扶植、利用各种新的社会因素，来扩充和加强家族组织的社会时代适应性，以保持一定的活力和进取精神。特别是在中国封建社会晚期商品化程度日益提高的情况下，家族制度依然能够以

它包含的风度，吸收之、改造之，从而使传统的家族社会得以与近代的商品化比较和睦地相处共存，在某种程度上顺应了社会经济的前进。”这一论点显然与一般认为中国传统家族制度与宗法关系是属于“封建落后”的观点有着很大的差异。然而经过十多年来的不断反思和重新探索，我对于这一观点反而有了更加肯定的认识。近年来我通过对福建沿海地带家族商人集团的研究，进一步发现中国的传统家族制度及其组织，是可以在一定程度上跟随着时代的步伐，“与时俱进”地融入社会经济变迁的进程中，并且在其间发挥某些积极作用的。我的这些反思和探索，已另外汇成一书《民间文书与明清东南族商研究》，由中华书局出版。因此在此次再版中，就没有过多涉及。

以上是我近年来思考中国家族社会问题的三点意见，兹借中国人民大学出版社印行此书的机会，写在这里，谨以为序。此次再版，改名为《近五百年来福建的家族社会与文化》，另收录相关论文、访谈及本人著作目录，以便读者参考。同时亦借此机会，向中国人民大学出版社及多年来一直关心、支持我的研究工作的所有师友们，致以深切的谢意。

陈支平

2009 年 12 月 10 日

前　言

中国历史上的家族社会与文化，是中国传统社会形态的基础，它那十分丰富的内容和极为多变的外观，以及特有的多元弹性结构和跨时代的社会功能，早已引起国内外学者的普遍关注，成为一个多学科的学术研究领域。

福建是中国传统家族制度最为兴盛和完善的地区之一。当我们驱车奔驰在沿海地区宽敞的福厦公路上，公路两旁一幢幢崭新壮丽的中西合璧式的楼房，向我们展示了这一带经济繁荣的美好景象。但是楼房的花岗岩门匾上，镌刻着诸如“颍水流芳”、“弘农世家”、“陕西衍派”的大字，历历可见，格外醒目，体现了楼房的主人们慎终追远、不忘家族的情怀。如果我们跋涉在闽西南山区的崎岖乡村，一座座古老而高大的土堡、土楼形态各异、鳞次栉比，令人叹为观止。其规模之大，堪称世界之最，被国际生土建筑学家公认为“世界上独一无二、神话般的山区建筑模式”。但是，每当我们站在雄伟壮观的土堡之前，望着那巍然耸立的高墙和令人生畏的枪眼；每当我们身处土堡之中，看到堡内拥挤不堪的房屋布局、猪犬混杂的肮脏天井，还有那家庙、宗祠中香火缭绕着的祖先牌位和关圣帝君、福德正神那种似笑非笑的神秘表情，我们心头便涌起一种复杂的情感，祖先们的智慧与历尽艰辛的创造令我们自豪，然而，家族社会坚韧的封闭性又使我们悲哀。

这一切，既反映了中国数千年来的家族制度至今在福建遗风尚存，同时也显示了福建家族社会与文化所拥有的独特风格。因此，从社会文化发展史的角度，我们截取近五百年来福建家族社会与文化这一时空个案，进行断代和分区的实证研究，是有意义的。

早在20世纪三四十年代，傅衣凌教授就对福建的家族社会进行了开创性的研究。近年来，郑振满同学和日本的三木聪同学也都对福建的家族、乡族制度作了一系列的研究。他们的研究，给了我很多的启发和帮助。为了对福建的家族社会有一个更深切的了解，数年来，我曾多次到福建各城乡作社会调查，搜集到一大批人所未见的民间文献和实地调查资料，并陆续写成一些专题性的论文，得到了中外学者的诸多教益和鼓励，增强了我的信心和兴趣。于是，我不揣愚陋，对这些大量的地方民间文献和实地调查材料进行梳理分析，并结合其他文献草成此书。试图通过对福建家族社会的成长经过、内部管理和外部关系、阶级结构与社会功能、传统意识和基层文化等的多角度的剖视，展示福建家族社会与文化多层面的历史风貌。

然而，由于历史与社会的种种原因，福建各地的家族社会也呈现出种种不同的风姿，不可能形成一种固定的模式。因此，本书所描述的只能是福建家族与社会的一般形态，以全掩偏或以偏赅全的情况在所难免。再加上本人访查不力、见闻不周、研究不深，疏漏和错误之处定当不少，我诚挚地期待着方家和读者们的批评指正。如果本书能够引起同行们的注意，成为全面探究福建乃至中国家族社会与文化问题的抛砖引玉之作，那么我就喜出望外了。

这里，我还应当特别提出的是，本书的写作和出版，得到复旦大学姜义华教授和吴根梁先生无私的关怀和帮助，得到三联书店上海分店的大力扶持。借此机会，谨向他们表示衷心的感谢。

陈支平

1989年冬于厦门大学

目　录

第一章
福建的开发与聚族而居的传统

福建民间聚族而居的传统由来已久，这一传统的形成和发展，是与福建地区经济、文化的开发紧密地结合在一起的。

福建地处我国东南沿海，背山面海，长达千余里的武夷山脉把福建与邻省江西、浙江隔开，形成自己独特的经济区域。早在7 000年前，福建的土著居民——闽越族就已经在这块土地上繁衍生息，从事农业和渔业等方面的生产。这种古老的土著文明虽然与中原文明有着一定的联系，但是未与中原建立有效的行政关系。秦始皇统一中国后，虽然设置了闽中郡，但这只是名义上的行政统治，中央政府并没有派守尉令长来，地方仍由闽越土著统治。至汉高祖五年（前202），西汉中央政府依然奉行以闽人治闽地的方针，立闽中贵胄亡诸（无诸）为闽粤（越）王，统治闽中，其后不久，又陆续分封南海、东瓯二王①，使原属秦闽中郡的闽越、南海、东瓯三国鼎足而立，分而治之，削弱土著越人的力量，以防止闽中土著形成与中央政府相对抗的割据局面。

果然，闽越、南海、东瓯三国之间互不相能，“越人相攻击，固其常”②，越人的力量受到了严重的削弱。西汉中央政府乘机从中渔利，先后灭掉南海、东瓯二国，公元前110年又灭掉最强大的闽越国。为了彻底破坏闽中土著文明，把闽中正式并入大汉的版图，汉武帝以“东越狭多阻，闽越悍，数反覆，诏军吏皆将其民徙处江淮间。东越地遂虚”③，即采取迁徙越人往江淮间的办法，强化中央集

① 东瓯国属今浙江东部的温、台、处一带，南海国属今闽粤交界的汀潮地区。

②③ 《史记》卷一一四，《东越列传》。

权对于闽中地区的统治。

闽中越人北迁以后，闽越作为一个政治实体已不复存在，但许多越人“遁逃山谷”①，土著居民依然存在。于是，西汉中央政府决定在闽中设立实质性的行政机构。汉昭帝始元二年（前 85）在闽越故地设立冶县，属会稽南部都尉。三国时，孙吴据有江南，在闽中建立建安郡。西晋时，闽中分为建安和晋安二郡，建安辖闽北各地，晋安则辖闽西和沿海一带。之后，闽中的行政机构不断扩大，梁天监年间（502—519）增设南安郡，陈永定年间（557—559）升置闽州，不久改称为丰州。至唐代中期，福建已有福州、泉州、建州、漳州、汀州等 5 个州级行政机构。宋初析泉州置兴化军，析建州置邵武军，南渡后升建州为建宁府，合一府、五州、二军为福建路，福建遂有“八闽”的称呼。

中央政权在闽中行政机构的设置及其不断扩大的过程，也是闽越土著文明逐渐衰亡、中原文明逐渐扩展的过程。在闽越土著被消灭、被迁徙与流窜山间的同时，由中原地区不断迁徙定居闽中的外来居民，自然而然地成了闽中各地的新主人。如早在孙吴时期，中原的一些驻闽将士和被流放的士人，便已开始移居闽中，《惠安县志·寓贤传》载：“黄兴，吴孙权将也，与妻曹氏弃官入闽，居邑南之凤山。”②《邵武府志》卷二八《古迹》云：“孙策建检其江左时，邻郡逃亡，或为公私苛乱者，悉投于此（邵武），因是有长乐、将检二村之名。”再如惠安锦田黄氏，其始祖隍公为东汉末会稽市令，于建安岁，避乱入闽，因而居焉。③ 这些早期入闽的北方士民，视闽中土著为化外蛮夷，自身无不带有一种先进文明的优越感。

中原士民大量迁移入闽始自西晋，先后在西晋的永嘉年间、唐高宗统治时期和五代时期形成三个高潮。《福州府志》云：“永嘉二年(308)，中州板荡，衣冠始入闽者八族：林、黄、陈、郑、詹、邱、何、胡是也。以中原多事，畏难怀居，无复北向。”④《建瓯县

① 《宋书》志二六，《州郡二》。

② 嘉庆《惠安县志》卷三〇。

③ 参见惠安《锦田黄氏族谱》卷首，《祠堂记》。

④ 乾隆《福州府志》卷七五，《外纪》引路振《九国志》。

志》云："晋永嘉末，中原丧乱，士大夫多携家避难入闽，建为闽上游，大率流寓者居多，时危京刺建州，亦率其乡族来避兵，遂以占籍。"① 许多福建民间族谱，也都记载了他们祖先的这段历史。如林氏《族谱》云："汉武帝以闽数反，命迁其民于江淮，久空其地。今诸姓入闽，自永嘉始。"② 陈氏《族谱》云："陈氏之先，颍川人也……远祖梅洋三郎，当时困于兵乱，人不自保，惟恨所居之不远，遂入（闽中）深山穷谷，以为营生安业之地，若武陵桃源之避秦者。"③ 从西晋到隋朝，是中原士族崇尚门阀的时代，中原士民大量徙居闽中，一方面带来了中原先进的文化与技术，有力地促进了闽中的开发，闽中土著的许多习俗如断发文身等，至南朝时已不复存在。而另一方面，中原士民往往以簪缨世胄自居，歧视和压迫当地土著，血缘家族的关系显得十分重要。

然而一直到唐初，中原士民移居闽中还主要分布在闽江流域及沿海平原一带，许多偏僻的山区仍为土著所控制，如汀漳一带，"六朝以来，戍闽者屯兵于龙溪，阻江为界，插柳为营……两岸尽属蛮獠"④。为了加强对闽中南部的控制，唐高宗总章二年（669），命玉钤卫左郎将陈政为岭南行军总管，统率 5 600 名府兵入闽，驻守今云霄漳江一带。陈政守闽南 9 年，仪凤二年（677）病故。其子元光代父为将，抚辑土黎，发展生产，深受军民爱戴。武则天于垂拱二年（686）采纳陈元光的建议，设置漳州，元光兼任刺史。陈政、陈元光所率戍闽部将官佐有 58 姓，其中著名的有许、卢、丁、沈等，也都全部在漳州落籍定居。陈元光本人有诗记其事云："屹然一镇云霄末，渐尔群言花柳春。男生女长通蕃息，五十八氏交为婚。"⑤ 这是中原士民迁居入闽的第二次高潮，它促进了闽西南地区的开发，陈政、陈元光父子因此被尊为"开漳圣王"。除了唐初陈政、陈元光父子所率 58 姓定居福建外，由于唐代福建的开发已初具规模，良好的

---

① 民国《建瓯县志》卷一九，《礼俗志》。

② 《林氏两湘支谱》卷一，《闽序》。

③ 《莆田榄巷文峰陈氏族谱》第一册，《总序》。

④ 《重纂福建通志》卷八五，《关隘》。

⑤ 《颍川开漳族谱》引陈元光：《候夜行师七唱》第二首。

自然条件不断地吸引北方士民南下，特别是许多在闽仕宦者，亦往往带领家属、族属在当地落籍，如在浯州为牧马监的陈渊，曾率蔡、许、翁、李、张、黄、王、冒、刘、洪、林、萧等12姓定居于此，“牧畜蕃息，云锦成群”①。宋代诗人杨亿和明代著名宰辅杨荣的先祖，亦是唐代在闽中仕宦而留居此地的，经过后代不断繁衍，终于成为福建著名的巨家大族。

唐朝灭亡之后，中国进入五代十国时期。河南光州固始县的王潮、王审知兄弟乘唐末大乱，组织乡兵渡江南下，转战于江西、广东。光启元年（885）进入闽南，次年八月取得泉州，景福二年（893）占领福州，闽中各地纷纷降服。唐昭宗李晔只得任命王潮为福建观察使，尽有闽中五州之地。王潮死后，其弟审知继任。公元907年唐朝灭亡，王审知被后梁太祖朱晃封为闽王。审知死后，其子延钧于公元933年正式称帝，改国号为闽。

五代乱离和王潮、王审知率兵据闽，形成中原士民移居闽中的第三次高潮。郑樵曾撰《荥阳郑氏家谱序》云：

> 今闽人称祖者，皆曰光州固始。实由王绪举光、寿二州，以附秦宗权，王潮兄弟以固始众从之。后绪与宗权有隙，遂拔二州之众入闽。王审知因其众以定闽中，以桑梓故，独优固始。故闽人至今言氏谱者，皆云固始。②

宋陆游撰《傅正议墓志铭》亦云：“唐广明（880—881）之乱，光人相保聚，南徙闽中，今多为士家。”③《八闽通志·风俗志》引《建安志》亦云：“自五代乱离，江北士大夫、豪商、巨贾，多避乱于此，故建州备五方之俗。”④

这一次北方士民的大规模入闽，对于福建地区的开发、社会文化的发展以及聚族而居传统的形成影响尤甚。一方面，闽国作为五代十国时期的一个独立割据的政治群体，为了与邻国对抗，取得生

① 同治《金门县志》卷一，《沿革》；卷一〇，《祠祀志》。

② 莆田《南湖郑氏家乘》。

③ 陆游：《渭南文集》卷三三。

④ 黄仲昭：《八闽通志》卷三，《风俗》。

存的权利，王潮、王审知兄弟在福建建立了比较完善的政治体制，并大力促进社会生产和经济开发。同时，他们也十分注重搜罗人才，礼贤下士，发展文化，僻远的福建便成了落难士子和文人的最好避难所。当时中原有名的文人学者，如李洵、王涤、崔道融、王标、杨休、王倜、王拯、归傅懿等，“皆以文学之奥比偃、商，侍从之声齐裒、向，甲乙升第，岩廊韫望，东浮荆襄，南游吴楚，谓安莫安于闽越，诚莫诚于我公（王审知），依刘表起襄汉，其地也”①。《全唐诗》卷七六三亦云：“时中原人士杨承体、郑璘、韩渥、归傅懿、杨赞图、郑戬等皆避乱入闽。”② 这不能不对当时比较落后的福建文化起强有力的促进作用。正如清代闽侯人陈衍所论：“文教之开兴，吾闽最晚，至唐始有诗人。至唐末五代，中土诗人时有流寓入闽者，诗教乃渐昌，至宋而日益盛。”③ 而在另一方面，王潮、王审知以武力据闽立国，随王氏兄弟入闽的固始同乡，无不成了闽中的统治者，门阀宗族的夸耀尤成必要。“王氏初建国，武夫悍卒，气焰逼人，闽人战栗自危，谩称乡人，冀其怜悯，或犹冀其拔用，后世承袭其说，世（祀）邈绵，遂与其初而忘之尔。此闽人谱牒，所以多称固始也。”④ 可见这种家族血缘和统治者的优越感，更促成闽中居民对于宗族的依赖和标榜。因此，从隋唐以至五代，是中原地区门阀士族制度逐渐衰落消亡的年代；而在福建则完全相反，门阀宗族的标榜，为取得政治、社会和经济利益，正具有十分现实的意义。许多与王氏兄弟入闽毫不相干的家族，为了在社会上取得一席之地，亦纷纷借托祖籍光州固始，以夸耀门庭。正如郑樵所言：“闽人至今言氏谱者，皆云固始，其实谬滥云。”⑤ 即使是原先的闽越土著，为了适应新的社会环境，亦多改称中原姓氏，附会固始祖籍，《舆地纪胜》云：“闽州越地……今建州亦其地，皆蛇种，有王姓，谓林、黄等是其裔。”⑥ 又《刘氏族谱·入闽考》云：“闽自汉武迁其民于江淮之

① 黄滔：《黄御史集》卷五，《丈六金身碑记》。
② 《全唐诗》卷七六三，《王延彬》。
③ 陈衍：《补订八闽诗录》叙。
④ 郑岳：《莆阳文献》卷七，方大琮：《跋方诗境叙长官迁莆事始》。
⑤ 莆田：《南湖郑氏家乘》，郑樵：《荥阳郑氏家谱》序。
⑥ 王象元：《舆地纪胜》卷一二八，《福州景物》上。

间，尽墟其地，故后世氏族半属中州，然《路史》谓闽乃蛇种，若黄、林是其土著，余考二氏谱牒，又似不尽然……皆曰光州固始。”① 原来的闽越土著，后代大部分成为汉人，而在汉人的族谱中，我们完全看不到有关祖先为闽越族人的记载。这种虚构、附会家族渊源的现象，充分反映了当时福建崇尚和重视家族血缘关系的社会风气。

除这三次高潮之外，从东汉至明清长达一千余年的历史中，北方士民入闽时常有之，特别是宋末、元末战乱之时，均有不少北方宗族迁入福建。他们既有来自河南等中州地区，也有从两湖、江浙、江西等地转徙而来的。因此，从近现代福建的居民结构看，福建固有的土著居民完全被中原文明所同化了，取而代之的是由中原各地以及大江南北各地迁居而来的士民世家。民国时期有不少关于福建姓氏家族的调查材料，在此，我们试举福安县甘棠堡为例。福安县甘棠堡有居民数十姓，《甘棠堡琐记》详载各姓氏的祖籍和迁入时间，兹将有关资料列表如下：

姓氏	祖籍	入闽时间	姓氏	祖籍	入闽时间
郑氏	清河郡	唐僖宗时	王氏	太原郡	宋
薛氏	河东郡	唐末	兰氏	陇西郡	唐
郑氏	荥阳郡	唐末	郭氏	汾阳郡	不详
郑氏	荥阳郡	宋咸淳间	杨氏	弘农郡	不详
陈氏	太邱郡	宋	黄氏	江夏郡	不详
陈氏	颖川郡	宋	连氏	上党郡	不详
陈氏	颖川郡	唐末	江氏	洛阳郡	不详
蒋氏	乐安郡	宋	范氏	高平郡	不详
钱氏	彭城郡	不详	翁氏	京兆郡	不详
游氏	广平郡	不详	谢氏	陈留郡	不详
周氏	汝南郡	不详	缪氏	东鲁郡	不详
邱氏	河南郡	不详	许氏	高阳郡	不详
林氏	济南郡	不详	徐氏	东海郡	不详
徐氏	东海郡	不详	詹氏	河间郡	不详
丁氏	博陵郡	不详	魏氏	巨鹿郡	不详
苏氏	武功郡	不详	曾氏	天水郡	不详
备注：入闽时间不详者，应是从福建其他地方转迁福安甘棠堡者。					

① 惠安峰城《刘氏族谱》。

从上表中可以清楚地看到福建居民的历史渊源和北方士民南移对于开发福建所起到的决定性作用。地方志中所谓“故家巨族自唐宋以来各矜门户，物业转属，而客姓不得杂居其乡”①，正是福建民间聚族而居传统的真实写照。

当然，北方士民迁移福建取得生存空间和地方上的统治权，远不是一帆风顺的。在早期的迁居过程中，北方士民的活动往往要遭到当地闽越土著的顽强反抗。如在孙吴时期，“会稽、东冶五县贼吕合、秦狼等为乱”②，“建安、鄱阳、新都三郡山民作乱”③，“越人因事交构，遂致疑隙，阻兵相图”④，致使孙氏五次派兵征讨闽中。南朝泉州一带，“泉郎即此州之夷户，亦曰游艇子……遗种逃叛，散居山海，至今种类尚繁……其居止常在船上，兼结庐海畔，随时移徙，不常厥所”，直至唐初才被政府招抚。唐高宗时，陈政、陈元光父子经营闽南，也曾遭到土著民族的强烈反抗，所谓“此镇地极七闽，境连百粤，左衽居推髻之半，可耕乃火田之余。原始要终，流移本出于二州。穷凶极暴，积弊遂逾于十稔。元恶既除，余凶复起……所事者搜狩为生，所习者暴横为尚，诛之则不可胜诛，徙之则难以屡徙，倘欲全生，几致刑措”⑤。从这些记载中，可以想见当时北方士民在这偏僻之区征服土著取得生存之地，曾经过怎样艰难而又残酷的奋斗。

即使是北方士民，由于缺乏应有的社会秩序，为了取得自己的生存空间和政治社会利益，相互之间往往也要经过激烈的争夺甚至相互残杀。我们曾到乡间作过历史调查。漳州龙溪二十五都良村黄氏家族，现有丁众三千余人。据该族族谱记载，在黄氏入据良村之先，有随陈元光入闽的庄、林诸姓居此，黄氏迁入后，依仗丁众势强，逐渐把庄、林等小姓挤出良村，复迁往仙都。而仙都的村民也是如此。仙都是龙溪二十五都的一块小平原，原先有一些小姓居住，

---

① 万历《福安县志》卷一，风俗。

② 《三国志·吴书·吕岱传》。

③ 《三国志·吴书·钟离牧传》。

④ 《三国志·吴书·贺齐传》。

⑤ 《重纂福建通志》卷三，《沿革》。

林姓迁入后，联络外地的林姓认宗，共同占据仙都，遂成大姓，现在仙都有人口近万人，林姓占大部分。建瓯祖氏家族，现在亦是闽北一巨族，该族始祖迁入以前，该地为谢氏所占据，后亦因祖氏势力强盛，谢氏小族不得不另迁外地，而今祖氏所居住的自然村，仍沿袭最先的“谢屯”名称。①

因此，北方士民不断移居福建并取得生存空间，在一定程度上，必须以宗族的实力作为后盾。在渡江南迁的过程中，他们每每统率宗族乡里的子弟们，举族、举乡地移徙，在兵荒马乱的恶劣环境和交通困难的条件下，加强了相互扶助，巩固了血缘关系。“当其在新垦地定居下来的时候，又为着从事生产，防御外来者的入侵，常采取军事的组织。”所以在福建的聚落形态，其名为坞、堡、屯、寨者甚多，这正是北方士民迁入福建时那种浓厚的军事斗争的性质在聚落形态上的反映。在这些屯堡寨坞中，有的为一村一姓的村落，也有一村多姓的村落，从而形成了相当牢固的聚族而居的社会习俗。②

在中国传统的农业社会里，土地和山场是最为重要的生产资料。中国自秦汉以来，已经形成了比较完整的封建土地制度，特别是从南北朝至隋唐时期，封建政府大力推行均田制度，土地的管理和分配有着一定的规章和秩序。但是在福建，情景完全相反。中原地区的土地制度，对福建极少影响，我们现在找不到任何证据可以证实福建实行过类似于均田制的土地制度，土地和山场等生产资料的占有，完全处于无政府状态，每个家族都可以依仗自己的实力，占有一定数量的土地和山场，如上举的福安甘棠（三塘）堡即为一例，《甘棠堡琐记》载云：

> 吾三塘之堡，虽弹丸黑子之地，实一方生灵渊薮也。况草创之初，艰辛万状，若不备述其由，后世子孙焉知先人创立弥艰？……宋元丰间，吾始祖祖美和公世居长溪赤岸，簪缨阀阅裔也。一日与青山致岐提刑谢公乘舟过访苏江同窗友刘省元爱

---

① 参见建瓯《祖氏族谱》序。

② 参见傅衣凌：《论乡族势力对中国封建经济的干涉》，载《明清社会经济史论文集》，80页，北京，人民出版社，1982。

云公，见其门首海地堪以围塘，归而谋诸同志朱、金、郑各宦家而经营焉。吾祖围于南，是为南塘；朱、金、郑围于中，是名官塘；陈、苏、郑围于外，是为外塘也。先围筑海成田，后遂即其地而居焉。三塘之名始于此，自宋元迨我国朝五百有余岁，民居稠密，鸡犬相闻，比属江左之乡，三塘为盛，丁产人物亦不亚于别都，且风土勇狠，谙于水战，剿捕海寇屡建大功绩。三塘之名亦著矣。①

林、郑、苏、陈诸姓之所以能够轻易地占据三塘（甘棠）地方，是因为他们都是有政治地位和家族实力的官宦世家。家族势力在谋求生产资料和经济利益方面所起的重大作用，自然更进一步增强了家族团结的必要性。

我们在回顾福建社会文明开发史的时候，还不能忘记中华民族中客家人对于福建开发作出的贡献。福建省西北部是目前我国客家人的主要分布区域之一。据罗香林教授的研究，客家的先世，多居于黄河流域以南、长江流域以北，淮河流域以西、汉江流域以东等地区，他们最早的迁徙，亦是“五胡乱华”所引起。如巫氏，“乃山西平阳府夏县人，迄东晋末造，五胡乱华，裔孙巫暹，由夏县避乱兖州，转徙入闽之剑津，居焉”②。卓氏，“晋五胡之乱，中原望族，相率南奔，粤有卓干者，为建安刺史，后因家焉”③。唐末黄巢起义，五代乱离，也逼使客家人进行第二次迁徙。如宁化刘氏，“唐末僖宗乾符间，黄巢作乱，携子及孙，避居福建汀州府宁化县石壁洞”④。罗氏，“迨下唐僖宗之末，黄巢作乱，我祖箴贞公……徙赣州宁都州，历数十年，又迁闽省汀州府宁化县石壁村，成家立业”⑤。上杭卢氏，“僖宗乾符二年（875）王仙芝、黄巢操谋不轨，剽掠州郡……盖公与县尹公筮出闽者，公令莆田，考满次永定属上杭大塘塅瓦子乡而居”⑥。蔡氏，“本周姬

① 民国《甘棠堡琐记》卷上。
② 民国《巫氏通谱》，《源流考略》。
③ 民国《崇正同人系谱》卷二，《氏族篇》，《卓氏》。
④ 《刘氏族谱》首册，《刘氏世系行实传》。
⑤ 《罗氏大成谱》，《罗明高序》。
⑥ 《范阳卢氏五修族谱》，《重订源流考》。

姓之后，文王之子叔度封于蔡，今河阳、汝阳、上蔡、新蔡诸县……唐末避黄巢之乱，迁于闽南”①。到了宋末，元人南侵，客家人再度大规模迁徙，如上杭魏氏，“三十九世淑玉公（原住江西石城县）……生子元、亨、利、贞。时值宋末，天下混乱……我祖兄弟惊恐流涕，商议只得移别处逃生……亨公子国通，至福建汀州上杭”②。徐氏，“宋末有徐一郎者，自江西宁都迁福建上杭，其弟二郎，迁连城，传五世，曰真人，迁居长乐”③。陈氏，“故陈氏郡望称颍川，宋末中原士族，纷纷南随帝室播迁，有陈魁者率其族众九十三人，移居福建汀州府之宁化、上杭……至其先九十三人所出之后裔，亦已蕃庶蔓延于全闽”④。

客家人由于其语言、风俗诸方面的差异，特别是由于移徙入闽后为争夺土地、山场等生存空间，经常与当地居民发生冲突，福建的所谓主客之争，一直延续至民国时期，这种经年不休的对立和争夺，同样造就了客家人对于血缘家族关系的依赖和重视，因而客家人有极强的家族凝聚力；另一方面，长年的主客之争，也促使客家人之外的福建居民，注重聚族而居和发展家族势力。

因此，从历史发展的渊源来考察福建民间家族制度的演变过程，可以发现福建的家族制度与中原地区的家族制度存在着一定的差别。固然，早在原始时代，以黄河流域为中心的中原先民在创造农耕文明的同时，结成一个个以血缘关系为纽带的，有高度凝聚力的群体，形成一个个安居农业聚落。从氏族组织到农村公社，从农村公社到私有制和国家的文明时代，血缘关系作为共同体内部的调节机制，发挥着重大的作用，并被国家统治机构吸收而为宗法制度。然而，随着秦汉以来大一统的中央集权政治体制的确立和完善，这种以血缘关系为纽带的有高度凝聚力的社会群体，逐渐与国家政体不相适应。到了魏晋南北朝隋唐时期，中原地区的士族门阀制度，已由极盛走向衰亡。但是，在福建地区（东南、华南后开发的地区都有某

① 民国《崇正同人系谱》卷二，《氏族篇》，《蔡氏》。

② 民国《五华魏氏族谱》不分卷。

③ 《崇正同人系谱》卷二，《氏族篇》，《徐氏》。

④ 同上，《氏族篇》，《陈氏》。

些相似之处）却不大相同。从东汉末至唐末五代，正是北方士民大规模迁居闽中的时代，他们的迁入，切断了闽中土著的固有文明，带来了中原地区的政治、军事、经济和文化制度，对福建地区社会经济的开发，起着决定性的作用。然而，中州士民迁居闽中虽然有相当一部分是为着避乱而来的，但在当地濒临灭亡的土著文明面前，先进的中原文明，自然而然地显出了优越性。尤其是在他们迁居福建的三次高潮中，都是以统治者的身份进入闽中社会的。这样，正当中原地区门阀士族制度土崩瓦解的时候，福建的巨家大族们以门第相高，以世阀自傲，却有着十分重要的现实意义和时代使命感。从某种意义上可以说，血缘家族关系促进了福建文明的开发和进步。再加上北方士民入闽之初和福建早期的开发，缺乏应有的政府控制力和社会秩序，人们获取生产和生活空间，大多依仗自身的势力甚至军事实力，弱肉强食，强欺弱，众暴寡，这种局面进一步促成了血缘家族内部的团结，促使人们借助于家族的力量，为自身谋求更多的政治、经济利益而奋斗。这种历史的因素，无疑是近代福建民间家族制度较中原地区更加严密和完善的一个重要原因。

第二章 明代中叶的社会变迁与福建家族制度的发展

宋明以后，中国的家族制度进入了一个新的历史发展阶段。

众所周知，就全国的情况而言，中国近代的家族制度，一方面同古代的家族制度有某些联系，保留了古代家族制度的某些特点；另一方面它又不是古代家族制度的直接延续，而是在宋以后特定的历史条件下形成和发展起来的。学者们在探讨宋以后中国近代家族制度发展的原因时，普遍认为宋以后，我国封建社会已发展到后期，随着生产力发展，商品经济也有所发展，土地的买卖现象频繁起来，阶级矛盾进一步尖锐，在农民阶级斗争的打击和商品经济的冲击下，地主阶级本身的分化也十分剧烈，不仅封建国家的长治久安茫无着落，就连地主官僚使自己子孙长享富贵的希望也常常落空。① 对于地主阶级的统治及当权者个人家庭地位的不稳定状态，宋代的理学家们已敏锐地感觉到了，如张载在《宗法》中说："且如公卿一旦崛起于贫贱之中以至公相……既死，遂族散……止能为三四十年之计。造宅一区，及其所有，既死则众子分裂，未几荡尽，则家遂不存，如此则家且不保，又安能保国家?"② 因此统治阶级和理学家们越来越多地注意到宣传孝悌、亲亲等封建伦理观点，以加强对农民的控制，注意用封建的"家法"来束缚农民的行动，从而达到维护封建统治秩序的社会目的。如

① 参见左云鹏：《祠堂族长族权的形成及其作用试说》，载《历史研究》，1964(5)、(6)合刊；徐扬杰：《宋明以来的封建家族制度述论》，载《中国社会科学》，1980(4)。

② 《张子全书》卷四，《宗法》。

张载主张："管摄天下人心，收宗族，厚风俗，使人不忘本，须是明谱系世族与立宗子法。"① 程颐也有同样的主张，他认为"若宗子法立，则人知遵祖重本，人既重本，则朝廷之势自尊"②。许多理学家甚至还身体力行。如陆象山，"家于抚州金溪，累世义居，一人最长者为家长，一家之事听命焉"③。司马光居家时规定："凡为家长必谨守礼法以御子弟及家众，分之以职，授之以事，而责其成功。"④范仲淹则创建义田，"范文正自政府出，归乡……买负郭常稔之田千亩，名曰义田，以济养群族"⑤。

宋代的社会因素和理学家们的倡导，对于福建家族制度的形成和发展同样也起了很大的推动作用，特别是"闽学"的兴起，成为宋代理学的大宗之一。朱熹更成为宋代理学的集大成者，大力鼓吹尊祖敬宗的家族制度，把张载、程颐等人所提出的恢复宗子法的主张完善并付诸实施。他设计了一个宗子祭祖的方案，其法为：每个家族内均须建立一个奉祀高、曾、祖、祢四世神主的祠堂四龛，而且，初立祠堂时，计现田每龛取二十分之一以为祭田，亲尽则以为墓田，由宗子主之，以给祭用。⑥ 朱熹的这种主张对后世的影响是很大的。从此，祠堂、义田等便大量涌现出来了。⑦ 再如真德秀，则极力主张立族长，以族长统率全族，主持"饮奉其先人之祀"的祭典。⑧ 宋代闽籍理学大家们的言行，对于宋代以后福建家族制度发展所起的作用是不能忽视的。

然而，形成严密而牢固的福建民间家族制度，光有理学家们的倡导还是不够的。事实上，福建民间家族制度的全面发展和完善是在明代中叶以后。换言之，明代中叶的社会经济变迁及其在福建地区所形成的特殊社会环境，与这一时期家族制度的兴盛和完善是紧

---

① 《张子全书》卷四，《宗法》。
② 丘濬：《朱子家礼》卷一，《通礼杂录·祠堂》。
③ 《鹤林玉露》卷五。
④ 《司马温公居家杂仪》，转引自福建《云程林氏家乘》卷一一。
⑤ 龚明之：《中吴纪闻》卷三。
⑥ 参见丘濬：《朱子家礼》卷一，《通礼余注》。
⑦ 参见左云鹏：《祠堂族长族权的形成及其作用试说》，载《历史研究》，1964（5）、（6）合刊。
⑧ 参见真德秀：《西山先生真文忠公文集》卷二四，《塍亭记》。

密相关的。

朱元璋建立明朝以后，为了加强对于民间基层社会的控制，曾在全国各地推行严密的黄册里甲制度，把各地所能搜刮到的人户一律编入里甲组织之中，不准随便移动迁徙，“凡一户全不附籍，有赋役者家长杖一百，无赋役者杖八十，附籍当差”①。民众出百里之外，要由政府发给路引，否则不得通行，严拿处刑。明太祖希望通过这些办法，使天下百姓个个都成为安分守己之人，“能安其分，则保父母妻子，家昌身裕，斯为仁义忠孝之民”②。由于朱元璋及其儿子朱棣严厉推行里甲制度，再加上人民多年饱经战乱之苦，乱极思治，明初社会出现了敦本尚朴的景象，小农经济有着一定程度的恢复，中国传统农业社会的机制得到了又一次充分的发挥。明朝初年的福建社会，也一度出现田园诗般的平和景象。如建宁府，“明兴以来，士风渐复，民俗渐淳”③；汀州府各属，“民安稼穑勤劳，少营商贸，岁时燕享不废，亦鲜竞于泰奢。少长服饰尚新，未尝流乎侈僭，富家专守禾税，贫夫力治山畲，廛无行货之妇，衢无伏地之丐。室家不致终于旷怨，子孙不忍鬻于他乡，官府教唆，刁泼之风罕闻，村落朋充，斗狠之事稀见”④；闽中之永安，“值乱极思治之日，民则敦本而尚朴，士则笃行而重职，妇女则勤纺织而为事”⑤；闽南之泉州府，“民饭稻羹，鱼为甘，于肉不敢羡也。山薮居民，树艺葛苎，机杼所就，与他邑相灌输，而贸易鱼盐，不过饔飧是赖。地利薄，故其蓄聚少，俗尚敦朴，自昔已然”⑥。

然而，明初朱元璋加强对民间基层社会的控制，实际上是一种复古的行动，他所想要造就的民间社会，是在高度中央集权统治下，人们过着敦本尚朴、自给自足而又安土重迁的安分生活。显然，这种复古守旧的理想化社会，与中国封建社会晚期日益前进的社会经济是不相适应的。虽然他的这种政策，在元末明初战乱之后的一段

① 《明律》第四，《户律一》。

② 《明太祖实录》卷一五〇。

③ 嘉靖《建宁府志》卷八，《礼俗》引弘治府志。

④ 崇祯《汀州府志》卷四，《风土志》引旧志。

⑤ 万历《永安县志》卷二，《风俗》。

⑥ 万历《泉州府志》卷三，《风俗》。

时期内，有助于促进小农经济的恢复和社会生产的发展，但是，随着社会经济的恢复和发展，工商业的日趋繁荣，明初这种稳定而又保守的社会统治不可能继续维持。到正统年间（1436—1449）之后，统治集团日益奢侈腐化，土豪劣绅竞相兼并，社会风气“渐变其初……或嚣讼，或赌博，或白取，或恣强”①，进入了械斗的年代。特别是那班官僚地主们，他们凭借其身份地位和政治特权，剥削压榨小民有增无减，明初那种“四民各有室业，百姓安于农亩”的社会结构开始瓦解，明王朝对于民间基层社会的政治控制能力也出现了下降的趋势。政府的各种赋税徭役逐渐加重，地主官僚的钱粮负担又多转嫁到一般的农民身上。昔日可以维持温饱的小农家庭，已不堪负荷，他们或是丧失了土地，或是负担着沉重的赋税徭役。于是，民间逃亡流徙的现象日益频仍，明初严密的里甲制度随之出现了崩裂。如正统十四年（1449），福建延平府就已经是“千里一空，良民逃避，田地抛弃，租税无征”②。仙游士绅郑纪在谈到景泰、天顺年间的户籍变化时说：“查国初编籍，仙游一县六十四图，六千四百余户……永乐、宣德以来，赋役重并，虎瘴交灾，人户消磨十去八九，正统、景泰间，只有一十二里，天顺间又将外县流民附籍增为一十四里，今合军民二籍，仅一千百有余户。”③ 人户减少六分之五。明代正统以后福建里甲制度的破坏和人口的流亡，说明了明初那种敦本尚朴、安居乐业的局面已不复存在，人们为了谋生，四出流徙，大量的流民成了明代中叶一个严重的社会问题，正统年间福建的著名“山寇”叶宗留，便是当时闽浙流民在福建山区所举行的一次大规模暴动的首领。不过，我们应当认识到，明代正统以后福建里甲制度的破坏和人口的流亡，在一定程度上使人民摆脱了官府的政治束缚和户籍限制，这又为明代中叶以后工商业经济的发展提供了劳动力资源，引起社会经济格局的区域变动。

福建地区虽然比中原地区开发较迟，但自唐末以来中国的经济重心逐渐南移，经过两宋的开发，福建的社会经济有了较快的发展。

---

① 万历《永安县志》卷二。

② 《明英宗实录》卷一七五。

③ 《重纂福建通志》卷四九，《田赋》注引郑纪《与庞大参书》。

到了明代，福建的社会经济已经跨入我国的先进地区行列。尤其是福建得天独厚的自然环境，为地区商品经济的发展创造了良好的条件。东临大海的地理便利，使福建地区很早以来就有着与海外各国交往的历史。宋元时期，福建沿海商人即已浮海载货，北上山东、朝鲜，东赴日本，南入交广，远航南洋各岛。明代初年，明太祖朱元璋及明成祖朱棣为了政治目的，重农抑商，厉行锁国政策，禁造双桅大船，片板不许下海，限制商人的活动。这一政策施行的结果，使福建商人在海上的活动受到阻碍。明初政府的禁海政策，是与这一时期复古守旧的黄册里甲制度相适应的。然而尽管如此，冲动一时的郑和下西洋，仍以福建为航海和修造船只的主要根据地。另外，明代经济的恢复和发展，加上福建人多地少和视海为田的自然社会条件，使得商人们逐渐突破政府的封锁和束缚。自永乐、宣德（1403—1435）以后，福建沿海各地的海上贸易活动又逐渐兴盛。随着正统以后小农经济的破坏和人民的失业，福建各地犯禁下海通番现象日趋普遍起来。正统十四年（1449），福建的地方官员已屡屡奏报沿海的农民弃农下海，所谓“濒海居民贸易番货，泄漏事情，及引海贼劫掠边地者……比年民往往嗜利忘禁，复命申明禁之”①。到了成化、弘治年间（1465—1505），福建的漳州、泉州一带，通海贸易已成了这些地区经济结构中的一个重要组成部分。试举漳州府龙溪县的月港为例：“饶心计与健有力者往往就海波为阡陌，倚帆樯为耒耜，凡捕鱼纬箫之徒咸奔走焉。盖富家以赀，贫人以佣，输中华之产骋彼远国，易其方物以归，博利可十倍，故民乐之。虽有司密网，间成竭泽之渔，贼奴煽殃，每奋当车之臂，然鼓枻相续，吃苦仍甘，亦既习惯，谓生涯无逾此耳。方夫趋舶风转，宝货塞途，家家歌舞，赛神钟鼓，管弦连飙，响答十方，巨贾竞鹜争驰，真是繁华地界……成弘之际，称小苏杭者，非月港乎。”② 其他如梅岭、安平、同安、惠安、闽县、福清及福州琅琦诸地，亦成为当时著名的通番据点。③

---

① 《重纂福建通志》卷二七〇，《洋市》。

② 崇祯《海澄县志》卷一一，《风土志》。

③ 参见傅衣凌：《明清时代商人及商业资本》，109～113页，北京，人民出版社，1980。

闽人谢肇淛曾论及嘉靖、万历年间的福建起家致富者："海上操舟者，初不过取捷径，往来贸易耳。久之渐习，遂之夷国，东则朝鲜，东南则琉球、旅（吕）宋，南则安南、占城，西南则满剌加、暹罗，彼此互市，若比邻然。又久之，遂至日本矣。夏去秋来，率以为常，所得不赀，什九起家，于是射利愚民，辐辏竞趋，以为奇货。"① 16世纪初叶，虽然是西方殖民者的兴起时期，葡萄牙人、西班牙人相续东来，他们以马六甲与吕宋为根据地，逐渐扩张势力于中国沿海，企图掌握东方海上贸易的主动权，但是，他们的扩张行动，遭到了极富冒险进取精神的福建海商的强烈应战，终明之世，以福建沿海士民为主的中国海商，始终执当时东西洋海上贸易之牛耳。

明代中叶福建人民摆脱政府的控制和传统农业经济的束缚，除了沿海商民大量从事违禁的海上私人贸易之外，其另外一个流向便是向山区迁徙，从事山区的开发。僻远而又交通不便的山区，是政府统治比较薄弱的环节，有利于失业农民的自由活动。而山区的生产，因其资源的限制，不是以粮食生产为主，而是开采矿物，如煤、铁之类，或是栽种经济作物，如松、杉、漆、麻、烟、茶、甘蔗、蓝靛、果树之属，以及农产品加工成品纸、夏布等。这些产品都不是农民本身所能消费得了的，必须投向市场，以进行交换。是以明代中叶失业农民流向僻远山区，促进了山区商品经济的发展，从嘉靖、万历年间的记载中可以看到，当时福建的各地山区，都滞留着不少的矿徒、炭徒、靛客、棚民、盐贩，特别是人口稠密的沿海等地，其失地农民纷纷向西、北山区移民谋生，甚至深入江西、浙江等地。如嘉靖间记载云："闽中有可耕之人，无可耕之地……尝观漳郡力农者，散处七闽，深山穷谷，无处无之，而挟农具以入浙之温、处亦时有焉。"② 万历《永福县志》云："黄籍之户口，固不尽为邑人，而漳泉延汀之侪民流布山谷，生齿凌杂，实皆邑之户口，而不登邑之黄籍。在彼邑为亡命，在此邑为宾萌，由童而白首，由身为累也。"③ 民国《南平县志》亦云："依山傍谷，诛茅缚屋而居，曰棚民，

① 谢肇淛：《五杂俎》卷四，《地部二》。

② 郑杰：《虔台倭纂》卷下。

③ 万历《永福县志》卷一，《地纪》，《户口》。

携山禾山芋桐茶杉漆靛苧蕃薯之种，挈眷而来，披荆棘，驱狐狸种之，率皆汀泉漳永之民……生齿渐盛，财用稍足，便自桀骜，为士人患。”① 外地的人口流向本地，而本地的人口流向外地，这是明代中叶福建人口变迁的一个重要特点，流动的人口，都在极力摆脱官府的严密控制，为获得自主生产的权益而斗争，从而有力地促进了商品经济的发展。

明代中叶以小农经济为主体的经济格局的打破，政府黄册里甲制度的瓦解，失业农民纷纷进入山区开矿垦殖，下海通商贸易，虽然使得商品经济得到了较快的发展，但是，我们应当看到明代商品经济的发展是畸形的。无论是沿海商民的下海通番，或是山区矿徒、棚民的经济活动，都是在与官府对抗中取得生存和进展的。这些试图摆脱官府控制的工商业活动，大多属于违法的、犯禁的。这种情况，与同时期欧洲的情景截然不同，在欧洲中世纪后期，冒险的商人们纷纷向海外扩展市场。16 世纪初，葡萄牙人、西班牙人相继东航，开通连接欧洲与美洲、亚洲的“大西洋航路”和“太平洋航路”。他们的行动，无不得到本国政府的强有力的支持。但是，从事东西洋贸易，与葡萄牙人、西班牙人争夺贸易权益的中国海商，却被中国的政府视为“自弃王化”的“海贼”，严加防范。在山区从事经济活动的矿徒、棚民们，亦经常被官府和当地士民视为“盗贼”，横加驱逐、迫害。万历《大田县志》记载漳州流民寓居大田山区，“近漳之民健而侈，要之皆负气剽悍，轻为盗贼，飞诡丁苗，逋负赋税，交易每校锱铢”②。永福山区亦是如此：“万山之中，地之平旷者不得什一……则漳泉延汀之民种菁种蔗，伐山采木，其利乃倍于田，久之穷冈邃谷，无非客民，客民黠而为党，辚轹土民，岁侵揭竿为变者，皆客民也。”③ 这些记载反映了当地土民与流民的格格不入，当地土民每每借助官府的力量镇压外地的流民。因此，明代中叶的流民活动，沿海和山区的工商业活动，充满了社会风险，很难形成发展正常的经济行动。也就是说，无论是沿海或山区的商品经济发展，都缺乏一种良好的政治秩序和社会环境。

本来，明代中叶以小农经济为主体的社会结构的瓦解，人口的

① 民国《南平县志》卷一一，《礼俗》引旧志。
② 万历《大田县志》卷四，《舆地志》。
③ 万历《永福县志》卷一，《风俗》。

大流动以及工商业经济的发展，形成了中国封建社会晚期最富变革特征的时代潮流，许多新的经济因素的萌芽，如市镇经济，手工业、农业生产和航海业中的雇佣劳动，商人集团和商业资本进入生产领域等等，都在这一时期渐露端倪。但是，由于商品经济的发展缺乏一种应有的政治秩序和社会环境，因此，这种极富挑战性的工商业经济的发展，未起到对传统社会的冲击和对封建政治经济结构的瓦解作用，反而在某种程度上加剧了社会的动乱和不安定。明代福建沿海和山区的工商业者们，为了维护自身的经济利益，不得不走上亦工亦盗或亦商亦盗的畸形道路，特别是沿海通番和从事海上贸易的商民，这一特点表示得尤为突出。如诏安地方，“阖乡抢夺强凌众暴视如饮食……勾引连境山獞海艘，啸聚百千，白昼剽掠乎乡村，据险截劫乎商宦，岁无宁日”①。再如宁德五都之民，“星散掳掠……经商出入，向贼买港给旗……嗟以凤鸾巢穴，犬羊所居，其祸可胜言哉!”② 嘉靖、万历年间，为祸沿海数千里达几十年之久的“倭寇之患”成了一个极为严重的社会问题。投入“倭寇”队伍的，有为数众多的中国人，其中大部分是福建泉州、漳州一带沿海的商民。在嘉靖前后，著名的通倭巨寇，如阮其宝、李大田、谢和、王清溪、严山老、许西池、张维以及“二十四将”、“二十八宿”等，差不多都为漳州府人。③《东西洋考》论及嘉靖年间“倭患”的演变过程时说：“顾海滨一带，田尽斥卤，耕者无所望岁，只有视渊若陵，久成习惯，富家征货，固得捆载而来，贫者为佣，亦博升斗自给，一旦戒严，不得下海，断其生活。若辈悉健有力，势不肯搏手困穷，于是所在连结为乱，溃裂以出……漳之民，始岁岁苦兵革矣。”④ 万表《玩鹿亭稿》亦云：“海上强弱相凌，自相劫夺，因各结依附一雄强者以为船头，或五只或十只，或十数只，成群分党，纷泊各港，又用三板草脚船不可数计，在于沿海兼行劫掠，乱斯生矣。”⑤

① 《漳州府志》卷四二，艺文，许仲远：《奏设诏安县治疏》。

② 民国《甘棠堡琐记》卷下。

③ 参见傅衣凌：《明清时代商人及商业资本》，110 页。

④ 张燮：《东西洋考》卷七，《饷税考》。

⑤ 万表：《玩鹿亭稿》卷五，《海寇议》。

明代中叶以后福建沿海商民下海贸易的亦商亦盗，固然有其反抗官府压制的一面，但由于商品经济的发展缺乏正常的社会秩序，这些亦商亦盗的沿海居民，往往带有十分严重的投机心理，他们并不完全依靠海外贸易取得利润，在相当程度上还通过抢掠沿海居民和其他海商来增加财富。这就不能不严重地破坏了沿海地区的社会安定。自嘉靖以来，沿海海寇不断袭扰江南、浙江、福建、广东各地，屠城掠邑，手段十分残忍，给沿海居民带来了极大的灾难。当时记载云："倭寇中国，掳掠男女，劫夺货财，费靡刑伤不可胜计。"① 这是有事实根据的。我们举福安甘棠堡的记载为例："（嘉靖）三十八年己未（1559）四月初十日倭奴万余扎住仙亭山，攻陷福安县，鱼肉生灵，虏掠少艾，官居房舍一炬焦土，古所谓填巨港之岸，血流长平之窟，不异于斯时也……至三塘（甘棠）之地概为瓦砾，男妇掳杀奚啻千万，古称地利之雄，转为倭之行巢矣。"② 至于海商与海商之间、海寇与海寇之间的弱肉强食、相互残杀，就更为司空见惯。如嘉靖年间著名海寇陈思盼、王五峰等，都是靠残杀异己而壮大的。所谓"王船主领番船二十只，而陈思盼往迎之，约为一伙，因起谋心，竟将王船主杀害，夺领其船。其党不平，阳附思盼，将各船分布港口以为外护，而潜通五峰，五峰正疾思盼之压己，而沥港往来又必经横屿，屡被截迎，乃潜约慈溪积年通番柴德美……内外合并杀之……各船余党归还，因无所依，悉归五峰"③。明代后期称雄海上的郑芝龙海商集团，亦是依靠吞并颜思齐、刘香等其他海盗集团而称霸一方的。

那些在山区活动的矿徒、棚民、靛客们，虽然其亦工亦盗性质不如海上商民突出，但是在封建官府的压制以及缺乏应有的经济秩序的情况下，他们的工盗、商盗结合，有时也是很明显的。举永福山区的情景为例，当时漳州、泉州、延平、汀州各府的流民在永福各地种菁栽蔗，伐山采木，时常为变。嘉靖四十年（1561），"漳人王凤以种菁失利，因聚众二十八都为乱，不旬日，遂至数千

---

① 郑舜功：《日本一鉴·穷河话海》卷六。

② 民国《甘棠堡琐记》卷下。

③ 万表：《玩鹿亭稿》卷五，《海寇议》。

人，监司发兵击贼，糗粮不足，百姓皆逃匿……西北诸都残毁萧然”。① 万历十七年（1589）正月，汀州丘满“聚众据陈山为乱……邑中束手无策”。万历十八年（1590）菁民包二、曹子贵更联络各地菁民，一起暴动，“蜂洋、小姑、西林、赤皮、赤水诸处菁贼会盟为乱”②。再如兴化游洋一带亦时有菁客暴动，嘉靖末，菁客“温子良、黄九烈、钟三胁众煽动树帜，荼毒兴、仙、永三县生灵”③。万历十七年（1589），广业里黠盗柯守岳、曾廷邦等与“异郡菁紫诸邑客何南山、陈元泉、许一溪、邱汝夫、何西泉、颜玉湖等百余人谋叛”④。明代福建山区经济的发展，也可以说是在这种对抗的运动中逐渐前进的。

明代福建山海经济的发展缺乏正常的社会秩序，工商业者得不到官府法律的保障，迫使他们走上亦商亦盗、亦工亦盗的道路，这更增加了整个社会的投机心理，妨碍了社会经济的正常发展。人们所热衷的是欺诈取巧、强凌豪夺，而不是用心于切实地发展生产，整个社会风气从明代前期的敦厚古朴向恃强凌弱转变。如万历《建阳县志》云：“往时民俗质厚，宗族比闾之间，由由于于，患难相维持，缓急相倚赖，居然古朴之风。迩来骛于浇漓，渐于侈靡，负权力者辄以势渔猎其小民，挟机械者动以术笼络其宗戚，告讦之风，日禁而日繁。”⑤ 在海上贸易最为发达的漳州一带，其浇漓之风尤甚，如崇祯《海澄县志》云：“事杂易淆，物钠多觊，酿隙构戾，职此之由，以船主中上之产，转盼逢辰容致巨万，顾微遭倾覆，破产随之。”⑥ 崇祯《漳州府志》亦云：“豪门上族，实繁有徒，蜂目既嗔，豺声乍展，始犹祸中黔庶也，终且煽害士绅矣。闾左无赖跋扈钠张，鸡肋安拳，螳臂摧辙，始犹横施村落也，终且明目都市矣。大都竞胜终讼，竞利启衅，鼠辈因凭社作威，虎冠以生翼滋暴，狡者视暗劣为奇货矣。”⑦ 这种社会风气的形成，更增添了商品经济发展的风险，给社会带来了不安

---

①② 万历《永福县志》卷六，《时事》。

③④ 周华：《游洋志》卷八，郑嵚：《纪变漫言》。

⑤ 万历《建阳县志》卷一，《风俗》。

⑥ 崇祯《海澄县志》卷一一，《风土志》。

⑦ 崇祯《漳州府志》卷二六，《风俗考》。

定的因素。

造成这种商品经济发展与社会环境不相适应的畸形状态的缘由，除了上述官府与工商业者的对抗性、商品经济发展缺乏正常的社会法律秩序以外，还在于生存的挣扎。福建山多地少，不断增长的人口对于农业生产所造成的压力，使得许多从土地上被排挤出来的流民生业困难，并非人人都可以在海上贸易和山区开发中得以生存，以致许多失业的流民经常在饥寒交迫中挣扎，甚至转死沟壑。于是，福建民间在亦商亦盗、亦工亦盗的同时，更游离出一些专以抢掠为生的经济土匪。他们没有明确的政治斗争目标，往往局限于一时一地的经济利益，打家劫舍，破坏生产，拦路剪径，阻挠工商业活动的正常进行。这就造成明代中叶以后福建的一些山区连绵不断的匪患。如闽西赣南交接一带山区，长年为盗贼盘踞之地。“瑞金县壬田寨离县三十余里。路通车段磜长汀界，乃闽贼必由之路。及有地名新径，离县七十余里，接会昌蛇山、武平、上杭白沙等处，地名竹园岭背，与长汀古城隔山，南通桃源峒，俱为流贼啸聚之所。”① 其中上杭三图地方，尤为盗薮，“惟三图百余年，无秋冬不啸集，屡扑而不驯服，其山林险密，尤异他省，邻省山寇共推之为主耳”②。这些以抢劫为主要目的的经济土匪，对于社会的安定和经济的发展是很不利的。

明代中叶以后，福建地区以至整个中国的社会经济特别是商品经济都有了相当快的发展，但由于中国传统社会结构的坚韧性，使得这一时期商品经济的发展与各种社会矛盾、阶级关系的分化改组错综复杂地交织在一起，加剧了民间社会的不安定。再从当时的政治、法律环境看，不用说民间的贩海垦山等工商业活动得不到官府和法律的应有保护，即使是一般的在册百姓，由于至明代中叶官府的各种行政机能已大大变质蜕化，各级官府大多只能鱼肉百姓，对于保护老百姓的生命财产安全，实在已是无能为力。举明代庞大的军事机构为例，至明代中叶，“久而寖懈，渐以无存，其存者，则又

① 天启《虔台志》卷四。

② 顾炎武：《天下郡国利病书》卷九五；郭造卿：《闽中分处郡县议》。

苟且虚名，全无实用。甚至镇海为饶贼所袭，悬钟为倭奴所残，铜山水寨为海寇所焚毁，楼船战具蓦然一空。弗所自保，焉能保人”①。谢肇淛在谈及嘉靖万历年间永福县的军事治安时说：“所谓机兵者，徒以供县官送迎存谢故人权贵于千里之外，而教场废为草坂，军器库乃不留寸铁……备数已耳，非能登锋尝寇者也。”② 封建官府不能有效地保护在册百姓，社会的政治、法律环境一团混乱。

在这样的情况下，福建民间所相信的是自身的实力，自身实力的强弱，将直接关系到社会、政治、经济诸方面权益的大小。当然，在法制不健全的社会里，人们仅仅依靠自身的力量是远远不够的，于是，先民移居福建时那种家族互助的传统，又在明代中叶以后得到了新的认识。人们迫切地认识到，只有增强家族的团结，发展家族的势力，才能与机械相争、弱肉强食的外部世界作有效的抗争。我们前面所谈到的福建各地整个家族地为商、为工、为盗、为贼的现象，便是人们依靠家族集体力量的一种表现。嘉靖、万历年间福建各地的“倭寇”，也是大多以自己的家族作为据点依托，而肆虐于外洋异乡的。如诏安县的梅岭地方，“有林、田、傅三大姓，共一千余家，男不耕作，而食必粱肉；女不蚕织，而衣皆锦绮，莫非自通番接济为盗行劫中得来”③。“乱民从倭者，集梅岭，且万家……其在浙直为贼，还梅岭则民也，奈何毕歼之?”④ 漳州附近的村落也是如此，“一村约有万家，寇回家皆云做客回，邻居者皆来相贺，又聚数千，其冬夏至柘林，今春又满载仍回漳州去矣”⑤。当时月港附近的李、王、张、谢、林诸姓，都是著名的海商加海盗的渊薮，晋江安海的陈、杨、黄、柯，叶诸族，是以“入海而贸夷”而闻名一时。到了天启年间，安海的郑芝龙异军突起，称霸于明末东南海疆，其成功的一个重要因素，便是以安海的乡族作为活动根据地。直到他荡平海上就抚明朝升官晋爵后，仍不愿离开他的根据地而龟缩于安

---

① 嘉庆《云霄厅志》卷八，《兵防志》，引林偕春：《兵防总论》。
② 万历《永福县志》，《武备》。
③ 俞大猷：《正气堂集》卷二，《呈福建军门朱公揭》。
④ 《漳州府志》卷四六，《纪遗》。
⑤ 王文禄：《策枢》卷四。

海一隅。所谓“芝龙就抚后……乃于安平置第开府筑城，开海道，海船直通卧内，亭榭楼台，巧工雕琢，以至石洞花木，甲于泉郡。其守城兵饷自给，不取于官，旗帜鲜明，戈甲坚利，凡贼遁入海中，檄付芝龙取之如寄，海船往来，非郑令旗不与通行……故八闽以郑为长城，称雄闽粤”①。郑芝龙牢牢控制家乡安海港，能得到本家族、本乡土势力的有力支援，割据称雄，真可谓如虎添翼。而郑芝龙集团的组成，也正是以郑氏家族为核心，以乡人为骨干，然后向四周势力扩展的。这种海商力量与家族势力、地域势力的牢固结合，无疑大大增强了郑芝龙集团的坚固性。

当然，明代福建的民间家族并非全是亦商亦盗，在当时纷乱的社会环境里，即使是安分守己的家族，也不能不采取有效的措施，以保护本家族的生命财产安全。于是，各地家族纷纷团结起来，组织武装，修筑碉堡城寨，御敌卫家。如漳州一带，“平和小陂倡勇于前，漳浦周陂奋勇于后……逆鸠族人习学技击，教一为十，教十为百，少年矫健，相为羽翼，每遇贼至，提兵一呼，扬旗擐甲，云合响应……自是兵气愈扬，人心弥奋”②。闽西永定前川堂堡的沈氏，“闽广盗起，肆虐乡邑，振奋身纠集子侄佃甲，以时训练技射，保障一方”③。在福州一带，乡绅们倡呼：“今诸大姓族聚，宜听自筑以协守望，则巨镇之堡，十可成其一二，居数十年间，海堡校联，人各为战……保障之上务也。”④ 明代中叶以后福建家族武装的兴起，无疑大大加强了民间各家族的势力，推动了家族制度的进一步发展。

明代中叶福建社会的动荡纷乱是促使民间家族组织发展的一个原因，此外，这一时期福建地区商品经济的发展，也为家族组织的发展提供了必不可少的经济条件。特别是大量宗祠的建造、坟墓的建筑、义庄族田的设置、隆盛祭祀活动的举行等等，都需要相当数量的资金，而获利倍蓰的工商活动，正好满足了扩展家族组织的这种经济需求。许多从事工商业活动而致富者，在传统观念的感召和

---

① 《安海志》一卷三六，《郑成功传》附《芝龙传》。

② 嘉庆《云霄厅志》卷八，《兵防志》。

③ 道光《永定县志》卷二六，《惇行传》，《沈玉振》。

④ 郭造卿：《海岳山房存稿》卷一一，《土堡》。

现实环境的考验下纷纷解囊，创办家族事业，举《闻见偶录》中的两则记载为例：

> 蔡廷魁，字经五，泉州南安人。少贫落魄，游粤东……资日起，亟迎其父母以养，厥后营室庐奉父母归，构土堡以居旅人，立大小宗祠，置祀产，俾族人沾先泽，有服之属无令有鳏居失业者，设书塾捐修脯以课子姓，计所费较遗子者过半焉。
>
> 龙溪林瑶，字琼仲……幼孤而贫，贸易海上……自振其业，建宗祠，祀自高祖以下，擘画祭产，凡春秋之祭祀，岁时伏腊荐享之需，行悉必具，子姓读书修脩书籍笔墨有供，自诸生试至礼部道路资斧有给。①

类似的记载，在福建地方志和族谱中不胜枚举，但有一点很值得注意，即这些义举孝行人物，绝大部分是出自明代中叶以后。明代中叶以后中国的社会变迁在一定程度上改变了福建的经济结构，使不少家族、家庭发财致富，而这些发财的族人，不忘其本，为家族的发展贡献了力量。

综上所述，在明代中叶社会变迁的大气候和福建特殊的社会环境里，福建民间的家族制度，在传统的基础上跃进到一个新的阶段。家族组织日趋完善，家族管理日益严密，这种日益兴盛的家族制度，在近五百年以来的福建社会里，发挥了不可低估的作用。

① 雷翠庭：《闻见偶录》。

第三章
祠堂与族谱

祠堂是一个家族组织的中心，它既是供设祖先神主牌位、举行祭祖活动的场所，又是家族宣传、执行族规家法，议事宴饮的地点。因此，祠堂设施的完善，实际上成为宋明以来家族制度发展的主要标志。

学界一般认为中国家族祠堂的建造始于宋代，这就全国的情景而言，大体是对的。但是由于福建地区的开发是与北方士民的入迁联系在一起的，聚族而居的习俗古已有之，为了强调家族的存在和作用，福建民间有些家族的祠堂建造，可以追溯到唐朝和五代时期。在福建一些较古老的姓氏如林、陈、黄、方的族谱中，都可以看见这种记载。如莆阳刺桐金紫方氏的祠堂，便建自唐末。“僖宗中和四年（884）……廷范公历宰闽三邑，遂居于莆，葬父祖于乌齐丰田，营精舍以奉先，合族六子：水部仁逊、秘书监仁岳、著作仁瑞、大理司直仁邈、礼部郎中仁载、正字仁远，咸协力以成父志，贸得隙地，复买八埏及某司业圃以益之，于是荐福始有祠。”① 林氏家族，“唐武德贞观间，吾林自中州入闽始居之（凤林），已复徙澄渚，则梯云遗迹，至今有焉，而九牧列祖祖堂俨然。宋末乱离，因割墓前地给沙门为启精庐……历唐宋迄今千年，祠宇屡经修建”②。宋元时期，陆续有一些家族修建祠堂，如南宋莆田林氏“建先祠”，“置祭产”③。建阳陈氏家族的祠堂，则始筑于元代。④ 然而

---

① 《莆阳金紫方氏族谱》，《莆阳刺桐金紫方氏历代祠堂碑记》。

② 民国《林氏宗谱》，《祠堂》。

③ 宋濂：《宋文宪公全集》卷一二，《莆田林氏重建先祠记》。

④ 参见建阳《陈氏家谱》，《祠堂记》。

一直到明代以前，祠堂的建筑还局限于巨家大族，一般的庶民家族尚未普及。

明代中叶以后，剧烈的社会变迁加深了福建民间家族加强内部控制的紧迫感，而山海商品经济的发展，又为家族组织的建设提供了一定的经济基础。于是，福建民间家族的祠堂建造，进入了繁荣时期。唐宋以来早有建造祠堂的家族，祠堂的规模和数量不断扩大，那些在宋元时期尚未建造祠堂的家族，也纷纷兴起建造祠堂的热潮，如连城新泉张氏家族，在明代万历以前，族众已有千余人，尚未建造祠堂。万历三十一年（1603）始，“择吉庀材，造堂一间……又越十五年丁巳（1617），郁台公按家礼祠堂三间之制，于徐公祠（县令功德祠）后更造一室，以栖先灵，以联族姓。盖未有祠堂之前，六股子姓各房一门，不相聚会故也……又越有十八年，崇祯甲戌（1634）建中亭大增华彩……祠既成矣，祖既安矣，族既聚矣。前人肯堂，后人肯构，于是乎大壮厥观矣”①。安海黄氏家族，明代前期于祠堂尚“未暇造也”，正统间建“逸敦堂”，“不过数椽”，到嘉靖年间，由“诸族之长者贤者度材鸠之，改增式廓”，几经修整，最后于万历间才全部完工。其族人南京礼部尚书黄汝良在《祠堂疏记》中写道：“（祠堂）草创前有堂而后无寝……正昔绌有待我后人身。夫礼者为大孝不俭其亲，今子孙或千仓万箱，而祠堂独就简因陋，居室多美轮美奂，而祀先却不轨不物，祖宗神灵能无怨恫乎？……以荣辱相连通之理，于势亦不得不改。此日我黄祠堂鼎新断断……愿我宗族同心协力襄赞祀事，庶几并藉祖德以邀福于无穷云。”② 安海是明代福建著名的海商聚居地，黄汝良的《祠堂疏记》道出了当时社会变迁对于家族祠堂建造的促进作用。

我们曾对闽北地区若干家族祠堂的建造情况做了统计，其结果也证实了祠堂建造的这一时代趋向，兹将有关的统计情况列表引述如下③：

---

① 《连城新泉张氏族谱》卷首，《张氏家庙祠堂记》。

② 《莆阳巩溪黄氏家谱》，《祠堂》。

③ 郑振满：《明清闽北乡族地主经济的发展》，载《明清福建社会与乡村社会》，厦门，厦门大学出版社，1987。

族别	家祠始建年代	资料来源
建阳(水南)傅氏	明万历	民国《宗谱》卷一
建阳(麻沙)蔡氏	宋绍定	光绪《宗谱》卷四
浦城东海徐氏	清雍正	民国《宗谱》卷一
邵武本仁堂李氏	宋淳熙	民国《宗谱》卷八
建阳紫阳堂朱氏	宋绍定	光绪《宗谱》卷一
浦城(北乡)占氏	明崇祯	光绪《族谱》卷二一
浦城勃海吴氏	明(年代不详)	光绪《家乘》卷一
欧宁屯山祖氏	清康熙	道光《宗谱》卷八
建阳肖氏	清咸丰	光绪《宗谱》卷一
浦城金章杨氏	清道光	民国《宗谱》卷一一
邵武樵西何氏	清乾隆	民国《族谱》卷尾
浦城(华阳)刘氏	明弘治	民国《族谱》卷五
欧宁程源余氏	明天启	民国《家谱》卷一
浦城黄柏崔氏	清同治	同治《族谱》卷一一

如上表所示，闽北各族的建祠时间，除少数理学家（朱、蔡）及名宦（李）的后裔之外，都是在明代中叶至清末，可见这种情况是福建民间家族祠堂发展的一般趋势。

明中叶以后福建祠堂的发达还体现在家族内部祠堂的细分化。一般的家族不但有一族合祀的族祠、宗祠，或称总祠，而且族内的各房、各支房也往往有各自的支祠、房祠，以奉祀各自直系的祖先。漳州府的诏安县“居则容膝可安，而必有祖祠、有宗祠、有支祠。画栋刻节，靡费不惜”①。兴化府属，“诸世族有大宗祠、小宗祠，岁时宴飨，无贵贱皆行齿列。凡城中地，祠居五之一，营室先营宗庙，盖其俗然也”②。我们曾调查连城新泉的张氏家族，除总祠之外，另有支祠 24 座。惠安山腰的庄氏家族，族众数万人，大小祠堂之数连其族人都说不清，据说有百余座。福州郊区尚干乡的林氏家族，族众近万人，为了显示族威，大宗祠盖进会城，连共城乡各处大小祠堂，不下 50 座。《延寿徐氏族谱》载，该族有祠堂 32 座，另有书堂 2 座、牌坊 14 处、堂匾 40 块、庙宇 12 座、石塔 2 座，均与祭祀祖宗有密切联系。③

---

① 陈盛韶：《问俗录》卷四，《诏安县》。

② 《重纂福建通志》卷五五，风俗，引《莆田县志》。

③ 参见福州《延寿徐氏族谱》卷二，《祠堂先茔》。

随着家族人口的繁衍，原先的居住地点已容纳不下族人们日益增长的生产和生活需求，于是许多家族出现分支迁居外地的现象，以寻求新的生存空间。这样，同一个远祖而又不是居住在同一个地方的族人，也往往合建超地域的大宗祠，以奉祀共同的祖先。如仙游县黄氏家族，派下子孙散居三十余村，各地黄姓集议在县城合建黄大宗祠，所谓“吾黄姓在仙，或自省来，或由莆至，或自泉迁，要皆来源于江夏，于是本亲亲之谊，建大宗祠于县城”①。林氏是福建省人数最多的大姓之一，后裔遍布八闽各地，清代前期其族人为宦者在会城福州创造林大宗祠。“九牧（林氏）世居莆田，或移处仙游、漳浦、福州、侯官、长乐、连江、泉州、漳州、永春、龙岩诸州各县，暨福唐及上府连潮州、嘉应州，皆其苗裔，故唐宋以来林氏号为昌宗……我族姓佥议于会城内创造大宗祠，庙前奉祀禄公始祖及夫人孔氏……此亦敬所尊，爱所亲，敦伦睦族之意也。”② 甚至连许多迁居台湾和海外的福建分支子孙，也在台湾及东南亚等地合建大宗祠，并与福建的始祖宗祠保持密切联系。民国时期，闽西漳州等地旅居马来西亚、新加坡等地的许氏华侨，就曾联袂回乡倡建新加坡许氏大宗祠。泉州等地旅居东南亚的陈氏华侨，亦曾大规模回乡举行对谱引香火活动，以庆祝吉隆坡陈氏大宗祠的建立。在这种超地域的同宗祠堂建立过程中，已经日益疏远的血缘关系再度受到了重视。

以家族祭祀、议事和执法为主要用途的祠堂，是家族权威和血缘关系的象征。为了维护祠堂的神圣和庄严，福建民间各家族对于祠堂都有一系列的管理规则，以保持祠堂的整洁和香火有期。有些强宗大族还专门设有祠堂司事和祠丁来负责祠堂的日常管理和洒扫上香。司事一般由族内的精明强干者担当，而祠丁则多由孤寡无业之人充任，地位比较低贱。《平江陈氏族谱》中的《祠丁条约》规定：“每月十四、三十两日，（祠丁）须到司事处领锁匙开门，将各处堂屋洒扫洁净，不许堆积灰尘。朔望香典，务先一日拈香牌通知

① 民国《仙溪黄大宗祠公簿》。

② 《林氏宗谱》卷一，《重建晋安郡王祠堂记》。

值轮，又赴司事处领香钱百文备香蜡以便族人行香。香满巡视清楚，将祠内门户关锁，锁匙仍交司事处。夜间各地门户应小心巡查火盗，不许疏懈。”① 对于一般的族人，也不允许有损害祠堂的行为。如长乐《曾氏家谱》规定：“宗祠内外不准私放畜类，以及不准夏秋晒谷至于垂凉寝睡等事，违者罚钱一千文充祠公用，若再抗罚，族房齐集呈官究治。祠堂内外凡有安囤家私柴草即在祠前焚化示众。”② 有的家族还规定族人损坏祠堂物件必须赔偿公罚，妇女儿童不得随意入祠，族人修建居室不得有碍祠堂风水等，尤其是那些有损于家族道德的行为，如行窃、赌博，更是祠堂的严禁规条。如平江陈氏家族规定：“不许招引闲人到祠聚谈聚赌，祠人人眷不许吃食洋烟。”③ 曾氏家族也规定：“禁排列赌桌，凡宗祠遇有祭典演戏等事，宜陈设宗器以壮观瞻，不得排列赌桌，违者呈官究治。禁掳人勒赎……寄在祠内，务宜禁绝此风，违者呈官究治。”④ 这些祠规从不同角度维护了祠堂的庄严和圣洁，保证了祠堂功能的正常发挥。

福建民间家族强调血缘关系的另一项重要措施，是族谱、家乘的修撰。如果说祠堂是用血缘关系把族人们牢固地纽结在家族组织上的活动中心，那么族谱、家乘的修撰，便是为家族组织的活动建立完备的档案材料。

中国的家族谱学由来已久，特别是唐以前那种专门研究世家大族门第高下、维系门阀制度的谱学，曾经在汉末、魏晋南北朝以至隋代、唐初兴盛一时，但随着唐代门阀制度的不断衰落，这种古老的谱学也随之退出历史舞台。而维系近代家族制度新谱学的兴盛，与家族的祠堂建设一样，主要始自宋、元以后特别是明清时期，才大力发展起来的。安溪《谢氏总谱》中论及近代族谱与古代谱学的差异时说：

> 自氏族立而后谱学兴，然世代之风俗不同，宗支之派系亦异，是以作谱之义例大有判别。如《经籍志》载王僧孺诸人撰

① 光绪《平江陈氏族谱》，《祠丁条约》。

② 长乐《感恩村曾氏族谱》，《宗祠规条》。

③ 光绪《平江陈氏族谱》卷一，《祠规》。

④ 长乐《感恩村曾氏族谱》，《宗祠规条》，《宗祠严禁十条》。

《百家谱》、王司空诸人撰《诸姓谱》，此合众姓树一谱也。《艺文志》载刘沅诸人撰家谱，苏洵诸人撰族谱，此只一姓之谱也。盖唐以前意在别流品备选举通婚姻，故宜百家诸姓之谱，宋以后意在溯渊源分疏戚序尊卑，故宜一家一族之谱也。①

福建的族谱，正是在这种“溯渊源、分疏戚、序尊卑”的动机驱动下，于明代以后普遍出现的。如惠安峰城刘氏族谱始于明末子命公的倡导：“积十五年之苦心修成族谱，源源本本不致涣散，至今近三百年，其原本相递而传之于吾家，宝之秘之。”② 泉州梅溪陈氏家族，其族谱“相传修葺自太学介石公之手。介石公以弘治丙辰（1496）岁贡入太学，丁巳（即嘉靖三十六年［1557］）卒”③。泉州薛氏族谱亦创自明代中叶：“吾家宗谱创自有明代中叶，当世伯南塘公之世。”④ 再如连城新泉张氏家族，“吾始祖荣兴公肇居新泉，孙枝蕃衍，瓜瓞绵延，亦云涣矣。然而族谱之立，昉于前明八九（天启、崇祯年间）世族谱之修”⑤。

明代中叶以后福建民间修纂族谱逐渐普遍化的同时，许多家族把修纂族谱作为后代子孙的一种义务而写进族规，以保证族谱续修的相沿不断。如浦城季氏规定：“谱宜三十年一修，若不遵此，即属不孝。”⑥《闽浦房氏族谱》亦规定：“宗谱有贤子孙或十年、三十年一修，则存殁葬地，时日不爽，先儒云一世不修谱为不孝，宜知之。”⑦《湖茫李氏族谱》云：“谱牍须定三十年一修，毋得久延，致难稽查，凡属外支，务须查明世系源流，相符者方准联修。”⑧ 这样，修纂族谱便成了家族组织的一项永久性事业。

福建民间各家族族谱所记载的内容详略不一，一般而言，除了记载全族的户口、婚配和血缘关系外，还有全族的坟墓、族田、族产、祠庙

---

① 安溪《谢氏总谱》卷首，《联谱序》。
② 惠安《峰城刘氏族谱》，《修族谱序》。
③ 泉州梅溪《陈氏族谱》附录，《裱续旧谱前序》。
④ 泉州《薛氏族谱》卷首，《续修薛氏族谱序》。
⑤ 连城《新泉张氏族谱》，《光绪戊子重修族谱序》。
⑥ 民国《浦城高路季氏宗谱》卷一，《谱训》。
⑦ 光绪《闽浦房氏族谱》卷首，《修谱凡例》。
⑧ 浦城《湖茫李氏族谱》，《族规》。

等的四至方位和管理使用法，家族的规约训诫，修谱凡例义则，各类合同契约文书等。有些比较详细的族谱，还记载有家族历代的重大事件以及与外界的纠纷，可风奖的人物传记，科举出仕以及义行芳名录等。

尽管各个家族因经济和文化条件的局限，致使族谱的记载详略有所不同，但大凡家族的世系源流、血缘系统，都是每一部族谱中最为基本的内容，也可以说是族谱的核心。因为修纂族谱的主要目的，就是为了防止血缘关系发生混乱而导致家族瓦解，所谓“传袭世远，子孙日繁，或叔侄位次高下之倒置，或兄弟名字称呼之重复，家于市井者或不知山林之族属，居于乡村者或罔识城邑之戚疏，未必不由家谱不足征故也”①。因此，为了有效地联络这种逐渐疏远的血缘关系，修纂族谱以理清家族的血缘关系便不能不成为一件极为重要的事情，所谓“谱牒明则昭穆分，而长幼序，尊卑别，而亲疏辨”②。“亲疏派别得谱则溯其源，上下支分得谱则穷其本，即荡析代变而皆有所考焉。”③

福建各家族在修纂族谱时，虽然都强调血缘关系的重要性，但是当我们仔细地分析了族谱中的血缘关系后，发现各个家族并没有完全做到这一点。实际上，维护家族内部血缘关系的纯洁性，只是族谱中所要体现的宗旨的一个方面；而在另一个方面，通过血缘关系世系源流的考订排列，强调本家族血缘关系的高贵传统，从而达到提高家族和族人自尊心和荣誉感的目的。为了达到这一目的，各个家族在修纂族谱时的共同做法，是尽可能地把自己的祖先与中国先朝的某些名人、望族联系在一起。如《清溪谢氏族谱》称：“吾谢之著姓也，为周宣王时所称元舅申伯，有大功封于谢，子孙因以为氏，世居河南光州之固始县，及汉晋时家世人才辈出，又称江左风流焉。”④《林氏族谱》称：“林氏出自子姓殷少师比干，谏纣而死，其子孙逃于长林，周武王已克商，封比干墓，爵坚郡公，命为监，赐姓林氏。”⑤ 房氏家族则自

① 安溪《谢氏族谱》卷首，《清溪谢氏指南序》。

② 同上书，卷首，《重修清溪谢氏族谱序》。

③ 连城《新泉张氏族谱》卷首，《壬午重修叙》。

④ 安溪《清溪谢氏族谱》卷首，《谢家分派源流考》。

⑤ 民国《林氏宗谱》，《晋安世谱校正序》。

称“乃陶唐氏之后，至唐而玄龄公发祥焉，他如仕宦显名当者代有达人”①。族谱中的这种血缘追远溯源，并不一定真有所据，大多只是牵强附会。我们曾翻阅过清代名臣兼名儒李光地家族的族谱，他们所追溯的祖先是道家创始人李耳，该族谱俨然记道：

> 老祖伯阳公名耳，号伯阳，谥聃。周宣王四十四年（前784）庚辰岁（似为丁巳年）二月十五日生于楚之苦县厉乡曲仁里，以生时耳有漏，白发盈首，故名耳，亦呼曰老子，仕周为柱下史。孔子五十一岁时谓南宫敬叔曰：“吾闻周有老子，明道德之源，识礼乐之归，则吾师也，吾将学焉。”……（李耳）著书上下篇，言道德之意，五千余言，与清静诸经并称《太上十三篇经》……公娶陈氏，生二子，长曰宗，衍陇西，次曰德，衍赵郡……我湖（安溪湖头）李出陇西，为唐高祖李渊公之苗裔。②

这些记载纯属子虚乌有，但是，耐人寻味的是这部族谱曾经李光地续修改订，李光地号称理学名臣，先秦诸子百家学说造诣甚深，但他对于这篇有关其祖先渊源的文章，依然让其流传下来，可见福建族谱中的先世附会，大多是明知故犯。因为这样做有助于提高家族的社会声望和地位。现在同安县、金门县有彭氏家族，其祖先也溯源到“陇西衍派”，始祖虽不是李聃，但也是神仙彭祖。③ 惠安有一个郭氏家族，是地道的阿拉伯回教徒的后裔，至今仍奉行回教徒的习俗，但我们从他们的族谱中，看到他们所追溯的祖先，竟是中唐平定“安史之乱”的名将郭子仪。在闽西客家人的一些郭氏族谱中，也往往把中唐名将郭子仪奉为自己的祖先。显然，这样的记载是很不符合史实的。

即使是迁居入闽后的历史，族谱中对其始迁祖的记载也并非完全可靠。如《莆田九牧林氏谱》称其入闽始祖林禄为永嘉时晋安太守；《文峰陈氏族谱》亦称其入闽始祖陈润为永嘉时晋安太守；又

---

① 光绪《闽浦房氏族谱》卷一，《修谱凡例》。

② 《安溪湖头李氏宗谱》，《李祖伯阳公圣传》；又《源流》。

③ 参见《同安文史资料》第五辑。

《莆田南湖郑氏谱》称其入闽始祖郑昭，永嘉时为福、泉二州刺史。如此说来，晋永嘉二年（308）林、陈、郑诸姓同时避乱入闽时，其祖先同时为闽中地方长官，当时闽中太守何其多？晋永嘉时福建仅设晋安一郡，何来福、泉二州？《九牧林氏族谱》把其始迁祖林禄称为“晋安郡王”，更是荒诞不经。自汉朝分封，非刘氏者不王，相沿至唐初，异姓大臣封爵仅至国公止，林禄名不见于《晋书》等正史经传，岂能独自封王！①

因此，就族谱中的血缘世系而言，各家族对先代祖宗的追溯，大多是扑朔迷离，不可尽信。但是这样的族谱记载，正符合修谱为家族制度服务的宗旨，它从观念上强调了家族的优越感、荣誉感，从而为加强家族内部的团结和巩固家族的社会地位起着积极的作用。

由于族谱对先代祖宗的追溯大多牵强附会，造成各个血缘世系的记载呈上略下详的情况。现居地始祖以上的世系往往语焉不详，轻轻带过，而自迁居始祖以下，则代代排列，严格分明，不容混淆。如浦城《房氏族谱》在修谱凡例中规定，记载血缘世系时遇到如下几种情况要特别注意：

> 一、继子注于所生之下，承伯叔某为嗣，然后直书于所继之下系某第几子某为嗣，明宗枝也。
>
> 一、男子为人仆及出家者，削之不录，能归有室者书之，与其自新也。
>
> 一、嫁妇出妇再醮入者概不书生卒年月，上书娶某某氏生某子，盖子无绝母理也。
>
> 一、娶孕妇而生者，谱所不录，或乏嗣而无昭穆应继无可祧者，至抱异姓之子，虽注明于所养父之下，并无牵丝以防乱宗。
>
> 一、婢女得幸者曰妾生，有子者书之，而使知所自出，不以其贱而废之。
>
> 一、宗裔分居外里者曰迁，依妇家而居者曰赘，明其辨也。
>
> 一、乏嗣者不曰无后，而曰无传，不忍斥言也。②

---

① 参见朱维幹：《福建史稿》上册，66～67页，福州，福建教育出版社，1984。

② 光绪《闽浦房氏族谱》卷一，《修谱凡例》。

显然，通过区分这些非正常的继嗣情况，更突出了家族正统血缘的纯洁性。而在正统的血缘世系中，也应对于不同的房派根据亲疏情况加以区别，所谓“修谱所以明宗派别亲疏，凡我共祖子孙虽极寒微必须收载，其有同姓而所宗各异，纵富贵不敢妄援”①。其中对大宗宗子的世系尤为强调，“宗子之旁应书大宗几世，则小宗自可知也”②，以确保大宗宗子在家族中的领导地位。至于一般的子孙，在各自的世系中应“先书名，次字，次行，履历出处生终，某葬某处，娶某氏，继娶某氏，生终葬所，生几子女，适某，详其实也。异母者分注之，别所出也”③。

为了使家族内部的血缘关系更加上下有秩，历历可查，福建的许多家族都实行名字排行制度，即在同一辈分的族人中，名或字必须用某一个统一规定的单字起头，再与其他单字结合成名或字，以示区别。如某一父辈共生五个儿子，儿辈之名规定以“文”字排行，则五兄弟可分别以“文强”、“文祥”、“文祺”、“文翰”、“文祉”为名，这样，在族谱中一看到“文”字排行，便可知道这些人是兄弟或堂兄弟辈分。有的家族则在名与字之后，另用统一的表行加以区别。惠安《刘氏族谱》陈述这种名字排行的作用时指出：“行者，列也，雁群飞必排空横列，遥而望之参差如一，故父之齿随行，兄弟之齿雁行……字而缀之以行，列之以次，行明等也，次教辨也。曰某行曰某次，而众明于诸祖诸父、群季诸孙之序矣。”④

这种以名、字、表行来强调与区别血缘关系的做法，有的是由祖、父辈临时决定排行用字。如安溪谢氏家族规定：“子孙表名字，俱要取玉侧丝边之类，一般字样甚便收谱，亦显祖宗和睦。”⑤ 这里，只笼统规定用玉侧丝旁的字，而没有具体规定用哪些字。而有的家族，则由某一祖先选定一系列的排行用字，记载于族谱中，后代子孙便沿用这样成规的排列用字次第起名字，不得紊乱，如惠安

---

① 光绪《闽浦房氏族谱》卷一，《房氏谱例》。
② 安溪《清溪谢氏宗谱》，《伴读公修族谱时定示训》。
③ 光绪《闽浦房氏族谱》卷一，《修谱凡例》。
④ 惠安《峰城刘氏族谱》附录，《字行说》。
⑤ 《清溪谢公宗谱》，《件读公示训》。

刘氏家族的对门房行序是“予孟成弘，乾庆复树，邦君建侯，伯仲联芳，恢大第也，孙曾继美”[①]。浦城房氏家族，“始祖从贵公由山东肇基浦城，前代已定‘联明睿智宽裕温柔’八字为行派，今经众议当家乘肇修，柔字以下增修三十二字，伦序世次，永为定规。又照续先世行派贴字以下增定各派三十二字，以防名分以别尊卑”：

> 一定行字记：派衍山东，族开拓浦，德贻慈孙，绪缵列祖，东壁书林，西园艺圃，奕叶流芳，余风太古。
>
> 一定名字记：景聚建邦，应毓贤良，传家忠厚，华国之章，钦明允协，锡庆联芳，光辉盛业，兰桂蕃昌。[②]

族谱中的名字排行制度，不仅使家族内部的血缘关系和上下伦序关系分明可辨，而且还有助于联络不同区域内同宗远支族人的血缘感情。同一姓氏的不同分支家族，经常利用族谱中的血缘世系排行记载，进行“联谱”活动。世代疏远的同姓族人，只要一查核名字表行，便可分清各自的辈分世系，建立起亲密的联系。如安溪谢氏家族，曾于民国年间合数十宗支进行大联谱，辈分分明之后，各宗支子孙公议决定排行班次悉归划一，修纂总谱。“总谱颁发各族之后，已命名者仍从旧班行，初命名者即用新班行，但必照旧班行父辈之尊卑，用新班行诗句之次第……不得错乱。”总谱颁发之后，各族族谱由各族自修，“但不得置新班行，仍用旧班行，致碍联合通谱之例”[③]。台湾省金门县，历史上隶属于泉州同安县，蔡氏家族的子孙分居同安县新店乡和金门的枫林村，两地蔡氏沿用同一排行用字，即“景太靖延用启乔，汝士复根炷基铨，淑梁熙培铸洪财，珍海棠荣远仓喜”[④]。故新中国成立后虽隔绝数十年不通音问，近年重聚一对辈行用字，便可分明尊卑亲疏，寻根问祖。通过这种联谱和修纂联合大宗谱的活动，扩大了家族的势力。谢氏家族裔孙谢维峻《联谱序》云：“联之以谱，化弱小为强大，转柔脆为坚刚，众志成城。”[⑤] 正指

---

① 惠安《峰城刘氏族谱》，《字行说》。

② 光绪《闽浦房氏族谱》卷一，《修谱凡例》。

③ 民国《安溪谢氏宗谱》，《凡例》，《班行诗》。

④ 《同安县文史资料》第六辑，《同安、金门的蔡氏家谱》。

⑤ 民国《安溪谢氏宗谱》，《联谱序》。

出了这种大联谱活动的实质。

族谱在强调血缘关系的同时，还以其家族的道德价值标准来褒贬家族成员的行为，如泉州薛氏家族的《族谱义例》规定："状传录考妣之贤也……贤者俱可不拘显晦，示不遗小善也。至列妣有传，节妇有传，内女有传，皆因贤而通录之。"① 连城张氏家族的《族谱例言》云："有犯奸淫干碍伦常者……当以黛墨涂其名，注以奸淫灭伦……族内倘有作奸犯科之类，族房长知之，必通闻合族齐集祠堂，割去其谱……轻身以假人命图赖人者，通族众攻其罪，公首呈官，仍于谱名下注以图赖人命四字。"② 浦城房氏家族亦规定："鬻祖坟祀田，及家谱侵犯祖宗悖逆乱伦者，即书于本人之下，以惩不孝。"③ 这些措施，不仅使族人们的日常行为受到劝奖惩儆，家族的道德规范得到进一步体现，家族的权威得到加强；而且，家族成员的良好社会行为，对于巩固和提高家族的社会地位和声望，也有一定的益处。显然，修纂族谱时所奉行的劝奖惩儆原则，对于维护血缘的纯洁性和促进家族精神的发扬光大，起着不可忽视的作用。

总之，祠堂和族谱都以强调家族的血缘关系为核心，用血缘的纽带把族人紧紧地联结在一起。在祠堂和族谱的交互作用下，家族成员具有十分浓厚的家族和家庭观念，这种观念不仅是维护家族聚居不散的精神支柱，同时对于那些游离在外地的族人，也有莫大的感召力，当官为宦的族人固然以衣锦还乡为荣耀，即使是那些浪迹天涯的工商者流，亦大多念念不忘故里。举连城《李氏族谱》的两则记载为例：

> （李）香泉，弱冠习举子业，然天性至孝，年十九因念父垂老外贸，侍奉无人，即辍业援例入国学，随父贾于白水镇，遂居焉，厥后十有余载，一夕忽念先人庐墓俱在连城，虽每岁祭祀父归，而本源之念，桑梓之慕，辄勃发于中，而不能自已，于是决然遂奉其父而挈眷而旋。

① 泉州《薛氏族谱》卷一，《族谱义例》。

② 连城《新泉张氏族谱》卷首，《族谱例言》。

③ 光绪《闽浦房氏族谱》卷一，《凡例》。

(李) 梅亭……贾于江右之白水镇……凡所筹划皆中机宜，获倍息，年二十七乃受童于其地，因乔居焉……每春秋祭必归，四百余里一岁再往返，不以他务夺，不以风雨阻，其有孝思诚笃如此。①

《永定县志》记载该县风俗时云："商之远贩吴楚滇蜀不乏寄旅，金丰、丰田、太平之民渡海入诸番，如游门庭……少壮贸易他省，或每一岁，或三五岁一回里。"② 这种情景实际也是福建各地在外经商为工者的一般作风。近现代福建沿海有大量移居南洋各国的华侨，每年均有大量的侨汇寄回乡里家族，成为家族、家庭成员的重要经济生活来源。据新中国成立初对晋江侨乡的调查，涵坂村的 209 户侨属，生活绝大部分靠南洋侨汇者 127 户，约占 60%；半数靠侨汇者 51 户，约占 24%，小部分靠南洋侨汇者 31 户，约占 14%。③ 至于海外华侨捐助家族建造祠庙、起造寺庙、购置族田，以及组织大型家族祭祀迎神赛会活动，更是屡屡可见。祠堂和族谱所强调的同宗共祖血缘关系，把游离四方的族人有效地联系在一起，而族人们对于家族的向心力，又进一步促进了家族制度的向前发展。

① 连城《文川李氏七修族谱》，《列传纪上》。

② 道光《永定县志》卷一六，《风俗志》。

③ 参见华东军政委员会土地改革委员会编：《福建省农村调查》，88 页。

第四章 族产与义田

家族共有财产是福建民间家族组织的另一个重要内容，是维持家族制度得以运行的经济支柱，其作用不下于祠堂、族谱，它与祠堂、族谱互相配合，把族人们有效地联结在一起，形成了家族组织的基本构架。

福建民间族产包括土地、山场、房屋、桥渡、沿海滩涂以及水利工程、水碓碾房等生产生活设施。随着明代中叶以后社会经济特别是商品经济的发展，福建各个家族也纷纷涉足工商业活动。于是，族产中增添了诸如店屋、生息银两、墟集等方面的内容。许多家族通过出租经商店屋和管理墟集来筹集家族经费和增加家族财产。如连城张氏家族，"先祖原构店铺，编列天地人和四号，上手出租于人，归大宗永远管业，正月十四日收租，不得推前越后"①。泰宁杉易镇欧阳氏，清中期有店房 71 栋，每年收租钱一百八十余千文。② 浦城县徐氏家族，亦有店房若干座，其中文甫公祭产店房，"向租店面者收店租二十二千文"③。至于明清时期福建各家族在本地域内设置族墟、族市的现象也相当普遍，如连城邹氏家族在乾隆年间公议设立公平墟，"忆昔吾乡新开公平墟，先辈早有以旧墟稍远，每思自辟一区，便于交易，然托诸空言，未果举行。至乾隆戊戌岁之十一月十八日始议，一唱百和，众心齐一，而十九日即起圩场，赴集如云……嗣后公平墟墟场墟租，胜公房

① 连城《新泉张氏族谱》卷首，《族规条款》。

② 参见嘉庆十四年泰宁欧阳氏《分关文书》。

③ 浦城《东海徐氏宗谱》卷一〇，《文甫公十四股祭产合同》。

子孙分收圩租一半，敷公房礼崇公、礼衡公、雄公、希孟公、永生公五公子孙收圩租一半”①。再如上杭蛟洋集场为傅姓所开设，新坊集场，为李氏等开设，“向各铺贩收租，向官完粮，其地止为贸易用，不准外姓筑造店屋”②。顺昌县禾口的张氏家族，于明万历间创建“禾口墟”，不仅历年征收店租、地租，而且具有对整个墟市的控制权，墟界之内，寸土悉归张氏所有，不容外姓染一指。③ 连城张氏家族亦有新泉墟，为了加强对族墟的管理和控制，该家族在《族规》中订下条款：“今议照依官升官斗公立式样，不得任意加减，亦不得掺糠灌水（指交易米粮），此处买卖者自行交易，并无粒米寸粟费落旁人，亦无米牙人等，应如众议遵守良规，违者公罚，顽则呈官究治。至于秤要十六两，戥要十三号马，银水九四色。诸凡买卖如猪肉等项，务要真实无伤，市价不二，庶几称其公平。”④ 明清两代福建民间家族涉足工商业领域，这一方面说明其自身的机能随着社会经济的变迁而自我调节，显示出较强的生命力；而族产内容的多样化，从另一个角度反映了明代中叶以后福建民间家族制度的发展和变化。

明代中叶以后福建民间族产虽然出现多样化的趋向，但其中历史最悠久而数量又最多的，还应首推土地田产，即通常所称的“族田”。下面，我们就以族田为中心作较具体的分析。

族田的名目繁多，有祭田、蒸尝田、社田、祠田、义田、书灯田、香油田以及公役田、轮班田、桥田、渡田、会田、社田等等，通称“族田”。目前学界一般认为中国最早设置族田的是苏州范氏，即北宋仁宗时范仲淹买平江负郭田千余亩以赡族。但由于福建有着较悠久的聚族而居传统，族田的设置，大致可以追溯至北方士民入闽不久的隋唐时期。如《林氏大宗谱》录有一则唐贞元十五年（799）十月十六日裔孙林许写的《墓田帖》，有“墓田自隋开皇年中藻七代祖卜筑于此，其后子孙相继，代代坟墓不离此，墓田比来多被人盗葬”⑤ 云云。再

① 连城四堡《邹氏族谱》卷二四，《祠产》，《公平墟合同文》。

② 民国《上杭县志》卷二，《建置志》。

③ 参见顺昌《清河张氏九修族谱》，《禾口墟记》。

④ 连城《新泉张氏族谱》卷首，《族规条款》。

⑤ 民国《林氏宗谱》，63页。

如莆阳刺桐方氏家族，其祀田则创自唐末五代，“（唐）僖宗中和四年（884）中丞七子三廷范公……尝营精舍以奉先合族，六子……协心以成父志，贸得隙地……共捐宝石金庄田三十石种，又捐南箕七石种，南门三石种……捐壕浦田十石种……增景祥横圳田六石种……计种五十九石，产钱七贯二百六十五文”①。可见这时莆阳方氏家族的祀田已颇具规模。到两宋时期，理学家大力鼓吹“敬宗睦族”，族田的设置渐见推广。如莆田林氏“在宋初时已置祭田”②，漳州王氏“以郭外田五百余亩创义田”③，其他如建阳蔡氏、朱氏，兴化陈氏，晋江江氏，永春清源留氏亦皆有祀田、义田之设④。宋淳熙《三山志》云：“州人寒食春祀，必拜墓下，富家大姓有赡茔土田，祭毕燕集，序列款洽，尊祖睦族之道也。”⑤ 反映了当时族田逐渐扩展的情景。

宋元时期福建民间的族田虽然有所扩展，但正如上引《三山志》所言，族田的设置主要还局限在“富家大姓”，尚未出现普遍化的现象。特别是族田的设置是与经济条件紧密联系在一起的，一般的贫寒小姓，不具备宽裕的经济力量来扩充族田。到了明代中叶，福建的社会经济特别是商品经济日益繁荣，民间的家族制度进入了一个新的发展阶段，家族共有田也随之得到长足的发展。一般家族在立祠设祭的同时，也大力筹集资金扩置族田。如建阳傅氏，“祠始于戊午（1618）九月，落成于庚申（1670）十月……遂以二百亩为春秋祠祭之需”⑥。连城张氏家族，始建祠于明代后期，“虽然祠既成矣，祖既妥矣，族既聚矣，而蒸尝之需尚未具也。于是诸公……各赀若干，权子母，至于国初积币近千。顺治辛卯年（1651）用价百有二十金，买杨梅滩田一千二百把，年收折色若干，充祭费用。又于顺治十五年丁酉（1658）展辟祠前左右基址筑店房五十进……添祭之用”⑦。再如泉州梅洲陈

---

① 莆阳《金紫方氏族谱》，《方氏南山荐福祠碑记》。

②③ 嘉靖《延平府志》卷一八。

④ 参见民国《庐峰蔡氏族谱》卷一，蔡渊：《蔡氏祠堂仪约》；丘濬：《朱子家礼》卷一，《通礼余注》；楼钥：《攻愧集》卷八九，《华文阁直学士奉政大夫致仕赠金紫光禄大夫陈公行状》；《清源留氏族谱》，《义庄局记》。

⑤ 转引黄仲昭《八闽通志》卷三，《风俗》。

⑥ 建阳《傅氏宗谱》卷一。

⑦ 连城《新泉张氏族谱》卷首，《宗祠记》。

氏家族的义田，“吾宗从宋末以迄于今，盖三百余年矣，未有兴此田，盖自嘉靖辛酉（1561）……诸叔父兄弟佥曰然，遂以告之家庙，而立为大宗义田”①。在闽北的族谱中，一般都详细载明历代祖先所提留的祭产情况，下面试以年代确切者列为一表，以期反映其发展的过程与规模②：

族别	定居年代	设置祭田世代	田租（担谷）
建阳竹林陈氏	唐贞观	27～36	200余
建阳麻沙蔡氏	唐乾宁	17～27	130余
建阳蔡氏	唐乾宁	25～33	140余
欧宁叶坊蔡氏	唐乾宁	19～29	150余
邵武武尾黄氏	唐末	29～35	260余
浦城莲塘祖氏	宋咸平	18～28	618
浦城仙阳肖氏	南宋初	20～25	360余
浦城北乡占氏	宋建炎	11～?	1 200余
建阳南槎陈氏	宋淳熙	8～21	1 946
欧宁屯山祖氏	南宋末	9～18	800余
浦城金章杨氏	元初	14～18	410余
顺昌上洋谢氏	元初	6～16	1 000余
浦城下沙郑氏	元至元	11～16	910余
欧宁璜溪葛氏	元末	6～11	246
浦城高路季氏	明初	5～13	2 372
浦城后山蔡氏	明洪武	8～20	1 500余

如上表所示，唐宋之际迁居闽北的宗族，一般自二十世前后开始提取祭产；南宋至明初迁居闽北的宗族，一般自十世左右开始提留祭产，由此可见，闽北各族开始提留祭产的年代，大致都在明代中叶至清代前中期这三四百年间。这种情况正与前述祠堂、族谱的发展情况相吻合。

福建族田的设置和增值，主要通过提留祭产、劝捐、派捐等途径。所谓提留祭产，即每当分家析产时，提取出一定数量的田产作为祖、父辈的赡养费，祖、父辈死后，便成了祭田。如浦城房氏，三世祖时始设祭产，共提留租谷 67 担，租米 172 担，以及店房 5

① 万历《梅洲陈氏族谱》，《义田记》。

② 上表资料引自郑振满：《明清闽北乡村地主经济的发展》，载《明清福建社会与乡村经济》。

所，池塘 5 口，地墓 1 片。四世祖共有三房，三房分家时再提留祭产，一房房朝相提留租谷 148 担，池塘 3 口，房屋 1 所，地墓 1 片；二房房朝卿提留租谷 130 余担，租米 125 牙，店房 9 所，山林 5 处，园地 4 片，池塘 5 口；三房房朝宝提取租谷 100 余担。五世以下，亦相沿类此，"各房均有各祭，因房分多，不及悉识"①。我们接触到许多福建民间的分家文书，亦都反映了这一情况。如浦城王氏《分关簿》载，王母彭氏"尚遗下大苗租一千斤整，内抽出大苗租二百斤为生母养膳租外，又遗下小苗田数瑕为定裕公祭产，向后兄弟照序轮收毋得越占抢收，所有家用器皿物件当日经过亲戚族邻目击诸物肥瘦相兼，品搭高低，估值均匀，拈阄为定"②。南平刘氏《阄书》云："氏夫手所有田园屋宇，产业及树木等物，除抽祭典、抽帖、抽长外，派为五房匀分。"③ 有些家族、家庭提留祭产的数量是很大的。浦城王氏有田租 1 900 余担，除"抽过长孙谷二百斤"外，其余全部提留作"祭租"和"膳租"，提留祭产占总田租的 89%。浦城吴氏有田租 560 余担，分家时提留祭产 270 余担，祭租占总租额的近 50%。浦城苏氏有田租 1 400 担，分家时提留祭产 540 余担。邵武邱氏有田租 440 余担，分家时提留祭产 140 余担。泰宁县杉易镇欧阳氏，清嘉庆年间第一次分家，便提留"醮田"租米 150 余石，此外还有山场 10 处、店房 4 处、园地及寮屋若干，以及"学田"、"排年管里田"等租米 50 余石。这些家庭分家析产时所提留的祭产等，一般都达总租额的 30%～40%左右。④ 这种分家提留祭产的做法，是福建族田增值最具制度化和最重要的一种手段。

向族人派捐以扩充族田的现象也很普遍。如欧宁县屯山祖氏家族"于康熙戊寅（1698）建造继善祠……继立蒸田数亩，仅供春秋二祭，而冬至之祭尚未举也……于是禀诸族长，商及族众，各捐钱四百生利滋息以为冬至之资"⑤。又如浦城占氏家族"祠内原有祭租

① 光绪《闽浦房氏族谱》卷四，《祭产》。

② 复印件藏厦门大学历史研究所。

③ 抄件藏厦门大学历史研究所。

④ 参见郑振满：《清至民国闽北六件"分关"的分析》，载《中国社会经济史研究》，1984（3）。

⑤ 《屯山祖氏宗谱》卷八，《坤房继善祠冬至配飨序》。

百石为春秋官祭之需……仍属不敷，于是复议……五房又复各筹常年的款，或出己租，或捐钱买田，或吊本房祭租，共筹捐入田租六十担”①。

族田派捐的方法多种多样，因族因地而异。闽北平氏家族有纳丁钱之例，所谓“前代纳丁而祖醮日扩，后代效之而祖醮日收……盖祖祠创自万历甲午（1594），所有祭田不过二十余石，以供祀事犹且不足，何况颁胙？自后司事者佥议纳丁入主之例，每丁纳银三钱三分，每入一主，纳银六钱。查旧纳丁者凡二百十有三人，总计纳银止获七十一两，并入主银不下百亩，能买醮田若干”②。有的家族则向出仕者摊派“喜钱”。如闽南郭氏家族，“祖宗九世以上未有祀田，至十世朴野公始建祀业，亦聊具粗略而已。迨乾隆甲申（1764）冬诸绅衿见其秋冬两祭简陋难堪，于是共兴孝思，充祀银以为买置祀田之资，谨将酌议充银定式开列于左：生员充银一大元，监生充银二大元，乡宾充银二大元，贡生充银四大元，举人充银四大元，进士充银十两，及第充银五十两，仕宦随力充捐”③。建瓯上洋陈氏家族也规定：“援例捐监者，应充喜钱二千文；捐贡者，应充喜钱五千文；捐职自七品以上者，应充喜钱十千文；承以为例，不得异议。”④ 有的家族则向族人派征“报丁钱”和“娶妇钱”，如泉州薛氏家族“子孙娶妇喜庆银一钱，添丁喜庆银五分”⑤。连城张氏家族亦规定：“至六房新添贵子，每丁照纳九四色银三分报名。”⑥

除了派捐之外，各家族还鼓励族人义捐族产，如连城张氏家族在《族规》中说：“凡祠内子孙有捐己田己银至三百两者，许入主；祠内有捐至千金者，许祭祀时捧出神主，在祖宗旁配享，仍为立传，颁胙伊派下子孙。”⑦ 于是，一些“饶财乐助者”经常自动捐置田产，扩充族田。闽北《上平关西族谱》中载有许多族人捐献祀田的契约文书，如林美公子孙的捐田字约云：“立族田约人林美公

---

① 浦城《占氏族谱》卷二一，《祭产》。
② 浦城《平氏族谱》，《论纳丁附载颁胙旧序后》。
③ 《蓬岛郭氏家谱》卷一下，《祀田》。
④ 《福瓯上洋陈氏宗谱》卷一，《凡规》。
⑤ 《薛氏族谱》卷一，《族谱义例》。
⑥⑦ 连城《新泉张氏族谱》卷之首。

子孙德士、亮山、亮红、沛天、秀乾等，今为林美公神主进祠，合口商议将本坊上寮田租三石整，载民粮六升，目今四至……分明，今捐拨与本族祠上为业。”① 有些族人捐献的族田数量是很大的。连城邹氏家族于道光年间重修谱牒，定敷公派下子孙邹必功一次捐献尝田 100 桶，“坐落地名马罗围，土田计共十处，捐入伯祖定敷公祠内托公贤裔为递年祭敷公之日并具祭”②。到清末，邹必功捐助的祀田钱租每年收入就达 13 千文。再如福州《云程林氏家乘》的《祭田引》云：“吾家列祖皆为廉吏，积俸以置祭业，仅足供粢盛耳。叔祖廷瓒妣陈氏寡而无子，恐嗣子不肖，以私田若干亩充之宗祠，计供祭外差有遗积。”顺治年间，该族有一位在广东为知府的裔孙林戒庵，一次也捐献银两 400 余两③，赞助修理宗祠和购置族田等。

除了以上途径以外，福建各家族往往根据各自的条件，通过各种临时性集资，来扩充本家族的公有财产。虽然族产的增值程度因族而异，有些家族还出现反复败落的现象，但就总的发展趋势看，从明代中叶直至清末以至民国时期，福建各家族的公有财产，特别是族田，经过数百年的经营和积累，有如滚雪球般越滚越大。如连城四堡邹氏家族，至清代道光年间，仅租佃出去的族田，每年地租收入谷米 400 余石，钱租近 10 万文；建瓯祖氏家族，到清末各类族田租达 7 000 余箩；建阳朱氏家族的总祠堂，每年租谷收入 500 余担；建阳陈氏家族，清代后期仅祭租总额达 2 000 担；顺昌上洋谢氏家族，历代累计提取祭租 3 000 余箩。④

1950 年春，福建省农民协会曾对新中国成立前福建地区的农村共有田作了典型调查，调查报告略云：

> 本省各地区共有田在田地总数中的比重是这样的：古田七保占 75.8%，古田过溪占 61.4%，永定西湖村占 60%，永安吉前保占 56.6%（以上属于闽北、闽西地区）。仙游 4 个村占

① 《上平关西族谱》，《契抄》。

② 连城《邹氏族谱》卷一九，《必功公捐田字》。

③ 参见《云程林氏家乘》卷一一。

④ 参见郑振满：《明清闽北乡村地主经济的发展》，载《明清福建社会与乡村经济》。

43.5%，永春7个村占29.53%，莆田华西占21.87%，南安新榜村占15%，福州市郊6个村占13.55%，福州市郊2个村占7.98%，福清梧屿村占9.02%（以上属于沿海地区）。从这里，我们可以看到各地共有田所占比重极不一样，有高到75.8%的，也有低到7.98%的，一般来讲，闽北、闽西占50%以上；沿海各地只占到20%到30%。①

该调查报告还着重指出：各种共有田中，族田占绝对的多数。族田在福建土地总量中占有如此之高的比重，恐怕在全国范围内也是十分少见的。②

族产的用途很广，凡是属于家族事务的经费开支，一般都可以动用族产。举其要者，建祠修墓、纂谱联宗、办学考试、迎神赛会、门户应役、兴办公益事业（如修水利、修路、修桥、设渡、设茶亭、设路灯），以及与外族的民事纠纷、诉讼甚至械斗等等，都需要族产作为经济后盾。但在这众多的家族开支中，最主要的还是祭祀祖先的费用，因此，在许多家族中，族产、族田几乎是祭产、祭田的同义词。举福州《三山叶氏祠录》的记载为例。这个祠共有田产30亩，每年田租收入大都用于祭祀活动，其中详细开支项目是：

一、春秋□祭应用约三十二千文，

一、元宵团拜应用约一十三千文，

一、春秋祭坟应用约一十六千文，

一、中元焰口应用约五千文，

一、祠丁工伙应用约三十六千文，

一、各项工赏境份应用七千零一十七文，

一、完粮应用一万零八十九文，

① 华东军政委员会土地改革委员会编：《福建省农村调查》，109页。

② 毛泽东曾在江西省兴国县永丰区做过农村调查，公堂土地占全区土地的10%。这里需要指出的是：福建省沿海族田比重较小，并非意味着沿海的家族制度较闽北地区不发达。沿海族田比较少是因为沿海各地人多地少，土改时人均土地仅在一亩左右，以当时的生产力计，每人必须有七八分土地才能保证食粮足用，因此，族田占土地总量的20%～30%，可能是沿海地区扩充族田的最高限度。

全年约共用钱一百二十千文。①

这里除了完粮、元宵团拜、中元焰口等20余千文属非纯粹的祭祀开支外，其余祠田收入的绝大部分均为祭祀开支。

族产除用于以祭祀为中心的家族事务开支外，它的另一个重要用途是赈济抚恤贫困的族人。如建阳傅氏家族的仰止祠，有祠田200亩，“为春秋祀墓之需，羡余则以备修葺及课艺资，而族之婚嫁丧葬无资者，咸取给焉”②。浦城刘氏家族的祭田，“原为后人祭赛之需……今经众议定子孙有清寒困苦不幸丧亡无所归殡缺乏收殓者，该房查确，匣内给银数两，以备殡葬，上体祖宗之心，下恤无告之惨”③。陈盛韶在《问俗录》中谈及建阳县的轮祭租时亦云：“本祭田之遗，济恒产之穷，上供祖宗血食之资，下为子孙救贫之术，其法尽善。”④

为了有效地赈济贫穷的族人，许多家族还特意设立了“义田”，使赈济族人的目的更加明确。如建阳黄氏家族，“祀产……入祭充祀者……至于义田，以给子孙之贫不能婚葬者”⑤。泉州梅溪陈氏家族，在明代嘉靖万历年间始设义田，“义田何以兴乎？为赡族人而设也……宗之乏者有嫁娶丧葬则咸于是取给焉”⑥。龙岩刘氏家族，“一族之人，不论贫贱富贵，立义田以赈之，发粟帛以助之，是族中聪明特达之英雄不至久辱泥涂”⑦。

以往人们对于族田的研究，大多注意其祭祀祖先的作用，而忽视了族田有赈济贫困的作用。实际上，这两者是并行不悖、相辅相成的。家族的祭祀活动，使得家族的血缘关系得到加强，而赈济贫困，则更能使族人们感受到加强血缘关系的必要性和现实性，在经济上深深地吸引着族众，从而达到收族的目的。正是由于赈济族人

① 光绪《三山叶家祠录》，《条规》。按：书中引文用□者，均为原脱字。下同此例，特此说明。

② 建阳《傅氏宗谱》卷一。

③ 浦城《刘氏四修族谱》卷五。

④ 陈盛韶：《问俗录》卷一，《建阳县》。

⑤ 建阳《重修黄文甫公族谱》，《凡例》。

⑥ 《梅洲陈氏族谱》，《义田序》。

⑦ 龙岩《刘氏族谱》卷一，《规训》。

有着更现实、更直接的作用，福建的家族才都十分强调家族内部相互救济、相互扶助的重要性。如祖氏家族的《家训》指出："凡我同族，皆属祖宗一脉所分，贵乎有无相恤、患难相顾，有恩礼以相待，无刻薄以相加。"① 闽东吴氏家族《家训》也强调："设义冢以葬家族之无地者，立义祠以祭宗族之无后者，置义田以赡宗族之无养者，皆美事也，饶富之家当力为之。"②

在这种"守望相助、患难相恤"的家族道德指导下，许多富裕的族人在大力捐助家族祭祀产业的同时，也积极参与族内的赈济贫困活动。如连城四堡《马氏族谱》中的传记所载："南峰公，讳大芳……获重利而归，凡乡族间人有患难困穷，视之如身膺其苦，必与之计画，使得所而后已"；"维林，字玉春……其经营会计，亿在屡中……好善乐施，周济贫困……有口不能赡，婚不能完者，恒见其慷慨助之"；"定策，字则升……轻财好施，中外姻族子姓不给于食者馈之，不能婚嫁者助之，疾病无治疗、死无棺椁者资之，老而鳏嫠无告者怜悯而周之，称贷无可偿及佃人不足入者，捐其负勿取焉，其睦姻存恤又如此。"③ 类似的记载在福建族谱的传记中不胜枚举。

在一些经济条件比较优越的巨族大姓中，除鼓励族人和利用族田赈济抚恤贫困之外，还设立了义仓、社仓、常平田等设施，使赈济族人的行为更加制度化。如连城张氏家族，其《族规》的首款即云："昔朱子于崇安开粜乡设社仓……吾族社仓之设，于康熙四十五年乙未岁（1706）……十三世讳威倡会合族父老衿绅酌议，不领官银，照依三户米粮派出，每石科谷五升，复劝谕绅士殷实乐输，共得谷六十余石，竭力生放，现置田产建仓廒积贮谷石，以备饥荒煮赈，贫乏赖焉。第前人劳苦经营已有成绪，后人当遵守勿替，使良法美意永垂不朽，斯可云继承不懈矣。"④ 再如福安（甘棠）的陈氏家族，在清初设立常平田，该族人陈铤撰《常平田序》云："余少读

---

① 莲湖《祖氏族谱》卷一，《家训》。

② 《海陵吴氏族谱》卷首，《家训》。

③ 连城四堡《马氏族谱》，《列传》。

④ 连城《新泉张氏族谱》卷首，《族规条款》。

范文正公田记，窃喜其意之美、法之善，而惜其量之不广，抑亦有志而未远也。岁在丙戌（1646），亢阳不雨，称贷无门，欲活涸辙之鱼，淮汲西江之水？余窃慕之，而莫可如何。乃捐已续置田业十亩有零，以为常平义田。自丁亥岁起，时歉则岁征其所获，首供赋税，计存而发以贷戚族之穷乏者，登收成本不取其息，以缓燃眉。”① 这些常平田发展至清末，竟成了三塘（甘棠）堡的义仓组织。毫无疑问，这些义田、义仓等族产的运用，为下层族人提供了某种程度的经济来源，保障了他们的生死婚嫁丧葬和生产生活的最低限度运转，这种家族共利的现实经济纽带在维护家族制度中所发挥的作用，是不能低估的。

福建族产的经济共利意义还不仅体现在赈济抚恤族人方面，实际上，宋元以来族产兴起的一个重要原因，是为了防止子孙们在动荡不定的社会经济旋涡中没落下去，祖宗提留族产，是为了给子孙留下一份永久性的财产。如浦城《后山蔡氏族谱》的《祭田引》说：

> 先人为子孙虑也远，故其为计也周，家产分析，虽数万金，传历再世，愈析愈微。惟厚积膳田，生为奉侍赡养，殁则垂作祭产，以供俎豆之需，或共理以孝字，或轮授以虔祝，绵延勿替，历久常存。不幸而后昆式微……余资犹堪糊口。

这种动机至民国时期犹然，1950 年福建农民协会调查家族共有田时认为：“地主从他们的所有土地中划出一部分为族田，部分固然为了作死后祭祀之用，但最主要的还是怕子孙把产业败光。所以提作族田，也就是想使占有的土地保持得更稳固些。”② 正因为如此，族田的存在，其作用不仅仅是通常所认为的为了祭祀活动，而是在一定程度上可以为族众提供经济补助。如建瓯县屯山祖氏家族的“丽南祭”，每年田租收入近 500 箩，由派下元、亨、利、贞四房轮收，“归完粮办祭外，尚多利泽”。嘉庆二十年（1815），“丽南祭”田租一分为二，其中抽出“苗谷”167 箩，又“苗银”10 余两，“公举公

---

① 福安《甘棠堡琐记》卷上。

② 华东军政委员会土地改革委员会编：《福建省农村调查》，111 页。

廉正直者每房二位，近前承理征租、完粮、完苗、办祭，余剩者存众修理各田溪、坑埂及田界各项”，此外，尚有租谷325箩，廨屋1所，“仍听房分轮收”。据此推算，“丽南祭”用于家族事务的公共消费约占地租三分之一，而直接由各房轮收分享的“利泽”约合三分之二。[①] 这些剩余的“利泽”，或直接由子孙们享用，或用于族人宴会饮福开销，以及以“颁胙”的形式分配给族人。《问俗录》记邵武的登山钱云：“二月清明，率其子弟扫墓，计丁分钱，曰登山钱；个人观礼者给以馍，曰打醮。归祭于祖，祭毕合食，男先女后，皆由祭田开销，食重猪肉，每席议定拜重若干，轻则众口咄咄，既醉既饱，大小稽首，其知者以为肉焉。然饩羊犹存，我爱其礼，毋亦有李忠定、黄简肃之遗教欤!”[②] 该书复载诏安县的蒸尝田云：“诏安……族大而丰者，肴核维旅，海物维错，鼓吹演剧。其次者肴胾必备，不敢俭于所生。维缙绅及六十以上抱孙者，得与于祭而分胙，以爵贵贱为差等。原于乃祖分产之时，留田若干为子孙轮流取租供祀，曰蒸尝田。厥后支分派别，有数年轮及者，有十余年始轮及，更有数十年始轮及者，其租多盈千石或数百石，少亦数十石，供祭之外，即为轮及者取赢焉。”[③] 所谓“颁胙”，就是当祭祀后，家族按男丁数量颁发一份“福份”，因“福份”大多是祭祀用的牲肉，故称为“胙”。颁胙可以说是家族精神祭祀和经济分配的一种结合。

族田所包含的经济共利关系在高、曾、祖、考等近亲的祭田上表现得尤为明显。因为这些近亲祖先的祭祀规模一般都不大，开销比较简单、节省；而另一方面，近亲之内的祭田一般都采用轮种的方式，如某一祖父有三个儿子，提留的祭田，死后便由这三个儿子轮种轮收，这样的轮祭田，实际上就是三个儿子的共有田，每三年分享一次经济收入。正如土改时福建省农民协会所调查的那样：“中、贫农所产生的族田，虽也同样受浓厚的祭祀观念的影响，但颇多是由于他们占有的土地有限，如都分给子孙们，非但不能使他们

① 参见《闽瓯屯山祖氏宗谱》卷八，《祭产》。

② 陈盛韶：《问俗录》卷五，《邵武厅》。

③ 同上书，卷四，《诏安县》。

解决生活，且反而使耕地的使用显得更零碎与不合理，以族田的方式保留下来，让子孙们得以从事较合理的使用。”①

由祖先提留的族产，从原则上讲，只要是他们的子孙，便有享用这些族田的权利，但由后代子孙集资而设置的祭田就不完全如此。由于族田有一定的现实经济利益，这种后代集资的祭田，便不能不考虑到这些族田的利益分配问题。如建阳平氏家族，康熙年间曾发动族人交纳丁钱以扩充祭田，“兴纳丁入主之议，凡三年，有分箸者，令纳银三钱三分；每入一主，纳银六钱……积产五百石有奇及岁除春冬二祭外，凡纳丁者受胙谷一石，是今之记名领谷者，皆其所自纳也”②。可见这里的族田是多投资者多获益。武平李氏家族规定士绅们必须按官品捐置族田，而每逢颁胙则可获得格外优待。如规定大学士捐田 140 拜，其子孙可永远得胙 60 斤；尚书捐田 120 拜，子孙得胙 50 斤；总督以下类减。③ 这也体现了多捐田多颁胙的原则。有的家族甚至发展成集股合资的族产形式，其经济收益更不容局外人染指。如连城《渤海吴氏族谱》中有春晖社、敦本社、报本社等祭祀组织，便是因“欲于祖居致祭一份新祠办理而尝产又不能敷，爰集众议输金合立一社”。这种祭祀组织的活动，仅局限在本社之内，“一社凡二十有四人，分作福禄寿三班，每班八人，轮流办理”，“递年额于新正十二日庆灯辰刻诣祠致祭，祭毕颁胙，每份二斤……晚刻设席三筵，各社裔及相礼主祭经理均与领燕饮赏花灯。冬至日致祭祖祠暨黄竹垄京堂二处，宰猪二腔，每份每处颁胙四斤……永远遵行”④。每年致祭颁胙宴饮开销的剩余存放生息，再视生息增值情况，按社份分配给社裔或扩充社田。再如浦城占氏家族的“冬至会”，也是一个集股而成的祭祀组织，分五班轮管所置田地山场，“每班八人，值管一年，将递年租息所出，于冬至日备办祭品，恭祭列祖列宗，各子孙馂余颁胙。除办祭、完粮外，若有余额，四十人均分”⑤。在这种情况下，族田的设置、使用与经

① 华东军政委员会土地改革委员会编：《福建省农村调查》，110 页。

② 建阳《平氏族谱》第一册。

③ 参见武平《城北李氏族谱》卷末，《产业类》。

④ 连城《渤海吴氏族谱》卷之首。

⑤ 浦城《占氏族谱》卷二一，《祭产》。

济利益分配是密切联系在一起的。

族田作为家族的公共财产，对族人来说，因具有一定的经济利益，难免会出现舞弊吞占田租的现象。我们并不能因此就认为，福建各家族的族田权益始终为一小撮地主官僚等上层分子所掌握，因为舞弊吞占族产不论在道义上、公私法律上，还是在事实上，都只是非正规行为，福建各家族普遍在族规、家训中严格禁止这种行为。如浦城房氏家族的《宗规条款》强调："设立祭田，祖宗享其血食，子孙沾其余沥，若不肖私行典卖启衅肇端欺宗灭祖，合族共攻以儆效尤。"① 永安《余氏族谱》中也严禁吞灭祭产，"若恃强而干没，明肥一己之私囊，或逞诈而暗吞，隐斩先人之血食，均属悖逆，俱宜创惩，侵蚀者咎有攸归，典鬻者罪不容恕"②。再如《璜溪葛氏家谱》载有谱禁十条，其中禁惩舞弊吞占族产的就有两条，即"禁盗卖坟山，禁贪吞祭业"③。显然，所谓族田在绝大多数情况下为族中地主、豪绅所霸占，是不符合福建实际情况的。否则，很难设想福建的族田能得到如此规模的发展。

为了体现族田是家族成员的公有财产，福建各家族对于族产的管理都有一套相当完整而严格的规定。在一般的情况下，通族共有的田产，都是采用董事经理制度。如浦城叶氏家族规定："经理司钥及司账者，各以尊祖睦宗为念，洁心办公，毫无侵蚀，庶足以服族众之心，否则聚族公论，但不得妄生疑谤。匣内盈余原备建祠及各项需费，族中不论贫富尊卑，俱不许其挪借。如经理私自借给以致亏欠无着者，责令赔偿外，仍公行议罚。"④ 武平李氏家族，"议田租择本族诚实者经收，伯叔具帖请托，若未经具请而擅自混收，除加倍赔外，将本人名字胙肉永远扣除"⑤。对于经理族田的董事祭首们，除上述严禁私下舞弊吞占的制约外，其工作情况都需要受到家族的共同监督。如长乐曾氏家族规定："秋冬二祭次日早饭后，族房长、宗子祠政必须齐集祠中，料理数目。"⑥ 建阳葛氏家族规定：

---

① 光绪《闽浦房氏族谱》卷一。

② 永安《余氏家谱》卷一，《谱禁八条》。

③ 《璜溪葛氏宗谱》卷一。

④ 《南阳叶氏族谱》，《济美堂族规》。

⑤ 武平《李氏宗谱》卷末，《产业规条》。

⑥ 长乐《感恩村曾氏族谱》，《宗祠规条》。

“祭首每届本年秋收之际，其苗谷要收入前村庄内贮存……至明春办祭之日，要凭公出售，不得私匿谷价，致干公愤。”① 福州《锦塘王氏支祠规制》的有关规定尤为详尽：“一祠内出入租粒，族房（长）、总副理先期三日议定，所入租粒或足额、或减收、或发粜，议价钱列字布知族人，一人不得自专。族房（长）、祠绅、总副（理）议定清楚后，方准发粜，亦不得私借私粜。倘租粒存总理者，用族房（长）字式封锁，存副理处亦然……一祠内所有契券、字据、钱文、租粒，悉交总副理平分均收，递年分均收，递年中元节日到祠会齐，数簿核算；迨冬至日补记复算清楚，开列祠内，轮换笔迹，缴入各数簿毕，总副理即将明年值轮春、秋、冬三祭并清明、重阳祭扫名次开列明白，贴在祠内，布知族人。或无总副理，族房长亦然，平分收存……如有不遵公论，定即呈究。”②

不少家族为了防止固定经理制度积久成弊，还实行分班经理制度，举武平《李氏族谱》中的记载为例：

> 本族报本追远，设立春秋祭，尝购置田产以奉祭祀，俾后代子孙循规率例，肃然起敬。无如支派繁盛，人心不古，每岁办祭潦草收事，甚或操纵数人之手，尝田租税收讨不及其时，以致佃户逃租，因而借口享祀不供，其事难保任事者无侵渔之嫌也。今合族公议求其至公至妥，可垂永久之法。佥议安庆公与观受公、隆应公为一班，祯广公为一班，祯瑞公与祯海公为一班，懋崇公与瑛公、璘公为一班，分为四大班，周而复始。其尝田及杂税则该班之子孙收取，任其于本班择有才力者，遵今簿内所载祀规及颁胙等，毋得增减，至若谷价或贵或贱，发胙或多或寡，田租或欠或完，应归值年自认，不涉各班之事。因考查尝谷收入除遵规办祭外，尚有盈余，所以各班之值年经理对斯尝之办祭有余或赔外，应自行料理，不得生端异说变更族议……洵久远之计也。③

---

① 《璜溪葛氏宗谱》，《荣善公祠祭条规》。
② 福州《锦塘王氏支谱》卷二，《义部》。
③ 武平《李氏宗谱》，《春祭分班办祭引》。

这种分班轮流管理制，一方面体现了家族制度对于族田的管理和分配有能力进行自身的不断调节和完善；另一方面，各房普遍参与族田的管理和使用，家族事务更加公开化和透明化，族产的使用和分配亦日趋合理化，这不仅从经济上使族人感受到自己所应享受的权利，而且也从精神上行政上进一步增强了参与家族事务的积极性，这对于维护家族的团结，无疑起着重要的作用。

第五章
族长与内部管理

福建民间家族组织是在其内部领导阶层的管理和控制下，正常地运行并发挥作用的。这个领导阶层即通常所说的族长。族长所拥有的权力，就是族权。

以往论者谈及中国家族制度下的族长与族权，大多与地主豪绅联系在一起。实际上，福建民间家族的领导阶层即族长，大致可以分为两个系统：一是精神方面的系统，二是功利方面的系统。

所谓精神方面的系统，就是家族进行祖先祭祀活动时的领导系统。这个系统大多是由各个家族以及家族内部各支房的长辈们组成。家族的祭祀是一种崇拜祖先的活动，这里所要体现的精神是慎终追远、水源木本，因此，祭祀活动必须是昭穆井然、上下有序，至于族人们的社会、政治、经济等方面的差异，在这种缅怀血缘恩德的活动中，已显得不太重要，而家族中辈分的高低，成了衡量族人们在祭祀活动中地位高低的最主要标准。许多家族的家谱都强调“敬祖宗而明统绪，辨昭穆而明亲疏，不为不重”①，“凡为人子弟者不敢以富贵加于父兄宗族”，“卑幼之于尊长坐则起，行则随，遭诸道必旁立而揖，行过乃过，彬彬礼让，邕为太和，酿为厚福”②。各个家族之所以要始终如一地强调这种血缘长辈之尊，是因为血缘关系毕竟是家族组织的立族之本，“夫自一人之身分而至于千百人之身，由一人之世传而至于千百年之世……人不忘祖宗也，使人不弃宗族”③。

---

① 安溪《清溪谢氏宗谱》，《伴读公示训》。

②③ 《云程林氏家乘》卷一一，《补辑家范》。

假如抛弃了血缘关系上的尊卑观念，那么一切家族的组织和制度便无从谈起。

特别是从宋代理学家们提出恢复宗子法的主张之后，宗子的族长地位，在福建民间各家族中普遍被承继下来。如安溪谢氏家族认为："宗子所以主祭祀而统族人，务在立嫡不立庶也，宗子死，宗子之子立，无子则立宗子之弟，无弟则次房之嫡子立。既为宗子，必谨守礼法，以光先德，族人亦宜推让，毋得轻忽。"① 侯官云程林氏家族在《家范》中对宗子的尊长作用阐述得更为详细，兹摘录如下：

> 治家当仿古立宗法，如始祖之嫡子则承始祖之祀，从此直下嫡子世为大宗，合族宗之，是继始祖之嫡，谓百世不迁之宗也，此谓大宗。始祖之庶子则不得以祢始祖，必待其卒而其嫡子继之，则自别为祢，而亲兄弟宗之，是谓继祢之小宗……大宗则承始祖之派而祭其自祢以上之四世，小宗则各承其宗之派，亦各祭其自祢以上之四世。故支子不敢祭其父，支孙不敢祭其祖，谓统于宗子，各附于其宗，以礼行也。大宗所以统其宗族，合族有大事，必禀大宗而后行，小宗所以统其兄弟，各宗有大事必各禀小宗而后行，又诸小宗必总统于大宗之子，如此则宗族之内人情相禀，人伦不乱，治家之要法也，子孙其遵而行之。②

林氏家族的大宗小宗论，未免有些理想化，似乎家族中的所有事务，其最高决策权统领于大宗宗子之手。实际上福建的许多家族都不可能完全做到这一点，出现了许多变通的办法，但是至少在祭祀事务上，族内辈分高的长者承担了重大的责任，则是比较普遍的现象。如福州叶氏家族，大宗共分七房，七房外子孙为小宗。这个家族的《祭祀条规》写道："嗣后族中人主附祀，七房内（大宗）祀正龛，七房外（小宗）祀左龛。"③ 其春秋祭祀的仪式是这样的：

> 班次：主祭者一人位首行，主祭准以七房内齿长者充，其

---

① 安溪《清溪谢氏宗谱》，《伴读公示训》。

② 侯官《云程林氏家乘》卷一一，《家范》。

③ 《三山叶氏祠录》，《支祠条规》。

七房外齿长者不充，所以别本支，定主人也，永为例。次三四行按长幼循序递列，按通礼族姓晚庭东西昭穆世次为序，凡从曾祖诸父从祖诸父，位次主人而居东阶上前列，今七房外昌辈有人，应以七房外之昌辈位列次行之中，七房内滋辈次之，其七房外滋辈概列七房内滋辈之下，七房外大辈概列七房内大辈之下，余照推。①

在这里，长幼有序、人伦不乱的精神得到了充分的体现，而宗子和长辈，成了这种精神活动的核心人物。

然而，福建家族的活动并不仅限于祭祀，还有大量诸如与官府打交道、与乡邻共处以及家族内部的行政、经济管理等等实质性问题，都需要有一个强有力的领导班子来解决。而另一方面，家族内部辈分高、年齿长的族人，并不一定是富有才干、善于组织管理的精英人物。因此，当家族遇到各种实际事务时，家族内部的领导阶层，便无法完全依赖辈分高、年齿长者，而更多的是依靠家族内部的士绅和知识分子，以及那些精明强干者。我们姑且把这个系统的领导阶层称为功利方面的系统。

我们从各种族谱中，都可以看到这个系统在家族组织中发挥着巨大的作用。如明代中叶以后福建一些家族一度掀起建立家族武装、修筑家族土堡的热潮，首倡者绝大多数是官僚和地方生员。如长泰县善化里的林氏家族，“庠生林承芳易寨坦以石，鸠本约十三寨，练结土兵，保卫乡里”②。云霄进士林偕春，在家休致时大力为本乡族武装的建立奔走呼吁：“其民勇义，习于战斗……诚能绥之以恩，鼓之以义，联之以信，则人自为战，家自为守，敌无所窥，而因以漳南为保障。”③ 万历年间连城新泉张氏家族修筑武装土堡，系由该族“儒学生员张希周、张希民同耆民张长潭、张长鹤及民张良祖、张俸等倡兴”④。宁化李氏家族的太平寨，亦由该族乡绅李世熊及族长们“目击贫民窜死之惨，始议创寨于官坑之莲峰”⑤。祠堂、坟墓的修建也是

① 《三山叶氏祠录》，《春秋丁祭仪节》。

② 乾隆《长泰县志》卷六。

③ 林偕春：《云山居士文集》卷三，《与唐麓阳太守书》。

④ 连城《新泉张氏族谱》卷首，《重修土砦告示》。

⑤ 李世熊：《寨堡记》。

如此。如明代嘉靖年间任刑部尚书的莆田林俊，曾“鸠兴泉漳林姓之人，重修建墓庵，募人看守……匾曰闽林始祖”[①]。安溪湖头李氏宗祠的修建，清初进士李光地也是积极倡导者之一。再如族谱的修纂，安海黄氏族谱，明代中叶以后续修数次，均为官员在其间主持，嘉靖年间由进士黄宪清主持，天启年间又由其子南京礼部尚书黄汝良克继父业。连城新泉张氏族谱历明万历、崇祯，清康熙、乾隆、光绪共五修：万历年间为儒学生员张希周等主持，崇祯时为生员张希尼等主持，康熙时为举人十一世孙张星熠主持，乾隆时为进士十四世孙张斯泉主持；光绪时为生员十七世孙张钦、张际唐等主持。连城四堡邹氏家族，迁居该地近十世未见发达，直至明代嘉靖年间生员邹希孟大力经营，修祠堂、筑先茔、置族田、设族塾，之后该族才日渐兴旺，所谓“太高祖希孟公龙足乡之人杰也，以优行补博士弟子员，家声丕振”，“先世以来绵绵绳绳，暨太高祖希孟公而愈大焉，公为邑庠耆宿，名噪士林……恢宏先绪，裕后光前，种种善行，难以悉数”[②]。可见生员邹希孟对于该家族的发展起到了决定性的作用。至于家族与家族之间发生利害冲突，挺身理论者更是非士绅学子们不可。如惠安张坂村的骆氏家族，于明代崇祯年间与杨氏家族互控占夺坟山，阖族公举“生员骆廷梅、日高、日晤、日异、日泰……往县再控”[③]。泉州晋江薛氏家族于嘉庆年间与郑氏家族互控坟山，公举举人薛龙光为主控人，而郑氏家族亦公推举人郑和钧与之对控。[④] 甚至连乡族械斗、抗交钱粮等不法之事，亦有不少士绅生员为首滋倡。家族中的士绅学子在社会上有着较高的地位、广泛的交游和比较成熟的领导艺术，他们与家族组织的紧密配合，无疑大大提高了家族组织的作用，提高了家族领导阶层的权威。在许多场合里，家族中的长辈们由于年老体衰和知识有限，不能有效地管理各种事务，不得不退居其次，而由士绅学子和精明强干者主持决定。即使上面所讲的祭祀系统的领导以宗子和辈分高的族人为首，

---

① 嘉庆《惠安县志》卷三四，《茔坟志》。

② 连城《郭氏族谱》，《蒸尝序》。

③ 惠安《骆氏族谱》，《大事记》。

④ 参见泉州《薛氏族谱》卷一四，《育墓山控案稿》。

也是相对而言的。在一些小族弱族的祭祀活动中，各种仪式比较简单，辈分高的长者率领族人依次拜祭自然不成问题，而在那些巨族大姓的祭祀活动中，仪式复杂，循规蹈矩，不但需要很强的组织能力，而且还要有较良好的文化素养，才能胜任各种祝文、祭文的撰写唱赞。在这里，受教育程度不高而又没有政治地位的长辈，只是依式摆样而已，真正发挥作用的还是那些士绅学子们。泉州梅洲陈氏家族规定主祭者由年长者与有功名者轮充，“盖礼有三献，初献以临祭，年长者主之，次献以有爵者主之，终献则以宗孙主之，则庶乎长长贵贵，重宗之义一举而兼得焉”①。这反映了族长辈分与士绅学子的互相配合。

家族士绅与家族长辈的结合，大大加强了族长的权力，他们可以主持祭祀祖先，代祖先立言，代祖先行事；他们可以制定和修改各种家训族规，操纵家族事务和规约族人的行为。举晋江县施氏家族的《族约》为例：

> 一、族中既立有族房长，事可质平，皆当据实秉理，会有爵者诣大宗祠，平心剖析孰是非，大杖小罚，就祖宗前释怨修好。倘强悍罔从，逞凶兴讼者，通族公讨，正暴戾也。
>
> 一、婚丧……族房长察其果限于贫未克举者，就公项会族众量助，务令速举，若冒费不速举，本人杖，族长赔偿，通周急也。
>
> 一、士农工商，各宜勤俭……设有不肖子弟弃生业，结匪类，开设赌场，放头网利，致诱子弟破家辱身，殊可痛恨，以后族房长稔知放赌账目，不许取讨，仍令族众赴大宗祠戒饬，令其改过自新，不改者送官究治，除穰莠也。
>
> 一、闺门最宜严肃，男女授受不亲……设有不幸，帷薄不修者查确，房长会族众，男从重究会，削去生庚，女不论有子、无子，逐回母家，扶风化也。
>
> 一、分家业，必令族房长均产业、定公阄，父母毋私所受，兄弟无专己有，违者罚金充祠，杜竞争也。

① 《梅洲陈氏族谱》，《陈氏祭法》。

一、子孙见尊长，当循循执行，不可倨傲鲜□，以尔、汝相呼，或有过受呵责，不论是非，俱应俯受；如果理是，亦当徐徐白诸尊长，不可使气忿争……重敬爱也。①

以上只是列举族房长的主要职权，实际上族房长之权并不局限于此，他们还充当族人纠纷以及户婚、田土等民事案件的法官和裁判，控制着族田和其他共有财产的管理权和分配权，控制着家族与外部联系的外交权。对于触犯家族法规的族人，他们有权决定各种程度不同的处罚和惩治，甚至死刑。可以说，族长们拥有主宰家族一切事务的至高权力。

正因为如此，人们普遍存在的误解是，族长所拥有的族权是阶级压迫的一种重要工具。我们不否认存在着某些族长恃势欺压族人的现象，但就一般情况而言，族长们对于家族权力的运用，必须以家族的"家法"、"族规"、"宗范"、"祠规"、"族训"为基本准则。笔者曾经披阅过百余部福建的家族族谱，各种族谱中所记载的族法、族规固然有许多不同之处，但就其内部管理的最基本的精神，不外是"敬宗"和"收族"两大方面。"敬宗"就是强调传统的追溯，建立家族血缘关系的尊卑伦序；"收族"则着眼于现实，寻求家族内部长期的和平共处、聚而不散的有效途径。因此，在福建各个家族中所制定的各种族规、家范一类，大体上以"敬祖宗"、"重宗长"、"禁犯上"、"睦宗党"、"重师友"、"重继嗣"、"安灵墓"、"凛闺教"、"重藏谱"、"恤患难" "急相助"、"惩小忿"、"禁欺凌"、"禁乱伦"、"禁争讼"等为主要内容，这些"敬宗"、"收族"的族规内容，是维系家族内部团结和合作的必不可少的两大要素。

当然，作为中国封建社会后期基层社会群体组织的家族，除了有牢固的内部团结之外，为了尽可能多地拥有社会地位，还必须树立一种足以夸示乡里的家族威望。树立这样的威望需要多方面的努力，而其在族规、家范上的反映，则是强调家族道德和行为的纯洁性，以及禁止族人们有有违社会公德的不法行为。如永安《余氏家

① 晋江《浔海施氏族谱》天部，《浔海施氏族约》。

谱》的《谱禁八条》中，首条便是禁委身贱役，所谓“力田读书居世应有恒产，为商攻技凭人各擅其长，徒手耗食固当惩，贱役无良尤必饬，一身充人，百恶俱呈……今与宗党约，如敢委身贱役玷辱宗祊，定即视若路人，不准入庙与祭”。第八条是禁鬻子予他人，“以祖宗之遗体，甘委他人为阿堵之老铜，任割骨肉或为缁流，瓶钵萧条，而永无生路，或为奴隶，鞭挞痛楚，而长作下人，即为他姓子，彼既上有所承，何敢称我为父，我既自弃所生，何颜复呼为子……忍心害理，莫此为甚，赎其子摈其人不许入庙与祭”[①]。连城张氏家族的族规亦云：“身者祖宗之遗传，倘鬻身为人奴仆，辱及前人矣；即买充衙役，至于作奸犯科，亦与此同类，皆所当禁”[②]。浦城房氏家族则规定：“族内子孙人等妄作非为有干名教者不待鸣官，祠内先行鳌治。”[③] 许多家族在劝诫子孙务本业、力农田、四业必精其一的同时，还禁绝族人游手好闲。如璜溪葛氏家族的禁约有十条，其中有两条是“禁好事赌博，禁喜嗜洋烟”[④]。连城张氏家族也规定“不得偷鸡盗狗攫人财物，自投法网；且赌博为盗贼之源，荡散家业，斗殴行凶皆由于此，殊为可恨；至于开场纵博名为窝赌，大干律例，先当严禁”[⑤]。长乐曾氏家族在严禁赌博的同时，还严禁掳人勒赎，所谓“吾宗自先世以忠厚待邻里，恐有一二不安分者乖违宗规，掳人勒赎，寄在祠内，务宜禁绝此风”[⑥]。这些规约，既可维护本家族在地方社会上的声誉和威信，还可以在一定程度上防止族人们因行为不当导致倾家荡产的结局。

总而言之，福建民间各家族众多的族规、家范中所体现的核心精神，基本上是以“敬宗”、“收族”，提高家族内部的合作与团结、树立家族对外威望为目的的。族长们围绕着这些基本精神，衡量和判断家族成员的日常行为，从而决定对违法的族人给予应有的惩处。当家族成员触犯以上这一家族基本精神和行为准则时，族长们真可

① 永安《余氏家谱》卷一，《谱禁八条》。
② 连城《新泉张氏族谱》卷首，《族规条款》。
③ 光绪《闽浦房氏族谱》卷一，《宗规条款》。
④ 《璜溪葛氏宗谱》，《谱禁》。
⑤ 连城《新泉张氏族谱》卷首，《族规条款》。
⑥ 长乐《感恩村曾氏族谱》，《宗祠严禁十条》。

谓拥有主宰生杀的大权，但是在这些家族基本准则之外，族长们随心所欲地支配、惩处家族成员，甚至利用族权来剥削压迫族人的现象，应当说是比较少见的，是非正常的。试想，如果一个家族长期存在着族长利用族权任意地剥削、压迫普通族人，那么这个家族的长久存在显然是不可能的。

这里需要着重指出的是，许多论者往往把中国家族内部所提倡的上下人伦等序不乱的规范，与封建政治等级观念和阶级观念混为一谈，这显然也是一种误解。家族内部所提倡的尊卑有别，其目的在于亲亲，在于敬上抚下，而不是为了强调等级的压迫。相反的，正是由于中国封建社会晚期阶级分化的加剧，贫富变幻的无常以及封建统治的腐败，才促使家族内部重视提倡尊上爱幼平等精神的必要性。在亲亲的家族人伦关系下，贫富不均的阴影得到了淡化。在同一个祖先面前，同样辈分的人，享受到了同样的权利。精神上的满足，弥补了社会、政治、经济方面的不平衡，族人们便在这种精神平衡的促进下加强了内部的团结。

敬宗和收族二者是紧密相连的，但从现实的意义看，敬宗的目的终究还是在于收族。福建各家族所提倡的“恤患难”、“济贫穷”等规约，便是贯彻家族平等精神以达到收族目的的具体表现。我们在上一章中曾论及族产义田的管理和使用，已经从一个侧面反映了这一情况。这里，我们再举侯官《林氏家乘》中对于收族恤贫的具体规定：

> 一、宗族有男女幼失怙恃，及家贫无以婚嫁者，许宗子鸠集族人之力代举，违者罚之……
>
> 一、家族遭丧，有贫窭不能棺殓及具葬者，宗子会族人以义代举，不许徇俗火葬，违者重罚。
>
> 本宗之嫡如有子孙贫乏不能存者，公同量支借与生理，俟其家道稍立，取其母银仍付本宗收营，以备赈贫之用……
>
> 一、宗族子孙，贫穷必相给，生计必相谋，祸难必相恤，疾病必相扶，婚姻必相助，死葬必相资。此家世延长之道也，违者族长会宗子斥之。
>
> 一、诸妇有寡居……若贫而无子者，宗子会族人周给衣食

死葬，立昭穆相应之子以嗣其后。①

从这些族规中，我们可以了解到家族内部从生产、生活等各方面对贫困孤寡者提供帮助，使族人在家族组织的笼罩下，获得一定程度的安全感。值得注意的是，这种家族内部相互扶助、相互恤救的原则，有时甚至能够超越政府的法令，比政府的法令更具有权威性和实用性。如明清两代封建官府曾制定一系列的赋役优免政策，这本是对有政治身份的士绅们的一种经济优待，然而，这种优待是以损害乡里其他不具有优免权者的利益为前提的。为了保护家族内部的平衡，贯彻"不敢以富贵加于父兄宗族"②的原则，一些家族特意以族规的形式，限制族内士绅实现这种赋役优免权，以免损害其他族人的利益。如明代嘉靖年间福州郭氏家族的《规约》载云：

尝谓国有定制，家有定规。夫制定，则职分均而上下安；规定，则大小安而公私便。吾祖居玉融化北里下泽朗之中兴境，上古以来世传诗书礼让，唯以耕读立业……今祖宗厚荫弟姪乔居上流，迁于省城，有启步庠序读孔孟者，有奋志公门业萧曹者，如是岂不美哉！……吾族仅十四五人，倘效优免，何人当差？……今立议定，上丁者以二十二岁为定，通丁者早则以二丁上丁议免，迟则以六十岁议免。其官吏生员，只照族例，依规当差，丁米听其别免。兹凭家长同族众公举议论已定，立成家规，永为定约，向后如有顽梗恃富贵藉势压众者，许众丁合心公首违约之罪，毋得庇私徇情，如有阿从及藉势欺人强免者，天谴神诛，不得昌盛。家长的笔亲立家约，以付后代子子孙孙以为定规。③

基于这种"国有定制，家有定规"，甚至家规重于国制的观念，福建各家族在处理其内部事务时，首先是根据家族的法规，其次才顾及地方和国家的法律，族人们必须首先服从族规、家法，其次才遵守地方法规和国家法律。如永定县邵氏家族的《祠规》规定，族人遇

①② 侯官《云程林氏家乘》卷一一，《家范》。

③ 福州《郭氏支谱》卷七，《天房大用公家约》。

有争论，诉之族中，不能理而后鸣之官，“如有径赴呈词者，即为目无尊长，先与议处，而后评其是非”①。连城张氏家族的族规云：“族内或有产业相争等项，俱要先鸣私房处服，如仍未睦，方许经六房公论，倘不闻族而径到官者，定以家法重惩，更有恃强行凶聚众斗殴者，攻其罪具结鸣官重究。”② 浦城李氏家族的族约规定：“睦族和邻乃安身保家之道……但有酗酒争斗毁骂尊长，及因事争辩者，俱先禀告族长，听与各房公直人处断平息。如有不告族长辄行赴官告理，及族长处断已明逞刁不服者，族长各房公直人即备情连名呈官处治。”③ 从中国法制史的角度看，传统的“刑不上大夫”的观念，固然严重地削弱了中国历代法律的权威，阻碍了中国法治制度的正常发展，而地方家族制度下的普遍重视私法家规，忽视政府公法，同样也使国家法律失却约束社会的有效作用。正如我们前面所指出的，缺乏法律秩序的社会，又进一步促进了福建民间家族制度的发展和完善。

族长们在行使家族组织权力时，虽然必须遵循体现着敬宗收族精神的族法、族规，但是家族内部的大宗、小宗之分，各宗各房发展不平衡导致的强宗强房与弱宗弱房的差别，以及族长和士绅们自身社会、政治、经济等方面地位的不同，都有可能对公正行使族权产生某些影响。因此，平衡和协调家族内部各房各支房甚至各个族人的意见和利益，是维持家族内部团结和稳定的另一重要因素。族长们固然有权对某些家族事务作出自己的决断，但在更多的场合里，家族内部的事务处理，一般都在族长的主持下采取众房公议的形式，以尽可能地争取更广泛的赞同意见。我们曾在安溪县档案馆见到一份民国时期刘姓的《若乾家族会纪录》，即该家族处理各种事务的会议并形成决议的纪录。其中《若乾家族会章程》云：

第一章　总则

第一条，本会定名为若乾家族会。

---

① 光绪《永定邵氏世谱》卷首，《祠规》。

② 连城《新泉张氏族谱》卷首，《族规条款》。

③ 《湖茫李氏三宗谱》卷九，《族约》。

第二条，本会以处理本房公共事项，促进家族进步为目的。

第三条，本会假建安祖宇为会所。

第二章　组织

第四条，凡本房人年满二十岁者，均为本会会员。

第五条，本会设理事七人，并互选常务理事一人，组成理事会，办理本会日常事务。理事人数各房分配如下：长房二人，二房一人，三房二人，四房二人……

第八条，理事会分设总务、财政、祀祭、福利、调解等股，各设股长一人，由理事互推兼任之。①

成立于民国时期的刘氏若乾家族会，虽然在章程、名词等方面带有某些现代的色彩，但其众房合议的形式，无疑是福建各家族处理其公共事务最传统、最流行的一种形式。

在族、房长的主持下，家族会议取得一致意见，形成决议。这些决议往往以契约文书的形式公诸于众，付诸实施，从而具有家族法律的效力。福建各家族谱中收录有大量诸如此类的契约合同文书，兹举二例如下：

一、长汀县龙足乡邹氏家族于乾隆年间在本乡水口新起公平墟场，由于阖族分为叶胜、定敷二房，为了协调两房子孙的行动和均衡各派子孙的利益，该族立有建墟合同文书：

立合同人胜公子孙同曾侄孙礼崇公子孙御祖、洪生、熊云、中彦、雄彦、一彦、圣乾、微耀等，为本乡之水口新起公平墟，老少欢悦，但各齐心踊跃，各出自己粮田以作墟场，其建造店宇并小庄皆照八股均派。胜公房墟基使用俱出祠内公项，礼崇公、雄公、希孟公、永生公四公合成一半，胜公一半。自后每年将公平墟税当作八股收税，胜公房收墟税四股，礼崇公众房亦收四股。其年二房各收一半，至税年收墟税，公议胜公房择知事者四人，礼崇公房择知事者四人，至临收租之期，务要知会八人，同往均收均分，毋得越议一二人专擅。恐口无凭，立

① 安溪县档案馆卷宗第209号。

合同字，各付一纸，永远为照。乾隆四十四年（1779）六月廿三日立合同人胜公、崇公子孙同立。

二、建瓯县祖氏家族七房子孙对于祭产管理的会议合同文书：

立合同凭据七房裔孙等缘永庚翁祭谷六百余箩，碓厂一座，照依房序轮收久矣。兹因子孙蕃衍，良顽不一，贫富不等，致有祭祀衍期，钱粮拖累贻羞先人，会议于祭田内抽出二处，土名乌坑办及车，共祭谷九十箩，并碓厂一座，苗银苗谷归众祭祀，每房派定一人理事，收苗、还苗、完粮俱系理事者料理，值年者只收五百箩之谷，别无杂派，惟祭祀日备办碗碟瓯箸而已，其条例载明祭簿，俱各遵行，但恐后有顽梗子孙不顾廉耻违例混争，特于碓下钱粮二项再申禁之。碓既入众，倘遇木商过坝，补贴修坝之资，应存众公用，钱粮既归众完，若遇皇恩豁免亦应存众公用，值收房分人等俱不得混争。此议之后，惟愿后人恪守而遵行之，即为子孙慈孝矣。特立合同凭据七纸，各执一张为照。

乾隆甲辰四十九年（1784）正月　日立合同凭据裔孙：刚房右郁、健房右典、中房德望、正房伯昂、纯房声梧、粹房樟灿、精房右疆。（余略）

当然，这种会议合同契约所涉及的范围是十分广泛的，不但有建祠立庙、置产买业、婚嫁丧葬、继嗣抱养、分家析产、斗殴争论，而且还有兴修水利、组织生产生活等各个方面。由于家族内部的许多重要事务经过这种协议合约的形式来解决，这样就在一定程度上体现了家族内部和睦相亲的关系，或者说是一种比较平等的关系。家族内部事务的管理，能够比较正当而全面地反映家族成员的意愿，这对于增强家族内部的凝聚力无疑是至关重要的。其实，我们通常所讲的“族长”这一概念，本身就是十分模糊的，如果说参与家族事务管理的人便是族长的话，那么每个家族的族长阶层就未免太庞大了。通族的宗子族长之下有各房的房长、支房房长，族房长之外又有士绅学子，还有经管祠堂、族田、祭祀等具体事务的董首、经理们，他们往往都参加家族事务的公议活动。如此庞大的“族长”

队伍，与其说独断把持了家族的一切事务，倒不如说他们的决策在家族中具有很高的代表性。

因此，福建各家族的内部管理，基本上是在敬宗、收族的原则下，比较公平合理地协调和平衡了家族内部各个阶层、各个房派乃至各个族人的利益，在一定程度上体现了同一祖宗之下人人平等的道德观念，从而有力地维持和促进了中国封建社会晚期以至近现代福建家族制度的不断更新和完善。当然，确实存在着某些家族的某些领导成员滥用职权、营私舞弊的事实，然而这种行为与福建家族制度的整体发展趋势相比，毕竟只是少数。同时，这种舞弊和欺压族人的行为，也是族规、家范所不允许的。许多家族在强调族长权威性的同时，也制定了一些制约族长滥用权力的条文。如浦城房氏家族的《宗规》云："尊长无不是，卑幼不循妄行欺凌控告尊长者，祠内先行整治，仍恳国法治之。尊长果有玷缺，或欺祖侵蚀，人人得而直言，是又不拘于分也。"① 连城张氏家族的族规亦云："族内晚辈无故得罪房族长，一经六房核实，罚伊不敬，若倚恃年老辈尊……捏词刁诈者，不在此例。"② 这种权力的制约，使各个家族形成能够得到族人长期信赖而不是只有短期行为的权力机构，这样的权力机构，才足以使家族内部保持一种比较协调稳定的利益和精神平衡，使族人们感受到家族的真正存在。福建家族的内部管理，大体上体现了这一点。否则，我们不能想象一个充满剥削压迫和欺诈凌辱的家族组织，能够长期地维持现状并且继续发展下去。显然，过去夸大家族内部的不平等关系的说法，是不符合福建家族的实际情况的。

① 光绪《闽浦房氏族谱》卷一。

② 连城《新泉张氏族谱》卷首，《族规条款》。

第六章
割据与官府统治

聚族而居的福建民间家族制度，是血缘关系和地缘关系的双重结合，因而具有比较明显的地域割据和自治性质，这一特质与中国传统的大一统中央集权政治体制是相矛盾的。然而，民间家族制度的存在又是一种不容官府忽视的事实，因此，在福建民间家族与官府统治之间，存在着十分复杂和微妙的关系。

新中国成立以来中国学术界的一个重要论点，就是认为中国封建社会晚期民间家族制度是封建政治统治的一种补充和辅助形式，家族组织特别是族长、族权起着维护封建统治制度的作用。但事实上，福建民间家族为了维护自身小圈子的利益，与官府统治不可避免会产生矛盾，这是随时可见、不能抹杀的。尤其是明代中叶以后，随着社会、经济诸方面的变迁，官府对于民间基层社会的垂直统治愈加困难，许多家族往往处于各自为政、各行其是的状态。举沿海漳州一带的情景为例：云霄“梅州向有城寨在云、诏交界，居民四千余户，一万余丁，系吴姓聚族而居，族大丁强，贤奸杂处，匪徒或出洋行劫，或登岸抢掳不一，莫可谁何!”① 在诏安县，明嘉靖、万历以后，各乡族纷纷建立武装自卫，继而横行地方，几与官府抗衡，所谓“今日沿海之民以保甲为故事，以小逞为习惯，啸而往，挈而还，设财自卫，官不能问……礼让不能化，法令不能戢，缓急有变化，为异类也”②。到了清代，这种局面依然如故，陈盛韶在

---

① 嘉庆《云霄厅志》卷八，《兵防》。

② 民国《诏安县志》卷八，《武备》。

《问俗录》中谈及诏安二都的情景云："二都去县治远，民强蛮，被控不至，差求一钱不得，求一饱不得，求一入门不得。拿得一人，往往夺去，由是差亦卧票不行。会营亲临，我出则逃，我归则出，空费财力……是非曲直，官不能辨，而民亦不告诸官，自相报复，酿成掳禁械斗，京控重案，历任官受其累。"① 从以上记载可以看出，封建官府对于地方乡族的统治能力是何等的微弱，基层家族几乎成了地方上的独立王国。

中国封建官府对于基层社会统治的最重要标志，是对于民间人口、土地和赋税的有效控制程度。但自宋代特别是明代中叶以后，中央对于民间的人口、土地的控制能力日益下降，民间隐瞒人口、土地从而逃避官府赋税徭役的情况日益严重。② 形成这种局面的因素固然是多方面的，但至少就福建的情况而言，官府对于人口、土地、赋役的失控，家族制度在其中扮演了重要的角色。为了保护本家族的利益，家族通过对官府某种程度的对抗，使族人们有效地躲避了官府的赋役征派和对于人口、田地的清查。《问俗录》中有一段关于福建家族伙同隐产逃税的描写，兹摘录如下：

> 国家维正之供，全重鱼鳞实征册一书。诏邑（诏安）不然，官坡廖氏，附城沈氏，及为许、为陈、为林，田不知其几千亩也，丁不知其几万户也。族传止一、二总户口入官，如廖文兴、廖日新、许力发、许式甫是也。更有因避役徭数姓合一户，如李林等产合关世贤，叶赵等户合为赵建兴是也。③

这就是说，各个家族往往以一些代号性的花户与封建官府发生纳赋关系，从而使家族内的许多实在丁户田地躲避了纳税服役的负担。这里，我们再举一些族谱的类似记载以作进一步的论证。《永安余氏家谱》赋役志中载有该家族自明代以来所承担的赋税差徭始末，其中略云：

---

① 陈盛韶：《问俗录》卷四，《诏安县》。

② 参见何炳棣：《南宋至今土地数字的考释和评价》，载《中国社会科学》，1985 (2)、(3)；陈支平：《清代赋役制度演变新探》，厦门，厦门大学出版社，1988。

③ 陈盛韶：《问俗录》卷四，《诏安县》。

邑志明万历以前户口皆有增减，至四十年（1612）邑令王公良臣详请上司每户额派十丁，不论故绝，永为定式。吾族祖里六甲，有祖余均美小名六七郎公，于洪武十一年（1378）为抽军事佥充正军……律载人户以籍为定，军匠不许开户，故先朝只充六甲。自国朝不复勾军，康熙丙午（1666）冬邑令袁植公以户粮过额，佥户丁余龊明充八甲黄显镇一半，辛亥（1671）春邑令陈公于逵复拨族中粮户同充户名余安隆，六八之分自此始矣。

由此可见，余氏家族自明代以至清代康熙年间，通族仅以一甲半花户轮充官府的差役赋税，而至清代后期，余氏家族的人口已旺达二千余人，俨然永安一大巨族，但是他们向封建官府承担的各种赋税徭役，仍然是以清初这一甲半的花户名称与之发生联系，整个家族的田地人丁均在这一甲半在册的地丁花户掩护下，逃脱封建官府的控制。

再如永春县康氏家族，明洪武年间在册户田帖仅系“安溪感化里民籍真福”一户，至成化年间，族人分居永春，衍众至数十人，乃于“成化八年（1472）壬辰，（长子）福成公始入户陈贵，顶其绝甲陈佛成户籍”①。其后相沿不变。这里，不仅数十户人家仅报籍一户，而且康姓顶冒陈氏籍，偌大的康氏家族，在官府的册籍上竟以陈氏入载，户籍的编审登记完全流于形式。祖先的户籍被族人们世代袭用，赋役的数量也不受家族人口、田地变化的影响，数百年来几成定额。

福建各家族拥有大量的共有田，这些田地向地方政府登记纳税人，一般不能以家族的名义上报，只能附寄在一般民户下，或者随意捏造出一些子虚乌有的户主来。这种做法，本身就包含着比一般民户更易摆脱官府直接控制的有利条件，使得家族共有田在躲避封建赋税方面比一般民田有着更大的活动余地。我们曾统计过武平李氏家族的部分族田一百七十余亩，每年收租达二百五十石左右，但每年实际向政府仅交纳赋税二十二斗余。若以清代的民田科则计，

① 永春《桃源凤山康氏族谱》卷首。

一百七十余亩田至少应承担一百斗左右的田赋。这个家族的族田每年向地方政府交纳的赋税，还不到实在田亩的三分之一。① 福州林氏家族的祭田一百五十余亩，每年约收取租银十五两，租谷九千六百余斤，而至乾隆年间每年仅向政府交纳田赋一石五斗余。到1935年，“闽侯清查田赋粮户，同改呈报云程林氏宗祠公业，计中则民田四亩二分，山园中则计三亩九分零，应纳粮银大洋四元五角六分整”②。从清代至民国，这个家族的族田交纳赋税额，都不到实际田亩的十分之一。这些例子可能比较特殊，但是，家族组织较好地起到庇护族人当差纳粮的作用，应当说是一种普遍的现象。

明清时期福建各家族利用以上种种办法来庇护族人少纳税不当差，还属于正常范围，也就是说属于官府所能容忍的范围。因为自宋代以降，封建官府无法确实地控制民间的实际人口、土地数量，于是只好退而求其次，力争维持土地赋税的“原额”。③ 即只要保住全国各地的土地赋税“原额”，至于这个“原额”如何摊派到各个具体的纳税人，就显得不是那么重要了。福建各家族在交纳赋税时沿用数百年前的花户名称，或是随意捏造出某些子虚乌有的花户名称来与官府打交道，正符合了官府这种维护“原额”的做法。官府只要根据这种花户数收取“原额”的赋税，而对于家族内部究竟有多少纳税人和纳税土地及其变化情况，无从知道也没有必要知道。在这个意义上讲，福建各家族用一些代号性的花户与官府发生纳税关系，从而使家族内的许多实在丁户田地逃避了纳税当差的责任，这是属于正常的“合法”行为。正因为如此，我们在一些家族谱中，也可以看到要求族人如期如数完粮纳税的族规、家法记载。如浦城李氏家族的《族约》云：“钱粮乃门户重事，族中俱宜依限完纳。”④ 侯官林氏家族的《家范》云：“居家百凡用度俱可以节约，独维正之供必不可悠忽苟延，此决不能已之输。稍为掣肘挪移，则难于支补，

① 武平《李氏族谱》卷末（戊），祭产类，参见陈支平：《清代赋役制度演变新探》。

② 侯官《云程林氏家乘》卷一一，《祭产》。

③ 参见何炳棣：《南宋至今土地数字的考释和评价》，载《中国社会科学》，1985(2)、(3)。

④ 《湖茫李氏三宗谱》卷九，《族约》。

而贻累无涯，故宁辍他务以输税赋，使门无追呼之吏，则饮食亦安，魂梦亦清，鸡犬亦宁。”① 显然，这里所说的依限完纳，是指那些在册的“原额”钱粮，而不是要求族人毫无隐瞒地按实在人丁田地数额“急公乐输”。有些论者根据族谱中交纳赋税的家训族规，认为家族是一个谆谆劝说人们完粮纳税的教师和催索钱粮的凶神恶煞般的衙役皂隶②，从而保证了封建国家的赋役收入，这是不符合实际的。因为如果真是这样，中国封建社会晚期就不会出现那种众所周知的大量隐瞒土地、逃避赋税的现象了。

正因为家族所承担的官府赋役与族内的实际人丁田地差距很大，各不相干，民间的户籍和赋役日益世袭化和定额化，于是有些家族为了统筹安排本家族的赋税钱粮，专门设立了公役田、门户田，统一应付官府的赋税差徭。如梅溪陈氏家族，明代中叶设五班里正公田，“一班二班之田各百余亩，三班四班之田各六十余亩，五班之田则八十余亩，大约诸子姓所以充里正一岁之费者，皆是物也”③。泰宁欧阳氏家族，清代“编入在城二图地甲，与叶姓同为里长，廖又继入，十年轮办一次……是以予置田米二石，承为欧阳一姓排年管里田，历年租数，除开每年册里、图差常礼以及完纳本田粮额外，约总贮得租谷三十余石，排至十年之期”④。邵武黄氏家族的公有田，“除供祭外，其余为赡十甲里役之用……而管年岁有豁谷，料理厅、县图差新班之事……凡安粮之户，概不用钱”⑤。这种“公役田”、“门户田”的设立，使政府的赋役派征与民间实际人丁田土之间的距离更大。

有的家族则对赋役的应纳实行通族统筹安排，在家族内部实行赋役负担的再分配。如永春官林李氏家族实行各房轮值法，每年设赋役“听年”之人，以应付官府的催征：

其听年，本朝以来俱系三房催办，至顺治十七年（1660），

---

① 侯官《云程林氏家乘》卷一一，《补辑家范》。

② 参见徐扬杰：《宋明以来的封建家族制度述论》，载《中国社会科学》，1980（4）。

③ 泉州《梅溪陈氏族谱》，《里正公田记》。

④ 泰宁杉易欧阳氏《分关文书》。

⑤ 邵武《勋潭黄氏族谱》卷一三，《祀恩志》。

长房始催一年；十八年（1661），三房朝序始催一年。越康熙十一年（1672），三房朝序、朝郡方与二房合约，照丁米听催，五年轮流：二房听四年，三房听一年，长房以米少不与，每年只贴听年人租五石，以为辛苦。而遍族复议：杂派繁重之时，每石产贴听年人辛劳银二钱；如杂派少，每石产只贴一钱，永以为例……总计通族听年租只有六百七十五觔，原本族听年只有一人，因奉宪均苗，拨出本户李重米入二甲内，故于康熙三十三年（1694）甲戌正月，再议本族设听年二人，以便催纳。其通族听年租，应照二人均收。其听年二人，涌泉公房递年轮一人出听，传建公房一人，碧溪公房一人，赛赐公房、赛瑞公房共一人，递年轮一人出听，周而复始，不得推诿。①

李氏家族轮值的“听年之人”，专门负责催征本族赋税，是该族与官府在赋税方面发生联系的“出头”人物，而其他族人虽然拥有许多人口和土地，却在这“听年”之人的掩护下，与官府几乎不相干。在这种情况下，每个家族成员所承担赋役的轻与重，不取决于人丁与田地的多少，而是取决于家族内部对赋役负担的重新统筹和分配，取决于家族与地方官府之间的微妙关系，家族的社会地位越是雄固，对于族人们的庇护就越是有效，地方官府对于其间田地人丁赋役虚实就越是难以掌握。

更有甚者，在一些丁众势大、地方割据局面比较严重的家族中，公然聚众抗粮殴差的现象也不断发生。如闽南的南靖、平和一带，“南靖地方有地名车田者，户口千余家……富者恃远以抗粮，催纳多不遵畏，贫者恃远而以宰牛窃盗为事，强弱相凌……平和地方有地名王寨者，户口亦千余家……民俗刁顽不一，与南靖之车田无异”②。厦门同安马巷厅一带抗粮之风尤烈，所谓“抗欠钱粮也，则各乡皆然，我朝厚恩深仁，屡行蠲免，该民人习为固然，不特小民群思觊觎，即殷富绅户无不效尤，以国家宽恤之殊恩，成顽户逋粮之恶习。桀黠者倡首把持，各花户从而观望，

① 《官林李氏七修族谱》卷一，《听年》，《大当考》。

② 《漳州府志》卷四二，《艺文》，蔡世远《请移远界改属近县疏》。

甚至一士在庠则庇及合族，一丁入伍则霸及通乡，缓之则任意拖延，急之则鼓众抗拒”①。泉州晋江一带亦是如此，“县中久无征册可稽，而唯赖图承是问。盖图承系乡中强房，世代相传……并不以官给印串为凭，其中隐匿侵蚀从何查悉。加以刁衿劣监营将弁兵包庇抗延，甚至一乡之内有欠至数千两，而历年丝毫不完者”②。咸丰年间，同安县更发生了大规模的家族动用武装抗粮事件：

> 仁德里各保滨海顽户累欠钱粮，派差催征竟敢殴抗，即于六月初四日亲赴该里，暂住金鞍山庙内……饬传各保家长即兑山保下蔡乡家长李学等来庙分别认完……讵该家长张天禄等躲避所给谕札，各家属亦不接收，声称保内二十余年不知完粮……六日夜二更时分该顽户邀集多徒围住庙门放枪恐吓……系板桥保浒井乡张姓之人所为……（十二日营兵）驰抵浒井乡，旋有该乡生员张绍学、洪塘乡生员张敷玉即张灼出来接见，尚有武举张兴邦、家长张天禄、张秋、张禅、张勤、张经、张情等避匿不到……十三日晨各乡匪徒执持铳械伙众而至，显系抗官……乡匪愈聚愈多，不下千人，寡难敌众。③

以上这些抗粮事件的共同特点，就是整乡整族共同抗粮，参加者不仅有一般的贫苦族人，更有生员、举人等上层人物策划倡首。这种情况的出现，充分说明了福建民间家族与官府统治之间存在着一定的矛盾和冲突。在家族势力强大的地方，官府的统治能力被大大削弱了。

福建民间家族与官府之间虽然存在着许多利益冲突和对抗，但家族毕竟是中国大一统专制政体下的基层社会群体之一，完全的对抗是不可能的。家族不论在道义上还是在现实中，都必须与官府统治保持一定的平衡和协调。这种平衡和协调工作，一般是通过家族内的士绅和知识分子来进行。这些人既是家族内部权力的主要掌握

---

① 程荣春：《桐轩案牍》，《马巷厅任内》。

② 程荣春：《桐轩案牍》，《晋江县禀苦累难支请予卸篆委员接署由》。

③ 程荣春：《桐轩案牍》，《浒井张姓顽户抗粮纠众拒捕伤毙兵勇请委大员移拨水师会同拏办》。

者，是家族共同体利益的代言人；同时又是官僚阶层的一员和后续力量，与官府有着千丝万缕的联系，有沟通的渠道。这样，这些乡绅士子在家族与官府的交往中，扮演着双重角色。一方面，他们努力入庠食饩，争取进入国家和地方的统治阶层，国家政权的盛衰与他们个人的荣辱有一定的联系。而另一方面，他们又是家族成员，他们的田产庐屋、经济利益，又往往与家族的利益紧紧地结合在一起。这种双重的身份和利益关系，使这些乡绅士子能够在协调官府与家族的关系方面发挥重大作用，同时也使官府与家族之间的关系更加微妙化、戏剧化。他们既不愿使家族的利益、特别是他们的切身利益受到官府的侵蚀，也不愿意让过分强大的地方家族势力，从根本上危及封建国家政权的安全。于是，每当家族与官府在地方政治、军事、经济诸方面发生权益的矛盾时，这些乡绅士子一般都会把家族势力对于官府的权益侵扰控制在适当的程度，以免使家族与官府的对抗尖锐化。因为适当的对抗可给家族带来一定的地方权力和经济利益，而尖锐对抗的最终结果则将导致本家族势力的覆灭。如前面所谈及的清末同安县浒井乡张氏家族的武装抗粮，显然是一种不适度的过激行为，结果福建官府调集大兵会剿，"家长张京等并浒井乡家长张天禄等合具结状，限三日内将咸丰十年（1860）起至同治三年（1864）上欠完新旧粮谷照数全完，不敢逾延，即令粮书当面认明，届期兑收。并谕各该家长嗣后督促族众按年完粮，不得再来抗欠，倍干重咎，伊等均各唯唯，又据张天禄等送出余犯张有、张吉二名到案讯"①。而同时欠粮拒纳的李、叶、陈诸姓，因未参与武装抗粮殴杀官差事件，拖欠拒交钱粮如故，官府对这些家族丝毫没有办法。当时，同安、晋江一带的地方官慨叹道："同邑粮务难征，向来纳完三分，报须在八分以上"，"劝导传催则负隅不出，追呼稍急则聚众抗官，官欲从严惩办，每苦经费乏资，犹虑急则变生，酿成巨衅，反蹈办理不善之愆。是欲整顿催科，则积习仍无回挽，而民玩愈甚，征粮愈难措手"②。官府与家族之间的复杂微妙关系，在该

① 程荣春：《桐轩案牍》，《浒井乡抗粮拒捕一案该家长悔罪完粮指烧匪屋交出余犯押候跟交正凶讯办由》。

② 程荣春：《桐轩案牍》，《禀福州府夹单》，《苦累难支请予卸篆委员接署由》。

地方官员的文书中暴露无遗。

因此，在家族势力强盛的地方，我们固然可以看到诸如负隅拒差、恃众抗粮等不服从官府为所欲为的越轨行为，但在一般的场合，许多家族还是希望能够与官府相安无事，协调相处，并且告诉族人们安分守己，从形式上服从官府领导。如上述的族规要求族人依期交纳钱粮，便是在不损害家族权益的基础上服从官府统治的一种表现。再如族规中劝诫族人们“务奉公守法，毋蹈贪黩以贻辱祖宗，遗祸子姓”[①]，“男子贤愚不齐，士农工商各安其业，要之无忝祖先斯可矣……若习学非良，赌博者、盗窃者、酗酒争斗者，教唆起灭词讼者，外内乱鸟兽行者，暴横乡里，诓骗财物者，不孝不悌不廉不检者，合族摈之不齿”[②]，等等。这些规定，在一定程度上维护了家族成员的经济利益，同时，也使家族及每个族人的行为规范，大体限制在封建官府所能接受的范围之内。而从地方官员这方面看，他们的仕途升迁以及经济利益的获得（例如舞弊钱粮，暗派私征等等），也有赖于地方势力，尤其是地方士绅学子阶层的配合和默许。地方官员对地方实行过分的勒索和剥削，同样也可能遭致地方家族势力的强烈反抗，乃至被公呈驱逐，断送了前程。在这种情况下，无论地方官员也好，家族势力以及士绅学子势力也好，他们之间相互对立的行为，都有着一定的限度，为了双方各自的利益，两者往往能够在这个限度之内，形成一种相互牵制的比较默契的关系。地方官员和家族势力之间的这种妥协关系，不但使官吏们普遍存在但又有一定限度的贪婪勒索行为为社会和政治所接受，成为非法但实际上又是“合法”的行为，同时也使家族势力对于官府权益的侵蚀日益事实化。

从总的发展趋势看，宋明以来随着家族制度的兴盛和发展，特别是地方士绅势力与家族势力的结合，使得家族在地方政治、军事、经济各方面发挥着越来越重要的作用；与此相反，官府对于民间基层社会的统治和控制能力，在家族势力的不断侵蚀之下，不能不有

① 侯官《云程林氏家乘》卷一一，《家范》。

② 浦城《湖茫李氏三世谱》卷九，《族约》。

所下降。这里，我们只要对明清两代福建官府对于民间基层社会统治形式的演变过程作一简单的回顾，便可清楚地认识到这一点。

如前所述，明代前期，政府推行严密的黄册里甲制度，但从正统、成化之后，政府对于民间社会的控制能力日益下降，里甲制度有名无实。而这一时期，正是福建地区社会变迁剧烈、山海盗寇交讧的多事之秋，福建的地方官员，不得不另外寻求统治民间社会的有效手段。于是，在嘉靖前后，具有某种地方自治、自卫性质的保甲制度，被地方官员们陆续推行。

保甲制度与里甲制度的最大不同之处，就是保甲制度负有明显的御盗卫乡的职责，是一个准军事组织。“夫保甲者……无事，巡警如故；有警，社首保长，统帅册内夫家，更迭而出，或据险而守，或乘便出击，或以侦贼等役。”① 正因为这是一种准军事性质的基层组织，利用乡族保卫乡族，因而它虽有保卫地方的一面，但也容易为地方势力所控制，成为与官府对抗的工具。嘉靖年间福建地方官府推行保甲制度时期，地方官员们已经意识到这种潜在的危险，因此，他们制定了保甲连坐制度。嘉靖二十六年（1547），巡抚朱纨在福建全面推行保甲制度，特别强调了官府对于民间保甲应拥有绝对的控制权，并担心保甲为巨室豪族所控制，他说：

> 保甲之法，操纵在有司则可，操纵在巨室则不可，近见闻一等嘉谈力行者，此不过为蕃植武断之地耳，非真欲厚俗也。②

朱纨的担心后来被事实证明。嘉靖中后期，沿海倭寇和内地山寇的活动加剧，各地乡族纷纷自己武装起来，组织乡兵、族兵，建筑土堡城寨，各自为政，地方保甲制度的控制权，实际上已经转移到乡族势力的手中。到了万历年间，福建地方官员继续推行保甲制度，不得不在一定程度上承认大姓巨室对于保甲的领导权。如万历二十年（1592）任福建巡抚的许孚远，在《敬和堂集》中说：“（团练乡兵）此举专为各保地方所设，惟富室大家为主，贫人下户干系

① 叶春及：《惠安政书》卷一二，《保甲篇》。

② 朱纨：《甓余杂集》卷八，《公移二》。

甚轻……今须理劝士大夫家为之倡率，若果为保家保族之谋，即子弟、僮仆，皆可教之即戎，何须规避?”① 万历四十三年（1615）任福建巡抚的黄承玄在整饬保甲时亦云：“凡保中富家、大姓，其族众、义男、干仆，率以千百计，宜于保甲之外，另集乡兵，以资防御。”② 关于保长的人选，他们认为尤以乡族士绅为宜，“近来约正、保长多不得人……本乡若有缙绅先生、孝廉、文学，该州县虚心咨访，听其核实公举”③，“谋诸乡荐绅先生……首推士夫，及于耆老，及于举、监、生员，随地方人才多寡为率，短中求长”④。万历年间福建地方官员的这些主张，比起嘉靖年间朱纨强调官府对于地方保甲的绝对控制权，显然已对地方乡族势力作出了较大的让步。因此，到了明代后期，地方乡族势力，特别是家族中的士绅学子们，已经在相当程度上掌握了民间基层社会的治安、行政等权力，政府对于地方的控制能力进一步下降。

在清王朝稳定了全国统治的一段时期内，内患外祸相对减少，地方乡族武装自卫的重要性有所下降，但这时家族势力控制地方基层社会的局面已基本形成，有清一代始终未能像明初里甲制度那样建立一种严密管理的户籍制度，而基本沿袭明末那种涣散的局面，便是官府无法重新严密控制基层社会的有力证据。正因为如此，清朝政府对于福建地方基层社会的统治，不得不更加倚重家族制度，乾隆年间，福建地方官吏议设族正副，试图利用族长强化其对基层社会的统治。《福建省例》载云：

> 闽省之泉漳二府，民多聚族而居，恃众逞强，或生事斗狠，或狡黠健讼，情伪百出，相习成风。虽各有房族房长，并不由官选定，非尽端方醇正之人，平时既无约束，遇事各袒所亲，毫无补于风教。今据晋江县王令议设族正副，以专其责，自属息事宁人，化民成俗之意，所当照行。惟是事有大小，犯有轻重，应如该府所议，分别办理。如族内遇有雀角争论一应细微事故，即令该族正随

① 许孚远：《敬和堂集》公移文，《团练乡兵行各道》。
②③ 黄承玄：《盟鸥堂集》卷二九，《约保事宜》。
④ 许孚远：《敬和堂集》公移文，《乡保条规》。

事诫谕处释，毋使架词涉讼。若有作奸犯科一切重大事发，应责令该族正副据实具禀，倘庇族徇隐，一经发觉，族正副照例治罪。①

福建地方官府设立族正副，固然是为了加强对族长的控制，以达到统治地方的目的；但在另一方面，也说明封建官府已完全意识到家族势力对稳定和统治地方基层社会起着举足轻重的作用。到乾隆晚期，福建地方官员甚至向清廷奏请，给予福建地区各族族正以顶戴，最后因乾隆皇帝的反对而未能施行。

乾隆皇帝反对给予福建族正以顶戴的理由是："此等所举族正，皆系绅衿土豪，若明假以事权，必使倚仗声势，武断乡曲，甚而挟隙诬首及顶凶抵命，何不可为？"② 可谓切中要害。与家族势力加强对民间基层社会控制相消长的是官府对于地方控制能力的是否削弱，因此，自明代中叶以后，封建官府对于家族势力的增长是始终怀有戒心的。虽然家族势力在控制基层社会方面的权力有所增长，但由于官府的抵制，官府与家族势力的相互牵制、妥协，家族势力对于官府权益的侵蚀，还是很有限的，它不可能从根本上动摇中国大一统中央集权制的政治体制。

尽管如此，我们必须强调指出的是，宋明以来家族制度的发展，并非如一般论者所指出的，是封建政府统治的辅助手段，家族与官府之间的权益冲突是始终存在的，这里，我们再举两则耐人寻味的史料作进一步的论证。

一、李光地《始祖祠祭礼略》云：

古者宗子非世官即世禄，故可以其禄祭而世主大宗之祀。今既无是，则所谓宗子者，或降为氓隶，而不齿于衣冠，既不得逾分而行士大夫之礼，且不知亲暱之文，不任拜跪之事者有矣。权以时宜，须用爵禄于朝者主祭，盖以其分既得具礼，其人又娴威仪也。虽然缁冠饩羊鸡可废，须以有爵者主祭居中，宗子居左，直年者居右，立跪而以昭穆为前却焉，亦连名以致以宗祖之前，是亦酌古准今，无于礼者之礼也。③

① 《福建省例》户口例，《议设族正副》。

② 《清高宗实录》卷一三三五，乾隆五十四年七月辛亥。

③ 李光地：《榕村续集》卷六。

二、《福建省例·刑政例》“禁革生员公呈保结干预官事等款”云：

> 生员不准派充调处公亲也……生员充作公亲调处，是驱之武断乡曲，且灭词讼也，此后生员不得干预外事……生员不准派充族房家长也……士子身列胶庠，自应各尊所业，免其派充家长、弹压族众……查家长乃一定之齿序，非无凭之称号，行辈尊，虽韦布犹家长也；行辈小，虽贵显犹卑幼也……地方官如有擅行调拨及派作家长，令其弹压族众，承管公事者，告发之日，照例参处，并即行饬禁。

李光地官居礼部尚书、大学士，是康熙皇帝的宠臣，但是他返乡置身于家族之中，却极力主张家族的一切事务应由有政治身份的官绅来担当，辈分年齿应居其次。这是因为他深切地认识到只有士绅掌握了家族的权力，方能更有效地控制地方事务，扩大家族的影响。而从官府方面讲，一旦士绅势力与家族势力紧密结合，官府对于基层社会的统治就会名存实亡。因此，他们不得不用“省例”即法律的形式，来反对士绅干预地方事务，控制家族权力，主张族房长应是行辈尊者而不是显贵者。这两种针锋相对的看法，正反映了家族制度与官府之间的冲突以及中国封建社会后期民间基层社会统治形式某些微妙的变化趋势。

第七章
乡族间的联络与冲突

明清以来的家族虽然在地方事务中发挥重大作用，但在同一区域内，其社会是由若干个家族共同组成的，每一个家族都不能不和家族外的世界发生多种联系，形成自己的对外关系网络。

在福建家族与社会的联系中，地缘关系的共利因素是不能忽视的。当地方上的利益与家族的利益基本上相吻合的时候，同一区域的各个不同姓氏的家族可以和睦相处，甚至联合起来。如明代嘉靖、万历年间倭寇猖獗以及明清之际的动乱时期，地方上的家族为了保家卫族，经常联合起来，遇有贼警，各个家族相互呼应，相互救援，以保障地方上的共同安全。如漳州沿海一带，所谓“凡数十家聚为一堡，砦垒相望、雉堞相连，每一警报则鼓锋喧闹……提兵一呼，扬旗授甲，云合响应”①。在福州、兴化沿海一带，“附海居民，难受海上不时拿人拷饷、抢掠财物，因构筑土寨……日间依然在家种作，遥望贼至，即入寨坚壁，贼不能害”②。闽西宁化一带也是如此，“数十乡连为一关，合盟御敌”，“部署周密，治简严，缓急呼应，务联诸乡如一家，自此匪类潜踪，商贾如归”③。

在社会比较安定的一般情况下，许多同一区域内的家族为了共同的利益和维持家族之间的平衡关系，往往也能达成一定的谅解和规约，从而和谐相处，乡里平安。举长乐县的梅花里为例，这里居住着数十个姓氏的大小家族，他们共同制订了《乡约》，建造了乡约

① 嘉庆《云霄厅志》卷八，《兵防志》。
② 陈鸿、陈邦贤：《清初莆变小乘》。
③ 李世熊：《寨堡记》。

所，成为当地一种具有约束力的民间法制机构。《乡约》的主要内容也和一般的族约、族规大致相同，旨在维护乡里的社会地位和加强乡里各家族的团结，其中对大姓欺凌小姓的行为，有着严厉的处罚规定。《乡约》共有二十一条，兹摘录如下：

> 序云：古者五族为党，五州为乡，睦渊任恤之休，由来尚矣。降至后代，生齿日繁，箕毕情好各异，大家巨族作福作威，小姓寒门畏首畏尾，遂使正道不行，竞凌日起，求其相保相爱亲逊之风，表仁里之善者，盖亦罕矣。吾梅一乡列姓数十，间有奸顽好利之徒，或诡计挑唆，或横行吓诈，或貌为洽比以煽诱，或托为公言以把持。有一于此，里闬靡宁。爰同各姓尊长朔望集诸子弟于乡约所宣讲圣训广训，申明乡规条约，蔼然怡然，父与父言慈，子与子言孝，兄与兄言友，弟与弟言恭，毋恃富以欺贫，毋倚贵以凌贱，毋饰智以惊愚，毋藉强以欺弱，十甲数百家，家家可喻，一族数十户，户户可风，则家室和平，风俗淳厚，古道岂不复哉？倘以侮慢而违仁厚之风，以偷薄而亏协和之理，古道之不存，即公理之不恕也，爰有条规开列于左：
>
> 一、吾梅列姓繁浩，莠良不等，兹编为十甲，每甲举齿德兼优一人为长，举晓事秉公一人为董事，才干者二人副之，十甲之中互相劝勉，倘有不肖匪徒，公同捆送究治，或无辜被陷，公呈佥保。其有踪迹不明新迁居住者，立即驱逐出境，所以靖乡间免株连。
>
> …………
>
> 一、乡党序齿尊长，人所当有，而老吾之死，并以及人之老，《传》言之矣。但尊长辈非藉端欺压，若卑幼敢不逊弟，公罚不遵定，即呈究。
>
> …………
>
> 一、睚眦小忿，细故微嫌，自不能情恕理谕者，先投本甲董理论，如尚不决，宜俟朔望讲约毕，申明剖断，若竟恃强横殴，呈匀控制者，即将首衅人罚戏一台，后论所争曲直，不遵者定行禀究，以息刁横之风。

....

一、公议事体，虽有衿耆董事商榷，子弟静听其间，如有处置不当之处，不妨抒其所见辩论，但不粗蛮无状，面斥是非，及退有后言，以乖体统。

....

一、董事之选，原藉其秉公理事，凡朔望讲期及甲内事体宜齐集商议，不得缄默退缩，于事知无不言，言无不公，庶克安靖乡间，倘有利己徇私躲避不前，经众论摘发，则立即会议斥革另选充补。

一、士为四民之首，务宜正身率物，诸凡宜进前监理，但琐屑并及，未免荒其本务，兹除细微小故听甲长董事自行料理，其有不决疑难者，集同理论，亦不得退后。①

这种以各家族族长、士绅们牵头制定的乡规民约，无疑比封建官府的里甲、保甲制度更能够协调地方上各个家族间的关系。在这种情况下，族长们的权力得到进一步的扩展，他们不仅有权处理家族内部的事务，而且对于地方上的事务也负有一定的责任，甚至有权主裁一切。正因为如此，傅衣凌先生在论及中国封建社会晚期的民间基层社会时，使用了“乡族势力”、“乡族组织”的概念，这是十分符合福建民间基层社会这种血缘关系与地缘关系相结合的乡族共同体特征的。在某种意义上可以说，乡族势力对于地方事务的控制，是家族制度向外部世界的必然延伸。家族制度的道德和功利概念，超出了聚族而居的界定，当地方的利益受到侵害时，乡族组织便能够代替家族组织的职能，较好地团结本区域的不同家族，共同维护乡族的荣誉和利益。当然，在这种乡族共同体的规约下，大姓与小姓所发挥的作用有所不同。一般言之，在同一区域内，对地方事务发挥主要作用的是那些丁众势大特别是士绅较多、政治地位较显赫的大姓巨族。如康熙年间任过大学士的李光地所在的安溪湖头李氏家族，因李光地父子叔侄多人为宦，地位显赫，成了当地当然的领袖人物，这里的乡规民约，几乎全是由李氏家族撰定、颁布于乡里，

① 长乐《梅花志》乡约二十一条。

由各个乡族共同遵守执行。李光地就曾经写过《同里公约》，在这《公约》的字里行间，不时显露出他身居高位而训导乡里的心态。该《公约》略云：

> 一、诸乡规俱照去岁条约遵行，我已嘱托当道，凡系人伦风俗之事，地方报闻，务求呼应作主。但恐我辈用心不公，处事不当，或心虽无私而气不平，事虽不错而施过甚，则亦于仁恕之理有乖，皆未足以服人心，而取信于官长也。嗣后举行旧规，必酌其事之大小轻重，可就乡约中完结者，请于尊长会乡之耆老，到约完结；必须送官者，亦请尊长会乡之耆老，佥名报县惩治……
>
> 一、约正于族行虽卑幼，然既秉乡政，则须主持公道，自后乡邻曲直有未告官而投诉本乡者，除尊长发与约正调停者，则为从公讯实复命，尊长而劝惩之……
>
> 一、约正须置功过簿一册，写前后所立规条于前，而每年分作四季，记乡里犯规经送官及约中惩责者。于后务开明籍贯姓名并因何事故，以备日后稽考，或能改行，或无悛心，俱无循情。①

有政治地位的大姓巨族虽然在地方事务上发挥主要作用，但是地方社会的长期稳定，却有赖于大姓、小姓间乡族的共同配合。因此，在那些乡规民约得到长期执行的地方，大姓巨族在操纵、控制地方事务的同时，一般也能顾及其他小姓的利益，俾之和谐相处。上举长乐梅花里《乡约》中特别强调禁止大族欺凌小姓，正是大姓协调小姓利益的一种体现。李光地也多次劝诫其族人，不得恃强凌弱，横行乡里，所谓“维桑与梓，古人必恭，巷路乡邻，孰非亲串？侮老犯上，谓之鸱鸮；贪利夺食，谓之虎狼，吾等老老尚在，必不尔容”②。我们不能想象一个长期存在大姓欺凌小姓现象的乡族共同体，其道德和法制准则能够得到切实的遵守和永久的执行。

---

① 李光地：《榕村别集》卷五，《同里公约》。

② 同上书，《戒子孙》。

李光地撰写的《同里公约》和长乐梅花里的《乡约》，只是处理同一区域内各个家族之间关系的一般原则规范，实际上，地方上有大量的日常生活和生产的活动，需要乡族组织加以协调管理，在这些具体事务的协调管理中，共利的乡族之间也都体现了和谐相处的原则。举地方上的水利建设为例。水利是传统农耕时代社会生产的基本建设，而水利设施的建设和使用，往往超出家族的地域范围，需要乡族组织通力建成并调节使用，必须尽可能地做到公平合理，从而为各个家族所接受。如福安县甘棠堡内有大小家族 30 个，《甘棠堡琐记》中有《斗门记》，记述这里水道斗门的使用规则："一斗门内外有二所，其外斗门建在甘坪坞兜，坐癸向丁兼丑未，其水道流通，由刘族众田浃涧而流，故斗门起闭由刘氏所司，所以冬成之日，有斗门谷之抽，照章每斗田抽谷一觔。"《甘棠堡琐记》中还有《水利碑文记》等，记载坝水的使用情况，"坝源所注，阖都共之，议照两傍桥垛设闸，轮日启闭"，"每月初一日起至月终止，一图闭闸五日蓄水，受荫二三图，开闸五日，放水转注，五日二轮，周而复始，不得此盈彼缩。其修理坝路斗门木闸诸费，总令一二三图均不得混行推卸"①。家族与家族间偶尔发生某些纠纷，也可在乡族组织和士绅公亲的调解下，得到顺利的解决。我们曾在华安县仙都乡见到一张契约，便是因陈、林二姓族人为水圳纠纷而由乡族里的"公亲家长"调解事，兹将该契约摘录如下：

立换字人豪洮与仲通公派下等为不平圳圳水滋嫌一事，蒙公亲子狗、万意延请两保公亲家长出为调理冰判，全港圳水改收流入豪洮右边厝下水窟，转流入田培苗，不得分散，将洮向豪昌、隆盖置买两片茶畲判换仲通公派下等栽插杉松竹木，又将豪捧承管茶畲一片判换豪洮掌管，又昌畲内判付新开横路一条。至公至夷，相得相益，俾春风于两面，复和气乎一团，凭公人立出换字一样二纸，各执存炤。

光绪十六年（1890）庚寅闰二月　日　公亲人前坑黄雪、霞林林孨、云山汤和春、大坪林集福、吉土陈吉生

立换字人　豪洮②

---

① 民国《甘棠堡琐记》卷上。

② 契约影印件，藏厦门大学历史研究所。

毫无疑问，这种由地方乡族公亲所调解成立的契约，具有同官府法律一样重要的权威性，其实用性甚至比官府法律有过之而无不及。

乡族势力对于地方事务的控制和管理，实际上是家族制度下的基层社会自治化的进一步扩展，正因为如此，中国封建社会晚期的基层社会统治体制，可以分为“公”与“私”两大系统，即国家与乡族（家族）的双重统治。随着家族制度、乡族势力的不断发展，国家政权对于基层社会的统治，大体只能维持间接的统治，明清两代的封建官僚政治已越来越丧失其有效的社会控制能力，对于民间基层社会实际上是无能为力的。正是在这种历史条件和社会变迁中，“私”的统治体制不断地得到了强化，家族组织、乡族组织以及乡绅阶层空前活跃，从而对民间基层社会实现了全面的控制。

然而，区域内的家族共利，由乡族组织控制地方事务和协调各家族之间的比较和谐的关系，这只是中国封建社会晚期福建民间家族外部关系的一个方面。而在另一个方面，割据性的家族制度具有很强的排他性，特别是为了争夺对于地方社会的控制权，家族与家族之间、乡族与乡族之间相互欺凌、相互对抗的情况也处处可见。如兴化一带，“为巨族、为小姓、为强房、为弱房……仙游小姓畏大姓甚于畏官。其畏之奈何？一朝之忿，呼者四应，直至剑及寝门，车及蒲胥之势”①。漳州一带，“强凌弱，众暴寡，福建下四府皆然。诏安小族附近大族，田园种植，须得大族人为看管，方保无虞。其利或十而取一，或十三而取一，名曰包总。否则强抢偷窃，敢怒不敢言”②。特别是明代中叶以后，福建民间各家族纷纷建立武装、团练乡兵，使得许多家族间的矛盾向武装对抗升级。所谓“前明之季，海氛不靖，剽劫公行，滨海居民各思保护村庄，团练乡勇，制造戈兵。逮入国朝，耿、郑交讧，戈梃严用，至康熙三十六年（1697）台寇始定。百姓习于武事，其间聚族之人，挟睚眦之嫌，辄至操戈相向，彼此报复，习以为常”③。于是，家族间的武装械斗事件频频

① 陈盛韶：《问俗录》卷三，《仙游县》。

② 陈盛韶：《问俗录》卷四，《诏安县》。

③ 《皇朝经世文编》卷二三，郑振国：《治械斗论》。

发生，成为福建地区尤其是漳州、泉州两府非常特异而又十分严重的社会问题。如同安马巷厅一带：

> 民皆聚族而居，习尚嚣凌，以强欺弱，以众暴寡，睚眦之仇，动辄列械互斗……地方官员下乡查办，明知其敝于斗案，完结之后，其命案不得不以缉凶了事。甚者需造累年斗杀，并不报官为之清理，只得延请公正绅耆往为调处，则计两造所伤人命，照数准抵，多则赏以银钱，名曰赔补，每名多则百余千，少亦数十串。其钱或出于本乡之匀摊，或出公亲之赔垫……遇民无不以斗为乐，踊跃从事，转辗报复，数世不休，性命伤残死而无悔。（马巷）厅属弹丸之地，查历年斗案共有三十余起，每起百十名至数十名不等。经年累岁，愈积愈多，思欲逐案清理完属无从措手，此械斗之难治也。①

福建的家族械斗，其起因是多种多样的，归结起来，大体可分为观念的和权益的两大因素。许多械斗，往往是由于某些鸡毛蒜皮的意气之争，而酿成大动干戈。在仙游西乡一些地方，家族与家族之间本无太大冲突，但偶因某个族人与外人发生冲突，双方家族互不相让，遂成械斗，“一人成仇，举族为之拦路，酿成朋殴巨案”②。仙游《薛氏族谱》曾记该族与庄姓的争斗互控，也是由于“体面攸关”。该族谱载云：“乾隆五十五年（1790）间，因五房尔总、长房淑芹与枫街土豪庄工互争田收斗殴，工先就枫亭司主呈验……图丢我族脸色……旁观咸称：庄四姐有此势力，薛家畏缩不敢到案，必有罪等语。我族有识者闻此恶言，抱公愤而认大谊，谓事虽尔总、淑芹两家与庄工争水起祸，而案浪至此，倘失足于一时，则贻臭于千载，体面攸关，公议以欠租呈诉……斯时庄工父子抱头泣恳，凭伊所控持刀拥门，率众扛殴，放火烧寮，阻耕害课等恶究办，县主不依押出取其欠租，遵依甘结备案。族人喜跃回归，庄工丢脸难堪……我族大快于心。”③ 我们曾调查惠安北部一些家族械斗的原

---

① 程荣春：《桐轩案牍》，《马巷厅任内》。

② 陈盛韶：《问俗录》卷三，《仙游县》。

③ 《枫溪薛氏族谱》卷末。

因，柯、庄二姓械斗多年，只是因柯姓有一夫妇吵架，庄姓妻子赌气回娘家，娘家仗着族大势众，发动众丁上柯家问罪。原意不过虚张声势，为庄姓女儿出一口气，不料柯姓不甘示弱，弄假成真，积斗多年。陈、吴两姓的械斗，原先亦因陈姓家族有一小孩放牛吃了吴姓的菜园，吴姓菜园主人责骂并打了小孩一耳光，小孩哭闹回家。陈姓阖族公愤，祠堂鸣鼓，执仗前往吴姓问罪，吴姓亦严阵以待，双方械斗相沿几达百年之久。还有一些家族的械斗，纯粹是出于历史上的积怨，后代子孙并不知道其所以然，平时也无明显的利害冲突，但每年定期举行械斗如同约定仪式。以上这些械斗，主要是从维护家族的荣誉这一观念出发的。① 在家族制度十分严密、血缘观念十分浓厚的福建民间，人们普遍认为家族的荣誉受到损害是不能容忍的，即使是很小的事情，只要有损于家族的荣誉，每个族人都应挺身而出，不得苟且。

福建家族械斗的另一起因是由于地方权益的争夺，特别是经济利益的争夺，在械斗事件中占有相当的比重。我们在前面谈到中原士民迁移福建之初，各个家族为了获得生产资料和活动空间，大多采用实力占有的方式。这种习俗，实际上一直延续到明清时期以至民国时期。在中国财产私有权缺乏应有的法律保障的情况下，利用家族的力量来占夺土地、山场、滩涂便成了一种很有效的手段。于是，福建民间的家族械斗往往成了家族、乡族间争夺经济利益的一种解决办法。请看新中国成立前闽江下游沿江各村的情景：

> 在洲田或蚬埕被发现时，往往不是一乡或一族可以和平而顺利地把它占有的，而是要经过乡与乡或族与族之间的激烈争夺之后，才能断定属谁的。在闽江下游的沿江各村，一般都是聚族而居，彼此存在着严格的畛域观念，而“强欺弱、众暴寡”又成为乡族间普遍的现象。如有浮壅的洲地，在一些“一姓的大乡”附近，问题还比较简单，只要各房各派都能利益均沾，

① 清末申翰周的《闽竹枝词·咏械斗》曰：“两姓相争严伍阵，拼将人命作妆场。”注云：“两方械斗，认族不认亲，虽翁婿甥舅，相持不让。及死伤多人，始罢战议和，双方推除死者人数外，按名给恤了事，并不报官，各亲串仍往来吊唁。”

就可以免除纠纷。如果是小姓或小乡的所在地发现了洲地，那就无可避免地要引起一场激烈的争夺。在北港，如远洋、江边等村，都是争夺洲田闻名的强乡，而在南港方面，则尚干乡在洲地争夺的历史中所占的地位当是首屈一指。尚干为林姓一姓聚居之乡，宗族繁衍，人丁旺盛，不但在南港范围内恃其乡大人众占有了许多洲田与蚬埕，还曾插足过北港与琅岐、长乐一带的占洲之争……

洲田、蚬埕的争占，如双方势均力敌，往往会酿成械斗，否则在强弱悬殊的形势下，小族或小乡就只有投诉一官府。关于前者的事实，多至不胜枚举，如尚干、义序、远洋、江边等乡，在过去都是惯于为争洲而发动械斗的强乡，至今（新中国成立后）尚干乡与义序乡还存在着一些乡族间的隔阂，据说就是因过去争洲械斗所遗留下来的宿恨。在南屿附近的观洲与晓岐两村，去年还发生过为着争洲而引起的一场规模不小的械斗。所谓“无尸不成洲”，这句话并不是没有事实根据的。①

这种经济上的因素，使家族、乡族之间的对抗更富有现实意义。那些经常在械斗中取得经济利益的强宗大族，固然意识到加强家族势力的必要性，即使是小姓弱族，亦无不意识到团结抗争的必要性，所谓“小姓积怨既久，乃集群小姓以与之敌”②。家族间的对抗进一步恶化。

这样，福建家族外部关系的两个方面，即与一些家族和谐相处而与另一些家族对抗械斗的关系，使得中国封建社会晚期福建民间各个家族之间的关系处于十分错综复杂的局面。友好的家族间固然可以患难相处，而对抗械斗的家族间也可以各自寻找自己的同盟，多族联合，愈演愈烈。如龙溪、漳浦、云霄一带，“大姓则立红旗，小姓则植白旗……订日互斗，大姓则合族相帮，小姓则合帮相助”③。泉州府，“郡府械斗最为恶习，有大小族会、东西佛会，勾结数十姓，蔓延数十乡”④。兴化一带，则有著名的乌白旗大械斗，

---

① 华东军政委员会土地改革委员会编：《福建省农村调查》。

② 陈盛韶：《问俗录》卷三，《仙游县》。

③ 张集馨：《道咸宦海见闻录》。

④ 《温陵风土纪要》不分卷。

延续百余年之久。“兴化乌白旗之始，起于仙游洋寨村与溪里村械斗。洋寨村有张大帝庙，村人执庙中黑旗领斗获胜；溪里村有天后庙，村人遂执庙中白旗领斗亦胜。由是二村械斗，常分执黑白旗，各近小村附之，渐及德化、大田、莆田、南安等处，一旗皆万余人。”① 民国时期云霄县的莆阳大械斗，亦延及数十个乡村和族姓。双方购置军火，修筑碉堡，形成包围与反包围的层层对峙，历时十余年。在这种大小姓的激烈对抗中，家族的关系也日趋复杂。为了对付共同的敌人，同姓通谱和异族联姓的现象相当普遍。如漳泉一带，械斗各方，有“以海为姓”、“以同为姓”者，即大姓中有李姓、苏姓、庄姓，合为包姓。各小姓及杂姓，则合为齐姓。“其初，大姓欺压小姓，小姓又联合众姓为一姓以抗之。从前以包为姓，以齐为姓，近日又有以同为姓，以海为姓，以万为姓。”②

福建家族这种错综复杂的局面，也影响到民间的通婚选择。由于聚族而居的传统，福建居民本村、本族通婚的现象十分罕见。家族的男子取娶与女子出嫁，都必须与外村、外姓发生关系。因此，民间的通婚受到家族外部关系的影响十分明显。那些和谐相处并在御敌械斗中结盟的乡族，往往又用通婚的形式以结世好。而在那些世相仇杀的家族中，相互通婚的比例相当少，甚至完全没有。我们曾调查过泉州府惠安北部的十三都，这里陈、吴二大姓长年械斗不已。在械斗激烈的年代里，陈、吴二姓通婚的现象几乎断绝；在相对缓和的年代里，偶尔有通婚的现象，但妇女在家族中的地位，一般都比来自其他姓氏的妇女要低一些。特别是当械斗再起时，这些妇女是很受歧视的。相反，邻村的潘氏家族与陈姓交好，双方通婚的现象十分普遍，家族里的妇女辈非姑即姨，致使在这两个姓氏所供奉的神祇中，竟有一尊“姑妈”偶像。姑妈姓陈，据云是先辈中陈氏女出嫁潘氏，后来羽化成仙，造福陈、潘二姓，于是陈、潘二姓每年均有迎姑妈回娘家的迎神赛会活动。再如闽西连城雾阁四堡的邹氏、马氏二姓，自明代中叶以来同心经营雕版印刷业而闻名。

---

① 施鸿保：《闽杂记》卷七，《乌白旗》。

② 据庄吉发：《清代天地会起源考》（载《食货月刊复刊》第9卷第12期，1980-03），转引《宫中档》刘师恕折。

由于共同的地缘关系和经济上的联系，二姓关系十分密切。我们现在看到民国时期修纂的《邹氏族谱》和《马氏族谱》，其中各类人物传记中有涉及配偶者，竟有一半以上是邹、马二姓的联姻。这种友好关系延续了三百多年。据说从清末起，两个家族因商业上的矛盾逐渐反目成仇，于是通婚也骤见减少。

总之，福建家族的外部关系，是以家族的声誉和利益作为最高准则的。不同的家族根据自身不同的传统和利益，在社会上形成一个个相对独立的乡族势力。在这种情况下，是非道德标准，阶级阵线的划分，往往被严重地冲淡了。乡族之间的频繁摩擦和冲突，大大模糊了乡族内部地主与农民阶级的矛盾，由于乡族势力总是在维护本乡族利益一致对外的口号下，用各种手段将乡人、族人团结在一起。而对于"敌人"的概念，大多以家族的利益为主要衡量标准，许多家族为了置异己家族于死地，甚至不惜诬陷对方为"匪"为"盗"，控官究办。如龙溪二十五都陈姓与邻近安溪奇坑村陈姓械斗，龙溪陈姓抢先赴府上控，"佥恳速饬委勇押放一而飞檄大队剿办"[1]。这样，就使得所谓"盗"、"贼"、"匪"等概念，变得十分复杂起来，很多地方的所谓"盗贼"，并不完全是传统所认为的农民反抗运动或农民起义，而往往是乡族对立的产物。清代后期，同治三年（1864）太平军李世贤部进入福建永福。陈庄的陈姓族人坚壁清野，逃入深山，阻挠太平军的活动。但与陈庄邻村的李庄，却因与陈氏家族世有仇隙，转而拥戴太平军，企图借太平军之力打击陈氏家族。太平军进云霄时，莆阳的张氏家族聚堡抵抗，与之长期械斗的丁、李等姓，同样投靠太平军，借太平军的力量屠杀张氏家族。永春等地的小刀会起义，也都出现过类似秘密会社与家族对立相互搅和的情况。对于这种情况，我们显然不能用阶级斗争的理论一言概之。嘉庆年间曾经在福建担任地方官的姚莹，就曾经指出福建漳州平和一带乡族的复杂关系。他说：

> 平和地界闽广，从古为盗贼之薮，自王文成平寇乱而始建邑，其地溪岭深阻，掺篑丛密，无三里五里之平，岩壑蔽亏，

---

① 呈控文影印件藏厦门大学历史研究所。

彼此阻碍，民皆依山阻水。家自为堡，人自为兵，聚族分疆，世相仇杀，故强凌弱，众暴寡，风气顽犷……民则以户姓之大小，支派之富贫为强弱，一夫振臂，和者千百，势甚汹汹……白日持械劫人于途，不得不谓之盗。然（平）和民比党毗邻，无非寇仇睚眦之怨，报之以死，平素彼此不敢入境，惟伺劫之途以快其私意，故莹以为是仇而非盗也。①

福建沿海的这种乡族习气，也随着闽人的大量迁居而移植于台湾各地，进一步发展为分类械斗。陈盛韶在《问俗录》中云："闽、粤分类之祸，皆起于匪人。其始小有小平，一闽人出，众闽人从之；一粤人出，众粤人和之，不过交界处掳禁争狠，而闽、粤头家即通信于同乡，备豫不虞，于是台南械斗传闻淡北，遂有一日千里之势……结党成群，塞隘门，严竹围，道路不通……火光烛天，互相斗杀，肝脑涂地……闽人为叛民，粤人即出为义民，保护官长，卫守城池，匪人又乘此假公济私，肆横报复，遇闽人不问其从贼与否，杀其人，焚其室，劫其财……台湾滋事，有起于分类而变为叛逆者，有始于叛逆而变为分类者，官畏其叛逆，谓祸在官；民畏其分类，谓祸在民。百余年来，官民之不安，以此是。"② 这种情况，不仅混淆了封建社会的阶级矛盾，削弱了农民反封建斗争的意义，同时造成了农村社会的不安定，很不利于社会经济的顺利发展。

福建家族间的对抗与械斗，固然对社会的发展起了许多不良的影响，反映了家族制度的愚昧性和落后性，然而，它对于加强家族内部的团结，维护家族对于地方社会的控制权，却有着明显的现实效果。家族与外部的抗争、械斗，不论是出自意气面子，或是出自经济利益，都使族人感觉到家族势力对于自身安全和权益的庇护，感受到家族存在对于自身存在的必要性。一旦族人与外族发生冲突，整个家族齐心协力，一致对外。如云："乃通族之羞，非一人私愤，其公费等钱，除养子孙外，照依派盐丁数均出，如有恃顽不出者，会众同取。"③ "事

① 《皇朝经世文编》卷二三，姚莹：《上汪制军》。

② 陈盛韶：《问俗录》卷六，《鹿港厅》。

③ 《浔海施氏族谱》天部，《族约》。

关通族，将历年所积羡余公动公用，不敷就族上中下丁协鸠济公；或族人罹外侮者，公同出力，若分心异视，通族摒弃之……能捍大患，御大侮，保全子姓，通族倚重祀之，显有功也。”[1] 这种共御“外侮”的观念，大大强化了族人的内聚力，同时对于加强本家族在地方社会的控制权，都能收到显著的效果。

① 惠安《骆氏族谱》附记，《倡义立字稿》。

第八章
家族与家庭裂变

家族由众多的个体家庭所组成，家族的扩大是与个体家庭的不断裂变紧紧联系在一起的。日益扩大化的家族与不断裂变化的个体家庭之间，既是相互依存的，又是相互矛盾的。这种双重性的关系，对于中国封建社会晚期个体私有经济的发展是相当不利的。

众所周知，西方世界从中世纪向近代社会转化的一个重要标志，就是私有个体经济得到迅速的发展。特别是到了资本主义社会，这种私有经济的发展不仅是自由竞争式的，而且得到法律和社会的充分保障。私有财产神圣不可侵犯，是近代西方世界的普遍信条。但是中国的情景却并非如此。虽然中国的私有经济早已出现，某些经济现象大大早于西方世界，如土地的私有化和自由买卖，中国早在春秋战国时期便已出现，而欧洲的土地自由买卖，则是最近数百年的事情。然而，中国一直到近代以至民国时期，个体私有经济始终未能得到顺利的发展，特别是未能得到国家法律和社会的强有力保障。土地买卖依然阻碍很多。一般的个体家庭，虽然拥有自己的一小块土地，但封建政府可以利用种种借口，加重对一般百姓的剥削。至于贵族、官僚、地主、富商利用政治和经济特权，任意私征暗派、转嫁赋税乃至兼并贫民土地，更是中国封建社会里司空见惯的事情。即使是那些贵族、官僚、地主、富商，他们固然可以利用其政治特权和经济优势横行一时，富甲一方，但因政治上的优势是不稳定的，身份地位起落无常，经济的发展又得不到法律和社会的应有保障，因此他们的盛衰荣辱亦在不断变幻中，难以得到长期的维持。故中国封建社会里有所谓“千年田，八百主”、“人无三代富，人无三代贫”的谚语。《红楼梦》中“陋室空堂，当年笏满堂；衰草枯杨，曾为歌舞场”，“金满箱，银满箱，展眼乞丐人皆谤”，“昨怜破袄寒，今嫌紫蟒长：乱烘烘你方唱罢我登场”的描写，正是中国封建社会各阶层政治地位变幻无常和私有经济得不到顺利发展的真实写照。

中国传统文化道德强调义而耻言利，也严重地束缚了私有经济的正常发展。然而就社会发展的趋势而言，利是每一个人的天然所好，非求不可。这样就造成了中国社会数千年来言行不一、表里难符的虚伪状况。特别是士大夫阶层，绝大多数人对于金银财宝是孜孜以求，但是在口头上却要冠冕堂皇，或是遮遮掩掩，言不由衷。中国有句老话，“满口仁义道德，满腹男盗女娼”，这未尝不是对大多数官僚士大夫的有力讽刺。

这种重义轻利的传统价值观念，反映在对家族、家庭组织演变的看法上，则是提倡累世同居共财的大家庭制度。特别是到两宋时期，社会、政治、经济的动荡不定日益加剧，阶级关系日趋复杂，于是，坚持义理的士大夫们，力图把个体私有经济的发展，局限在大家庭制度之中，使它成为一种既顺应社会变化，又符合传统道德观念的理想化家庭模式。我们从历代正史的记载中，可以看到经过朝廷旌表的这种模式化的累世同居共财的大家庭，唐代有 18 家，五代有 2 家，宋代多达 50 家，元代近 20 家，明代亦有 20 余家。① 其他地方志及有关文献中，也有类似模式化家庭的零星记载。

许多研究者把聚族而居的家族组织和累世同居共财、同爨合食的大家庭组织，称为中国封建社会后期家族制度的两种不同表现形式，其实，这是不确切的。中国历代统治者和理学家们大力提倡累世同居共财的大家庭制度，同样是违反人性，与社会发展的趋势相违背的。这种大家庭组织几乎都是由某个权威家长（主要是官员）的惨淡经营、硬撑门面才得到勉强维持的。随着家庭人口的增长和

---

① 参见左云鹏：《祠堂族长族权的形成及其作用试说》，载《历史研究》，1964（5）、（6）合刊。

时间的推移，大家庭内部的矛盾日益难以调和，特别是以后辈夫妻形成的小圈子，相互嫉恨，计长论短，争一己之利，与大家庭组织发生频繁的冲突。因此，这种累世同居共财的大家庭，没有不最终土崩瓦解、裂变为许多个小家庭的。可以说，这种理想化、模式化的大家庭制度，只能是个别的、临时性的，而不可能是常规的、永久性的。人们一致认为中国这种累世同居共财的大家庭制度比较盛行于宋代，而清朝时期已大不如前，这种情况本身就说明这种理想化的大家庭制度必然走向衰落。再者，我们单凭封建统治者和理学家们的大力提倡、呼吁这一点，也可悟出这类大家庭的稀有难得。否则，民间大量自然流行的聚族而居的家族制度，我们又何尝能见到明清两代政府的大力鼓吹呢？

累世同居共财的大家庭之所以是个别、临时性的，是因为这种大家庭制度严重地束缚了家庭成员的生产积极性，抑制了私有欲望的增长。一般来说，由一对夫妻及其未婚子女组成的家庭，家庭成员都有着共同发家的愿望，因此能够发挥比较充分的生产积极性。而一旦儿女辈婚嫁成家，并且生出孙辈，那么情况就不一样了，家庭成员最为关心的，不是这个由数对夫妻组成的大家庭的利益，而是以每对新夫妻及其子女所组成的小家庭的利益。但是在共同生产、集体分配的家庭体制下，每个以夫妻为基本单位的小家庭之间，难免会由于劳动、分配、福利以及性格、意志诸方面的差异，产生种种矛盾。随着大家庭内辈分的增加和以夫妻为基本单位的小家庭的日益增多，其内部不可避免的矛盾亦日益激化。我们曾调查过浦城县洞头村的邹氏大家庭。这个家庭至1969年仍然维持五代同堂，家庭成员近百人。但这个大家庭内真正和谐相处的是第一代和第二代之间，第三代以后，各自的小圈子越来越多，明争暗斗的现象不时出现。虽然长辈们勉力维持调解，但后辈子孙们要求分家的呼声日益高涨，最后当第一代长辈邹老太太一死，这个大家庭随之土崩瓦解，裂变为众多的小家庭。①

---

① 参见陈支平、郑振满：《浦城洞头村五代同堂调查》，载《明清福建社会与乡村经济》。

但是以聚族而居为形式的家族制度，却多少能够避免这种内部矛盾的发生。就整个家族而言，由众多族人家庭组成的强大的家族势力，可以在社会上争得一席之地，从而有效地庇护各个小家庭的安定发展。而就各个小家庭而言，虽然家族组织拥有一定数量的公有财产，但同时也允许以夫妻为基本单位的小家庭经济的独自发展。与同居共财的大家庭制度相比，家族制度下的小家庭有着较多的经营独立性，族人们的生产积极性可以得到比较充分的发挥，从而为家族内部的每一个以夫妻为基本单位的小家庭所乐意接受。这是中国聚族而居的家族制度之所以能够永久性地存在并且不断发展的一个重要内在因素。

事实上，福建许多家族甚至士大夫阶层对于同居共财大家庭的弊端是相当清楚的。一些家族为了防止和杜绝这种内部矛盾的发生，在族规中正式规定族人应及时分家，不得硬撑门面而导致兄弟反目、叔侄不和。如安溪谢氏家族就在《族训》中指出："示后世子孙有财产当分者，即便请族长立阄书均分给与，不可姑息迟延岁月，一旦无常，不免后患，破家荡产皆此然也。"① 又如福州一陈姓官员在给子孙的分家文书中写道："盖闻贤而多财则损其志，愚而多财则益其过，余岂以多财遗子孙哉！……与其合之任听虚糜，曷若分之俾知撙节，爰将原承祖遗及余续置产业，除提充公业外，为尔曹匀配阄分。"② 以上这些言论和族规的出现，实际上就是宣告累世同居共财的大家庭制度是行不通的。因此，从家族和家庭的发展趋势看，累世同居共财的大家庭制度必然为聚族而居的家族制度所取代。我们不能否认在孝悌等传统观念以及某些特定因素的影响下，在每一个家族的发展历史过程中，偶尔有一些同居共财的大家庭出现，但不论是三世同居、四世同居，甚至五世以上同居，最终都不能不裂变为以夫妻为基本单位的小家庭，为家族所消化。这种非理性同居共财的大家庭，只是家族制度发展过程中的小插曲而已，我们不能把这种个别、临时性的家庭制度与聚族而居的家族制度等同起来，

① 《清溪谢氏宗谱》，《伴读公示训》。

② 陈氏《知足斋诗房阄书》。

同称为封建家族制度的两种不同表现形式。

福建民间家族及家庭相互裂变与组合比较正常的途径应当是这样的：当某一个迁居始祖带领妻子儿女在某一个地点定居下来之后，垦荒耕耘，取娶婚嫁，繁衍后代。儿子们长大成人后，便开始分家，儿子辈另成单独家庭，成为长房、二房、三房及更多房。孙儿辈成长婚嫁后，家庭再次裂变。家庭裂变的最佳时间是在二世同堂和三世同堂之间，三世同堂以上尚未裂变即属非正常情况。如此世世相衍，代代裂变，以夫妻为基本单位的个体小家庭日益增多，原先由某一迁居始祖开创的家庭，便逐渐扩展为家族。随着人口的繁衍和家庭的不断裂变、家族的规模不断扩大，家族内部的分支、分房也不断增多，如果不遭受天灾人祸等外部因素的干扰，由某一个迁居始祖开创的家庭，就这样不断地演变成雄踞一方的大姓巨族。这里，我们试举惠安张坂的骆氏家族为例。惠安骆氏大致在宋末，“自光州固始避乱入闽”，其肇基始祖为骆必腾，夫妻二人，仅生一男，讳天祐，字孚仲。天祐生四子，“长一麒、次一麟、三一凤、四一鸿”，于是骆氏从此裂变为四房。兹将惠安骆氏肇基始祖以下五代的裂变情况列表如下①。

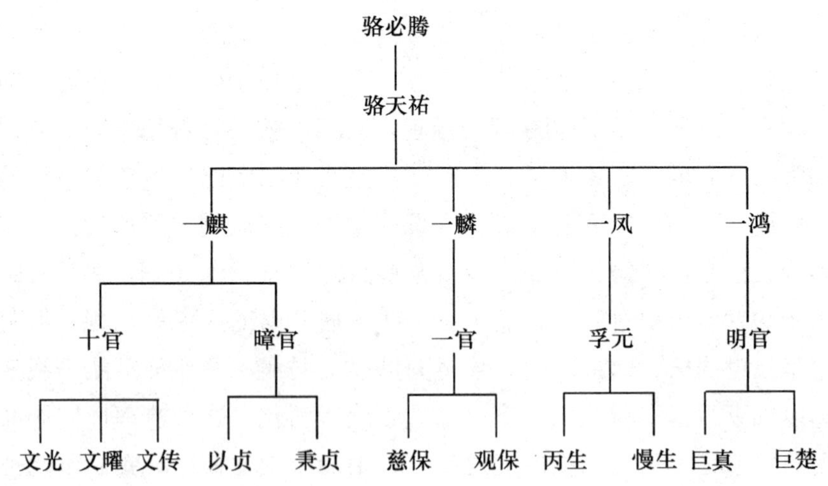

骆氏家族自宋末迁居惠安以来，经过700年的不断繁衍和家庭

① 据惠安《张坂骆氏族谱》，《世系》。

裂变，已由始祖骆必腾夫妻二人，发展至今近万人，成为惠安县最为重要的姓氏之一。其族人分布在惠东、惠南一带，形成几个大聚居点，如云头、下洋、张坂、玉埕、前埔、文笔山等地，同安、厦门一带也有其迁居而来的后裔子孙。以夫妻为基本单位的个体小家庭犹如细胞似的不断繁殖裂变，而骆氏家族亦在这不断的繁殖裂变过程中日益丁众势强壮大成长。

大家庭裂变成小家庭，虽然比硬撑大家庭门面更有利于生产积极性的发挥，但是家族制度下家庭裂变中所存在的两个问题，却在一定程度上限制了个体小家庭私有经济的充分发展。

其一，分家析产时基本奉行着平均分配的原则，使祖辈、父辈所辛勤积累起来的财产化整为零地细分化了。试举几个分家析产的契约文书为例。泉州苏氏家族的《均业序》云："今日兄弟雁行，费共费共知也，余共余共知也，此时犹不分，倘异口了若孙未必如余兄弟之友，子而或效彼世俗以争业生阋墙者，孰如今日相推相让而分之之为善乎？爰是兄与余元正之夕，将先大人汗积产业若干、宅舍若干，先立祀田外，余分作元、亨、利、贞四阄，品搭均匀……而后分之。"① 建阳李氏家族李童析产，"敬请亲知评议，将前项田地、动用家产，均分与孙崇福、顺意、镛、铛、泰等，高低各从出资添贴……自行收管"②。嫡出兄弟的析产是如此均分品搭，即使是嫡庶之别以及抱养的螟蛉子，在享受分家遗产方面，一般亦无明显的差别。如福州陈氏分家，"将原承祖遗及余续置产业，除提充公业外，为尔曹匀配阄分，列为诗、书、礼三房……各掌尔业……勿因货财而伤和睦，勿分嫡庶而易启猜嫌"③。浦城祖氏家族的祖德耀，乾隆二十六年（1761）先将一部分家产均分为二，"俾二子析箸自立，另抽田租一百石……侧室刘氏又产一子，厥名曰祖，予遂将此项田租拨给祖为资身之本……即祖长大成人，几兄弟共同供祭无异"④。

---

① 泉州《燕支苏氏族谱》卷一三。

② 建阳《李氏家谱》，《童公祖训》。

③ 陈氏《知足斋诗房阄书》。

④ 浦城《莲湖祖氏族谱》卷一。

这种平均分配的分家析产原则，使个体家庭私有经济的发展存在着一条“成长极限”，即当家庭裂变为以夫妻为基本单位的小家庭时，家庭内部的生产积极性得到了比较充分的发挥，如果经营得法并且顺利的话，私有财产的积累可以达到一定的规模，但这时子女辈已经逐渐成长并陆续婚嫁、生儿育女，家庭的内在矛盾也已随之产生，生产积极性随着矛盾的升级而受到抑制。为避免这种不良现象的发生，兄弟辈必须分家析产，私有经济的规模又回到了祖辈或父辈单独成家时的规模。于是，随着世系的沿袭繁衍，析产——积累——再析产，便成了家族制度下的永久性循环，较大规模的个体私有经济的成长受到了严重的阻碍。

其二，在家族观念的影响下，家族内部对于血缘关系的延续，也就是通常所说的奉祀香火十分重视。家族希望每一位族人都有后裔奉祀香火，同时也有义务使每一个族人都能保持香火不断，后继有人。于是当有的族人因种种意外变故而出现继嗣中断时，家族组织便可通过过继（房）、抱养、顾香火等种种形式，使孤寡的族人得到香火延续。这样也势必造成家族内部的个体私有经济进一步细分化。从维护家族血缘关系的纯洁性出发，家庭的过继、抱养、顾香火等继承方式，基本上是在本家族内部相互调剂比较合理。如连城张氏家族的族规云：“无子者许立本宗应继之人，先继同父、同祖所出，次及大功小功缌麻，如俱无可继，择立远房为嗣。若立嗣之后，徐生子息，其家产与原立子均分。”① 而一般出继外房及为外人嗣子者，大多为族内的贫寒子弟，这样也就无形中使个体家庭的私有财产，在家族制度的制约下，部分地家族化了。这里，我们再举几件分家析产文书为例。清代中期崇安县袁氏绍武嫡子派下四房子孙分家，其《分关序》云：“将祖遗物业作四股均分，号为文、行、忠、信四房，惟长文房乏嗣，即以铄之长子光涛承祧，次行房乏嗣，血抱光波为銮螟子……即以铄之次子中涵为銮之嗣子，光波为銮之养子，家产对分，取经、纶为号。”② 道光年间侯官林姓《析产阄书》

---

① 连城《新泉张氏族谱》卷首，《族规条款》。

② 崇安《袁氏宗谱》卷一，《分关序》。

云："三男孔遂早亡，娶媳吴氏，未育孙男，氏夫遗命，以嫡男孔锜之次子，乳名长地，立为遂嗣，接承宗祧……氏夫手所有田园、屋宅产业及树木等物，除抽祭典、抽贴、抽长外，派为五房均分，其三房之阄业，付嗣孙长地掌管，其祖上遗留及公轮，亦照序轮收。"① 再如清末闽县黄氏《阄书》，主分人黄莒氏，有子四人，但为顾及夫弟的后嗣，将自家的财产按五股均分。据黄莒氏自述："夫君兄弟三人……就儒就贾，量才而位置之，遂以夫弟述钊为经纪，未几夭殁，夫弟述炎有志就读，善而从之。氏生四子……因夫弟述钊未出而卒……兹将所有产业生理，除提留祭典养赡外，以五股均分，而夫弟述炎应分一份，出续（述钊）男昆应分一份。"② 由此可知，黄氏三兄弟经营得当者实际只有长兄一家，但长兄死后，其财产不仅要均分给自己的儿子，而且还要分给两位破落的弟弟以嗣续香火，长兄一人积累起来的财产，在某种程度上成了三兄弟共有的财产了。即使是抚育的外姓"义男"、"养子"，往往也都享有瓜分遗产的权利。如邵武李氏家族的李价人，康熙三十七年（1698）收养外姓乡惠为义男，改姓名李鸿成，"今鸿成年五十七，三子俱已长成，理应分炊，但价人产业无几，经凭族依律例，分给自己续置有水田一百坪，拨与义男鸿成承受"③。

在个体家庭及其经济不断裂变细分的同时，与之成鲜明对照的是家族的公有经济却在这种裂变中不断壮大。我们在前面谈到族产的增值时，指出其中一个重要途径，便是当家庭裂变析产时提留祭产。这种现象在福建民间的分家文书中处处可见。如康熙三十三年（1694）侯官某姓的《阄书》，主分人翼成，"春秋已高，二子长成"，其产业除提留"轮收公田"外，"俱照二份均分"④。康熙五十三年（1714）闽清某姓阄书，主分人爱亭，有子三人，娶媳添孙，俱各成人，田产"抽于母作针线之资，百年之后充为蒸尝"，其余"创置屋宅地基三份品搭均分"⑤。再如清代后期道光十一年（1831）光泽县

---

① 侯官《林旸谷先生析产阄书》。

② 闽县《文山黄氏家谱》，《阄书》。

③ 邵武《庆亲里本仁堂李氏宗谱》卷十，《李价人遗嘱字》。

④⑤ 这两份阄书现藏福建师范大学历史系。

的古氏为政，共有兄弟六人，为政居长，其家产除提留“父母醮租”之外，由六房“品搭阄分，各无异说”①。咸丰五年（1855）浦城房氏星耀，有三子各已婚配，“亦当司理家计”，其家产除提留“父母养赡”田产之外，由三子“抽阄品搭均平”②。这样，当一个二世同堂或三世同堂的家庭裂变析产时，分到其子孙辈手中的财产，并不是这个家庭的全部财产，而只是其中的一部分。家族的公有财产，也正同家族的人口一样，在这个体家庭的不断裂变析产过程中日益扩大。

再者，在严密的家族制度下，家族公有财产和个体家庭私有财产的独立性只是相对而言的。子女长大成家析产固然是必然趋势，但由于共同的祭祀义务、家族义务、政治义务等，致使这种分家析产是很不彻底的。特别是那些贫寒的家庭，本来可供析产的产业就不多，并且这些产业有着多方面的复杂关系，分家时就更难析得一清二楚，许多物业实际上还是共有的。举龙溪县二十五都林氏的一张分家契字为例：

> 立嘱咐字父林掮，今父年已近稀，意在息肩，众兄弟五人亦经婚娶，各皆分爨明白，所有淡薄物业佛会以及牛只等件，宜须分拨各掌，谨将拨定条件开列分明，立字五纸一样，付各执为照。
>
> 一、大坂田租四石为父养赡。
>
> 一、存一甲并山圳祖会兄弟五人公出合办。
>
> 一、存牛仔二只，交三男收养，以还张公之数内欠银。
>
> 一、存尾坂祖会一阄，付长男掌管。
>
> 一、存圣公会一阄，五公甲八甲令付次男、五男合掌管。
>
> 一、存张公会一阄，付三男掌管。
>
> 一、存神农古帝一阄，付四男掌管。
>
> 一、存牛母一只，付五男永为掌管，兄弟不得均分。③

---

① 光泽《古氏分关书》，影印件藏厦门大学历史研究所。

② 浦城《房氏分关文书》。

③ 本契书影印件藏厦门大学历史研究所。

从这张文书中可以看出，家主林搧所属的各种物业，唯有“大坂田租四石”是私有财产，但被林搧提留为“养赡田”，按照福建民间的一般惯例，父母养赡田于父母死后便成为子孙共有的蒸尝田，这块唯一的私田也将成为共有田。而其余的物业，大部分是诸如圣公会、神农古帝会一类的乡族所属的祠、会、社共有田，而他的五个儿子成家析产时，这些原属于乡族共有性质的产业，又有相当一部分继续采用兄弟共同掌管的形式，其共有的性质更加上一层。而真正属于儿辈各个小家庭的私有物业是相当有限的。泉州苏氏家族的一份《均业序》云：“可分而收者则分之，不可分而收者则合收而后分之，祭祀依直轮而行，公事依四阄而出……是合之未尝不分，分之未尝不合，则合之固善，分之亦未尝不善也。”① 这种议论正道出了家族制度下家庭析产的不彻底及其与家族有着千丝万缕的联系的实质。

在这种家庭私有观念淡薄，家族与家庭财产所有权界限模糊的家族社会里，族人利用种种借口侵占他人财产的现象时有发生。乾隆年间福建地方政府曾严禁的家族殉烈行为，实际上就是族人图谋寡妇的物产所致的一种社会恶俗。《福建省例》载道：

> 乃闻闽省有等残忍之徒，或慕殉节虚名，或利寡妇所有，不但不安抚以全其生，反怂恿以速其死，甚或假大义以相责，又或藉无倚以迫胁。妇女知识短浅，昏迷之际，惶惑无措，而丧心病狂之徒，辄为之搭台设祭，并备鼓吹舆从，令本妇盛服登台，亲戚族党皆罗拜活祭，扶掖投缳。此时本妇迫于众论，虽欲不死，不可得矣。似此忍心害理，外假殉节之说，阴图财产之私，迫胁寡妇立致戕生，情固同以威迫，事实等于谋财。②

家族组织同样也可以通过各种手段，把个体家庭的私有财产转化为家族的共有财产。如族人身后无嗣，族长为其公举继嗣者，遗产的一部分往往要拨归公有。浦城詹氏家族有一族人死后无嗣，

---

① 《燕支苏氏族谱》卷一三，《均业序》。

② 《福建省例》杂例，《禁止殉烈》。

"族众佥议：择其支派稍近者承厥宗祧，将其遗产内拨出苗租一百八十三担为祠内公项"①。杨氏家族，"锡环公嫡孙成茂身故立嗣，除经族立继外，议捐入祠苗田一百担，以为修谱修祠之需"②。族人因财产发生纠纷，干犯了睦族的规条，其纠纷的财产，也往往被罚归家族所有。如清代嘉庆十二年（1807）杨氏家族有杨铭勋等二人"互控争山"，经族长讯断，"令杨铭勋将所买杨邦玉土名金章墙内后门山山场，充入绅等祠内管业"③。清咸丰年间，刘氏家族"源海公裔孙枝弟争继呈控，祝县主蒙批族房投处，充入祠铜钱四十千文；又济源公裔孙金培无嗣，将伊本房溪源公祭田率充入祠光洋五十元……又有月生之裔孙福季无嗣，无人承祧，昔置有苗田二十余担，被他姑丈王新贵所吞……除查用，充入祠铜钱八十千文"④。其他因冒犯族规而被处罚财产充入家族的例子亦甚多，不再赘举。

即使是官僚士绅家庭，他们固然因其社会政治地位而在家族内享有更多的发言权和决策权，但他们也因而对家族负有更多的经济义务。上面论及家族为扩充族田而向入仕中举者收取喜钱，这还只是属于正常的劝捐。有些家族对于官宦家庭的派征是相当重的。如泉州薛氏家族规定族人"居官者，随其官之大小，岁入一月之俸，武职岁入半月之俸，致仕方免"⑤。这就是说，凡族人为文官者，每年必须向家族交上一个月的俸禄以充公用。再如武平城北李氏家族于乾隆三十三年（1767）公议，凡族人任大学士者，务捐田 140 坪"归本族春秋祭尝"，各部尚书捐田 120 坪，各省督抚捐田 100 坪，以下按官品类减。⑥ 类似的派征摊捐，实际上也是家族对于官僚士绅家庭经济的一种侵占。明代后期杰出的思想家李贽，是福建泉州人，他长年在外为官传道，绝少回家，据云就是经不住族人对他的种种经济要求。近现代华侨从海外回归福建老家，也经常受

① 浦城《詹氏族谱》卷二一，《祀产序》。

② 《闽浦金章杨氏宗谱》卷一一，

③ 《闽浦金章杨氏宗谱》，卷一一，《奉宪严禁祠山告示》。

④ 浦城《刘氏五修族谱》卷五，《重建宗祠序》。

⑤ 泉州《薛氏族谱》卷一，《族谱义例》。

⑥ 参见武平《城北李氏族谱》卷末（戊），《产业类》。

到家族同样的困扰。安溪谢氏家族的《族训》载云："示子孙有殷实房衣食饶足者，但遇丰稔之年，宗子率族人登门，随处多寡公论劝借以赈鳏寡孤独无倚者，若悭吝不从，以不孝论。"① 在这里，富豪人家必须为族人均捐财富，被视为是理所当然的事，这些现象都表明了家族与家庭的财产界限是混淆不清的，在某种意义上可以说，家族共有经济的发展，是建立在削弱家庭私有经济的基础上的。

家族的不断扩大化和个体家庭的不断裂变化这一内在矛盾，对于福建社会与经济的进步是很不利的。家族共有经济的发展，虽然有相当一部分用于赈济族人、兴办公益事业，但更多的是用于祭祀及家族组织自身的消费。这大量的非生产性开支，无疑是一种极为严重的社会消费，妨碍了社会的生产积累。对于个体家庭经济来说，不断地裂变析产以及对家族承担的种种义务，使一般家庭私有经济的运作始终处于低水平的恶性循环之中，即使是官宦士绅和富商巨贾，也难逃脱这一内在矛盾的制约。因此，就整体而言，福建家族制度下的家庭私有经济，其生产的规模是很狭小的，贫富之间的差距不是十分突出的。特别是福建沿海地区，人多地少的自然条件限制了人们的生存空间，当家族公有田产占去土地总面积的20%甚至50%的时期，一般个体家庭所占有的土地数量就十分有限了。我们曾对新中国成立初期福建沿海一些乡村的土地占有情况作了调查，虽然说根据阶级划分的标准，在每一个自然村落和行政村落当中，都有地主、富农、中农、贫农、雇农的阶级差别，但是在许多乡村中，地主、富农、中农、贫农各自所占有的土地，其差异并不是很明显。新中国成立初期华东军政委员会土地改革委员会曾对土改前一些农村土地的占有情况作了详细的典型调查，下表就是关于福州鼓山区鳝樟村、后屿村以及古田县七保村各阶级土地占有的调查情况②：

① 《清溪谢氏宗谱》，《伴读公示训》。

② 本表根据华东军政委员会土地改革委员会所编《福建省农村调查》中的有关资料编成。

项目 \ 乡村 \ 阶级成分	地主			富农			中农			贫雇农		
	鳝樟	后屿	七保	鳝樟	后屿	七保	鳝樟	后屿	七保	鳝樟	后屿	七保
户　数(户)	1	7	10	10	9	2	138	116	102	233	228	178
人　口(人)	2	33	52	70	54	17	614	547	515	969	1 117	758
占有土地(亩)	4.2	77.5	201.11	214.19	76.82	39.61	711.64	357.29	695.97	399.65	199.27	318.49
每户平均占有土地(亩)	4.2	11.07	20.11	21.41	8.54	19.81	5.15	3.08	6.82	1.71	0.87	1.79
每人平均占有土地(亩)	2.1	2.35	3.87	3.05	1.42	2.33	1.15	0.65	1.35	0.41	0.18	0.42

从上表可以看到，鳝樟、后屿、七保 3 个乡村的中农人均占有土地在 1 亩左右，而地主的人均占有土地不过是 2～3 亩，差别并不很大。即使是土地占有数最多的古田七保，地主人均占有土地亦仅 3 亩多，每户共有土地 20 亩，这样的生产规模，实在是很有限的。相反，这 3 个乡村的贫雇农人数虽然多达 3 000 人，但其中绝大多数人仍然占有一些土地，完全丧失土地的家庭只是极少数。以上情况还是比较突出的，福建沿海许多农村中地主与中农、贫雇农在土地占有方面的差别，恐怕还达不到这样的水平。因此，在土改划分阶级成分时，一些乡村找不到合适的地主人选，就把管理家族公有田租收入的人家，列入地主与富农这类削剥阶层。新中国成立以前福建农村土地占有的这种状况，除了自然条件、社会经济结构（如从商为工者众）诸方面的因素外，家族制度对于家庭私有经济的制约，不能不是其中的重要原因之一。

然而，福建民间家族扩大化与家庭裂变化的相互依存关系，对于家族自身的形成和发展所起的重大作用却是不能忽视的。家族公共财产与家庭私有财产的千丝万缕联系，实际上构成了家族制度最原始的经济基础。在这种关系中，族人们既意识到自己对于家族的义务，同时也感受到自己在家族中所拥有的权利，族人们对于家族的思想感情自然随着经济关系的密切而凝聚在一起。再者，家族制度对于家庭私有经济的制约，体现了中国原始村社制下平均分配财产的残余，造成了家族内部家庭经济生产规模的狭小和平均化。这不仅使中国封建社会晚期的小农经济长期而大量地存在，而且是中国社会各阶层的平均主义思想得以久盛不衰的最佳温床。换句话说，对于传统中国人脑子中根深蒂固的平均主义思想，我们可以从中国的家族制度，特别是家族与家庭的关系中，去寻找其最根本的原因。

第九章
家族与人口变迁

福建民间各家族重视血缘嗣系，严格地讲，是重视男子的血缘嗣系。男子作为家族传宗接代的中心，必然对家族的人口结构和变迁产生一系列的影响。

首先，男女不平等的现象普遍存在。女子虽是其兄弟的同胞骨肉，但她们不能享受同兄弟一样的经济、教育、社交等权利。在婚姻关系上，家族为了保证血缘嗣系的延续，严格规定男子后裔不得为他姓子。男子长大后，要娶他姓女子组成家庭，为家族传宗接代。而女子在原则上是要出嫁给外姓人，故在福建民间常戏称女儿为“外姓人”、“别家人”。父母对于女儿的责任主要在于养育，养育成人后，便将成为名符其实的“外姓媳妇”。

女儿长大后即对家庭和家族的发展不起作用，于是在一般人的心目中，养育女儿是一种不必要的负担，特别是福建各家族普遍讲求声望，摆排场，挣面子，女子的出嫁往往形成经济上的交易和攀比。如福州府，“娶妇欲以传嗣，岂为财乎？观今之俗，娶妻不顾门户，直求赀财，未有婚姻之家不为怨怒。原其由，盖婚礼之多广靡费，已而校裹囊，朝索其一，暮索其二，姑辱其妇，夫虐其妻，求之不已”①。邵武府，“处于万山中，素号贫瘠，乃风俗奢侈，每一婚嫁动费金数百，一宴会费钱数缗，筐篚累累炫耀耳目，山珍海错罗列几筵，富室仅足几给，中产一挥已罄”②。这就使得民间更加感到养育女儿是一个难以

① 《重纂福建通志》卷五五，《风俗志》。

② 同上书，卷五七。

承受的累赘。于是，溺弃女婴现象成了明清以来福建地区的另一个严重的社会问题。陈盛韶在《问俗录》中谈古田县的溺女之风云：

古田嫁女，上户费千余金，中户费数百金，下户百余金，往往典卖田宅，负债难偿。男家花烛满堂，女家呼索盈门。其奁维何？陈于堂者：三仙爵、双弦桌类是也；陈于室者：蝙蝠座、台湾箱类是也；饰于首者：珍珠环、玛瑙笄、白玉钗类是也。然则曷俭乎尔？曰："惧为乡党讪笑，且姑姊妹女子子勃溪之声，亦可畏也。"缘是不得已，甫生女即溺之。他邑溺女多属贫民，古田转属富民。①

郑光策谈福清县的溺女恶俗尤为骇人听闻：

溺女一事，最为此邑恶习。土风丰于嫁女，凡大户均以养女为惮，下户则又苦无以为养，比户而计，实无一户之不溺……凡胎胞初下，率举以两手审视女也，则以一手复而置于盆，问存否？曰不存，即坐索水曳儿首倒入之。儿有健者而跃且啼者，即力捺其首，儿辗转其间。母氏或汪然泪下，有顷无声，撩之不动始置起。②

溺弃女婴现象的大量存在，势必造成福建民间人口结构的男女比例失调。男子过剩，鳏夫增多，这不仅抑制了人口的正常发展，同时也增加了社会的不安定因素。蔡世远在《严禁溺女谕》中指出："溺女之风较他邑尤甚，而且一邑之中旷鳏十居六七。男女之情乖，则奸淫之事起，室家之念绝，则盗贼之心生。奸淫则风俗不正，盗贼则地方不宁。是溺女之害不特灭绝一家之天理，而且种成奸淫盗贼之祸根。"③ 陈盛韶亦指出："诏安中户娶妻聘近百金，下户五六十金，其余礼物不赀，嫁者奁赀如之，故嫁娶均难。嫁者难，斯养女少；娶者难，斯鳏夫多。义男承祧、嫠妇招夫、产子继嗣，其敝俗皆根于此。即无室家之匪民，掳抢械斗，喜于从乱，亦根于此。"④

福建家族重男轻女的另一后果，是收养童养媳的现象普遍存在。

---

① 陈盛韶：《问俗录》卷二，《古田县》。

② 郑光策：《西霞文钞》，《与福清令夏彝重书》。

③ 《重纂福建通志》卷五六，《风俗志》。

④ 陈盛韶：《问俗录》卷四，《诏安县》。

有些家庭固然以生女为累赘，但女儿毕竟也是自己的骨肉，将其残忍地置于死地难以下手，变通之法，便是让人抱养。抱养之家，“可以济婚礼之穷，窭人抚女七八年能执箕帚，又七八年能为人妇、为人母，无嫁娶之艰，有妇子之乐”①。于是，抱养童养媳成了福建民间流行的风俗。如沿海泉州府同安一带，“自幼抱养苗媳，及长始行合卺者，亦有送归女家择配亲迎者。贫家大半如是，乡村尤甚”②。闽西上杭等地，“俗有女初生抱养过门者，谓之童养媳，及其成年，岁除日合卺同房，不拘阴阳忌讳，此盖感于嫁娶困难而然”③。闽北崇安县，“乡间颇有抚养童养媳者，成亲谓之完房”④。据云，在清末民初，福建有些地方如长汀、上杭以及安溪一带，童养媳在民间婚姻比例中占10%以上，甚至高达30%左右。有些地方官府，也因民间溺弃女婴的普遍和残酷而产生恻隐之心，办起育婴堂一类的收养机构。乾隆三十三年（1768），福建布政使司特地颁布“育婴堂条规”，以“动用公费，收育遗孩”⑤。陈盛韶在道光年间任诏安县令，曾试办寄乳苗媳堂，收养遗弃女婴，“登籍者、抱送者、领乳者、乞为苗媳者，趾交踵接”，举办仅27个月，收养乳女1 200余名。⑥一县如此，可见当时福建民间溺弃女婴和收养童养媳恶习的严重。

男女比例失调，使民间的婚姻关系趋向混乱，“为奸、为拐、为买休、为典雇、为众人而娶一妻、为一妇而辗转数夫，皆鳏旷无赖之行。盖自女婴残而人多无妇，居室之理乖，生生之道绝也”⑦。据调查，福安县西北乡一带，“甲某无力娶妻，乙某无力养妻，双方约定，由甲某璞乙某妻，价不过数十元，期限自三五年至十年不等，期满赎回，名曰‘璞妻’”。古田县则有“妇再赘一夫，使聘金归原夫收用，期限长者曰‘挂帐’，短者曰‘帮腿’”⑧。我们曾在龙溪县

① 陈盛韶：《问俗录》卷四，《诏安县》。
② 民国《同安县志》卷二二，《礼俗志》。
③ 民国《上杭县志》卷二〇，《礼俗志》。
④ 民国《崇安县新志》第六卷，《礼俗》。
⑤ 《福建省例》，《恤赏例》。
⑥ 参见民国《诏安县问俗录》附编；陈盛韶：《问俗录》卷四。
⑦ 民国《诏安县问俗录》附编，《寄乳》。
⑧ 《各地婚姻奇俗》，转引自厦门大学图书馆藏《剪报资料》，《婚姻风俗类》。

二十五都见到一纸“二姓合婚”文书，丈夫去世，房亲将其妻转嫁他人，生男育女各半均分，该婚书略云：

> 立出联珠进赘字人大坪社陈氏林门次男娶亲刘氏，不幸次男身故，今因池中无水鱼难养，日夜挂怀，将刘氏名初娘媳妇托媒进赘于凤林社陈隆柿之堂侄豪甲为妻。三面言议：甲一半付与陈氏为子，刘氏初娘一半付与隆柿为侄媳，约生男育女各半均分。其约陈氏承夫生前所置田产物业并茶园以及松杉竹木，一暨付甲掌管……至于陈、林二宗祖先香火，一暨理承远祀，不得推诿他人。①

福建民间婚姻关系的混乱，除了因人口结构中男女数量比例失调的因素外，也反映了下层民众的经济贫困化。穷困的家庭或因养不起妻子儿女，或因无力明媒正娶，于是便产生了这些苟且的卖妻、典妻以及众人娶一妻的现象。然而，家族制度中重视继嗣的观念，无疑对这种现象起了重要的推波助澜的作用。族人娶不到妻子，便有绝嗣的危险，为了使继嗣有人，就产生了这许多变通妻子的办法，《寿宁待志》云：

> 闽俗重男而轻女，寿宁亦然，生女则溺之……或有急需典卖其妻，不以为讳，或赁与他人生子，岁仅一金，三周而满，满则迎归，典夫乞宽限，更券酬直如初。②

福州府古田县则称借妇生子为“送月粮”：

> 孀妇有遗腹不嫁时，恒有已娶无子者，为养子起见，托媒与订交好之约，不论年月远近，一俟有生男子，载还其家，即行解约，谓之“送月粮”。③

闽南漳州诏安一带，更有买女赘婿、孀妇赘男等现象，甚至导致家族内部的血缘关系发生混杂。《问俗录》云：“买女赘婿，孀妇赘男，以承禋祀，守丘墓，分守家业，仰事俯畜，无异所生。族中人亦不

---

① 本文书影印件藏厦门大学历史研究所。

② 崇祯《寿宁待志》卷上，《风俗志》。

③ 《各地婚姻奇俗》，转引自厦门大学图书馆藏《剪报资料》。

以乱宗为嫌。于是有约定初生之男从妻族，再生之男从夫族者；有生从妻姓，没从夫姓者。”① 闽西的明溪县亦然，“邑人乏子嗣，恒买他人子女继续。子未大，买女入门，长成婚室，生儿为嗣。女大则赘男为婿，立约夫从女姓，恃为半子，生子儿则女妇两有”②。在这样的场合，妇女纯粹成了家族传宗接代的工具，只要家族的嗣系得以延续，婚姻关系以及血缘的正统与否倒是次要的问题。

家族重视男子系统，固然有重视血缘继嗣的原因，同时对于壮大家族势力，也有重大的现实意义。在相互割据、对抗的乡族社会里，家族男丁的兴旺与否，直接关系到家族势力的强弱，家族拥有众多的男丁，就意味着在社会上占有不可忽视的优势。因此，福建各家族为了壮大自己的男丁队伍，不仅不以借妻生子为嫌，甚至还盛行各种“养子”、“义男”、“螟蛉子”习俗。《厦门志·风俗志》云：“闽人多养子，即有子者亦必抱养数子……或藉多子以为强房。积习相沿，恬不为怪。”③《同安县志·风俗志》亦云：“同俗向喜乞养他人子，及子复生子，遂混含不可究诘。始但出于巨乡大族强房者为之，嘉道前械斗盛行，乡人恃丁多为强之流弊，后则竞相仿效。”④ 再加上明清两代福建许多家族从事如贩海通夷等冒险的行当，为了使亲生儿子安享清福，冒险的勾当便需要养子们去承担。何乔远《闽书》记载明代沿海各地的情景：“有番舶之饶，行者入海附赀，或得窭子弃儿，抚如己出，长使通番，其存亡无所患苦。”⑤ 这种风尚至民国时期犹然，当时的调查报告说：“螟蛉子是台湾及福建独有的养子制度，而这种制度在其他各省是少有绝无的……螟蛉子在台湾、福建的家族中却占了极重要的地位，一个家族的盛衰命运往往掌握在螟岭子的手中。因而父母对于螟蛉子的看待，至少在表面上与对待亲生儿子没有差异。而且，螟蛉子多比亲生子识相，善于巴结父母……事实上，台湾和福建的家族，

① 陈盛韶：《问俗录》卷四，《诏安县》。

② 《明溪婚俗》，转引自厦门大学图书馆藏《剪报资料》，《婚姻风俗类》。

③ 道光《厦门志》卷一五，《俗尚》。

④ 民国《同安县志》卷二二，《礼俗志》。

⑤ 何乔远：《闽书》卷三八，《风俗》。

尤其是豪商富户之家，亲生子通常骄养得不成材，而螟蛉子独有出色。”①

从原则上讲，福建民间家族的婚姻混乱和养子制度，是与家族强调的血缘关系纯洁和道德标准相抵触的。但在实际上，家族所提倡的道德标准和行为规范，都是具有两重性的，它既顾及传统道德，又顾及现实功利，而归根到底，传统道德的倡导是为现实功利服务的。在中国封建社会晚期动荡纷乱的社会变迁和家族割据、对抗的社会环境中，人们强调传统的家族道德和血缘关系，并不能使所有的家族都得到顺利的发展。相反的，在这机械相争的社会里，强凌弱、众暴寡，再加上外部战乱的破坏，有的家族壮大发展，有的家族却衰败没落；强盛的家族更加强盛，而弱小的家族更加弱小，甚至完全消亡。连城县丰图村（1984 年前为大队编制）共有张、丘、邓、吴、朱、黄、杨七姓，其大部分始迁时间已有数百年之久，始迁时都仅有一两户人家，而发展至今，各姓的人口数量差异甚大。兹将各姓迁入丰图大概年代及现在（1986）户数人数列表如下②。

姓　氏	迁入时间	迁入迄今	现在户数（户）	现在人数（人）	各姓人数占总人数的百分比（%）
张	元初	约 710 年	23	160	5.68
丘（登高派）	元至治年间	约 660 年	9	41	1.46
丘（祖富派）	明洪武四年（1371）	617 年	7	44	1.56
邓（吴安派）	明正统年间	约 530 年	32	190	6.75
邓（曾贵派）	明成化年间	约 510 年	419	2 250	79.9
吴	明嘉靖年间	约 450 年	16	89	3.16
朱	明天启年间	约 360 年	2	11	0.39
黄	清光绪年间	约 100 年	5	25	0.89
杨	民国二十四年（1935）前后	约 50 年	1	6	0.21
合　计			514	2 816	100

① 林衡道：《螟蛉子》，转引自厦门大学图书馆藏《剪报资料》。

② 参见《连城文史资料》第六辑。

在上表中，各家族人口增殖的差异是令人吃惊的，家族的发展是很不平衡的。许多地方的家族人口变迁甚至有沧海桑田之感，如《崇安县新志》的作者感叹道：“崇安氏族以彭、詹、哀、丘、胡、刘、蔡、林、周、李、丁、翁、张、应为最，然沧海桑田，变迁颇烈。盛于昔者衰于今，盛于此者衰于彼，不可一概论也。柳（氏）盛于宋，钱（氏）盛于清，今无其人。曹墩以曹姓得名，肖屯以肖姓得名，哀墩、哀岭后以哀姓得名，而今无其族。清初城村林、道二姓几二千户，今仅二百余户……则各族消长之机、盛衰之况可以知其概矣。”① 在这种情况下，各个家族利用各种变通权宜办法来壮大家族的男丁队伍，完全是必要的。另一方面，就客观条件而言，也具有现实之可能。那些衰败的家族、贫困的家庭，无力娶妻成家，为社会提供了一定数量的“窭儿弃子”，而强宗大姓，为了巩固家族的地位，则竞相收养义子、义男，“夫随嫁儿得以承宗，鬻义子得以入祠，吕嬴牛马，诏安氏族之实已不可考矣”②。于是，为了使这种变通的继嗣关系与家族的道德原则相适应，福建许多家族不得不重新制定血缘的继嗣标准和族谱的记载条例，以承认养子、义男、螟蛉子、赘婿等在家族续嗣上的合法性。如康熙四十八年（1709）侯官县林氏家族的林允昌在一份《遗书》中告诫后人：

昌思不孝有三，无后为大，因承父命，抱各口董家有一新添幼童……尚在血下，方才三日，名为午使。痛母无乳，日夜食哺，百般抚养，犹胜亲生。今幸年已二十有五，娶媳黄氏，复蒙天庇佑，得产男孙一丁、女孙二口。纵谓螟蛉之子，亦不得复言螟蛉之孙。今昌病体临危，理合诸亲面前，将昌分下所有一切产业尽付与男午使掌管，家下弟侄不得妄相争执，藉称立嗣等情。③

林氏家族强调“纵谓螟蛉之子，亦不得复言螟蛉之孙”，这体现了福建家族的一般观念。晋江县《虹山彭氏族谱》的《新订谱例》也对

① 民国《崇安县新志》卷四，《氏族》。
② 陈盛韶：《问俗录》卷四，《诏安县》。
③ 本资料由郑振满同志提供，特此致谢。

血缘嗣系的记载作出适应性规定：

> 螟蛉异姓，旧谱所戒，然近乡巨室，所在多有，即以吾族而论，亦相习成风，而生长子孙者实繁有徒。若概削即不书，势必有窒碍难行之处，且不慎于始，而慎之于后，亦非折衷办法也。兹特变文起例，凡螟蛉异性为嗣者，书曰“养子”。①

近代著名华侨领袖陈嘉庚是泉州府同安县集美乡人，他家的族谱，“依照旧例，男子如亲血脉，则画红线，曰某人之子；如螟蛉，则画乌线，亦曰某人之子”②。可知义男、螟蛉子实际成为家族血缘嗣系中的一员，已为民间所广泛接受。事实上，在严密的家族组织里，外姓子弟入继为嗣，只能老实服从于家族的领导，忘其所由来，倘若有少数义子、养男图谋不轨，企图恢复原姓，则非受到家族法规的惩治不可，甚至招来杀身之祸。同时，也为社会一般舆论所不容。我们曾调查过泉州府惠安县北部的一些家族，襁褓中“血抱螟蛉”改从父姓自不待言，即使是成人入赘，也必须马上改从妻姓，方可成婚。陈氏家族有一个林姓入赘者，新中国成立后当了村干部，政府提倡破除宗法关系，他试图改复林姓，结果族人多采取不合作态度，迫使这位林姓入赘者不久又改复陈姓，方才相安无事。华安仙都林、苏诸大家族有蓄奴的习惯，奴仆改从主姓。新中国成立后，奴仆翻身成公民，与林姓主人同享社会权益，但他们至今仍然称从主姓，未曾改复自己的祖姓。这些情况都反映了福建家族血缘关系及其观念的根深蒂固。家族对于婚姻和继嗣的变通权宜办法，并不能改变福建家族血缘的整体关系，相反，养子、螟蛉子不断消融于家族的血缘关系之中，在一定程度上增强了家族的男子嗣系，巩固和发展了家族的社会地位。

福建家族制度与人口迁移的关系，也是十分耐人寻味的。以往人们普遍认为：家族是一个维护自给自足自然经济和安土重迁的基层社会组织。这种论点至少在福建地区是不确切的。固然，家族制度的一个重要外部特征是聚族而居，然而正是这种聚族而居的特征，

① 本资料由郑振满同志提供，特此致谢。

② 陈嘉庚：《一九四四年在印尼沓株》，载《泉州文史资料》第五辑。

限制了家族规模的无限扩大。家族的聚族而居，包含着双重的意义：一是血缘的纽结，一是地域的占有。地域是静止的，血缘关系是活动的，随着时间的推移和族众的繁殖，血缘关系日益扩大，地域的范围也就日益显得狭小，最后，族众的繁殖必定超出地域的固有范围。这样，家族的继续发展，就不能不另外寻求新的生存空间。福建是一个山多地少的丘陵地区。自宋代以来，人多地少的问题一直十分突出，可供各个家族大力扩展的地域空间本来就相当有限；因此，仅从自然条件上看，家族的外植和人口的迁移也是不可避免的。

再者，明清两代处于中国封建社会的晚期阶段，商品经济比较活跃。由于人口过剩、耕地不足，客观上也很难继续维持自给自足的自然经济局面。为了与当时的社会经济变迁相适应，家族内部的生存方式，出现了多样化的趋向，族人们同时从事着农、工、商等多种职业，单一的农业经济已经十分罕见。举清代福州侯官县柑蔗区一些乡村族姓的执业状况为例：

> 柑蔗区在县治之西偏北……土著三千余户，程、洪为大姓，间有张、邹、林、郑各姓，有业儒者，有力田者，有牵车服贾者……西曰昙石，黄姓四百余户，习四民之业；白石头多叶姓，约三百余户，习农贾操舟；岭头林姓七八十户，习农商蚕织；店头林叶两姓百余户，习四民业，兼习蚕织，又多出洋经商；联头程姓二百余户，习四民业，近蚕业颇盛，土人又多出洋赴暹罗各处为商。过江为白龙洲，入竹崎区界西北曰青岐，杂姓八九十户，田少多种橄榄。与竹崎隔江对崎日港边，杂姓百余户，力田兼习操舟；横岐杨姓二百余户，力田操舟并制船户竹笠。①

清末侯官、闽侯二地《风土志》所记载福州郊区各乡村的生存情况，大体与柑蔗区的情景相同，可见当时城乡各族姓的经济生产结构发生了很大的变化。即使在各个家庭内部，其成员也往往形成了士农工商的合理分工和有机结合。试举长汀县四堡乡邹氏、马氏二姓

① 光绪《侯官县风土志》卷六，《地形略》，《区域一》。

《族谱》中的记载为例：

> （马）元禄，号月池……兄弟子侄七人，公行二。分职业于诸子侄，曰某某也耕，某某也商，某某也工贾，各视乎其才其识而督之。于是人堪其任，任奏其效，大有治家之法，而家业遂以兴起，积累至于巨万。
>
> （马）性庵……端方正直，孝弟力田……丈夫子六，士农工贾，各务其业，而粹堂友弱冠后早撷芹香，蜚声庠序。
>
> （邹）启壮……丈夫子五人，或读或耕，或牵车服贾，率属馨儿，孙枝秀美，类非凡器。
>
> （邹）翊国……长兄业儒，诸弟尚幼，与次兄常经营于粤省，十有余年，而家丰裕。及诸弟稍长，因谓曰："吾兄弟七人，或读、或耕、或商，各宜尽心竭力，以光前烈，无坠家声可也。"后长兄与六弟，皆入黉序，四弟列成均，建大厦，广腴田，一堂昆季，会桃李于芳园，序天伦之乐事。①

明清时期福建各家族及其家庭力求在其内部保持士农工商的完美结合，反映了中国家族制度的社会适应性和包容性；而这种职业分工多样化的趋向，更为家族的外植和人口的迁移创造了良好条件。那些长年在外经商从贾的族人，固然有相当一部分春出冬归，赚钱之后荣归家族、不忘乡里；但也有一部分人与家族的经济联系多半是道义上的，一旦时机成熟或形势逼迫，他们便可轻易地在外地定居、繁殖，形成新的家族。

正因为如此，宋明以来福建家族的发展体现在两个方面：一方面是聚族而居的家族制度日益严密，家族组织日益完善；而另一方面，家族成员不断突破原有的生存地域空间，向外迁移，形成家族的外植。特别是明代中叶以后，家族人口外迁的现象日益频繁。福建沿海人口向东南亚地区以及台湾的迁移，便始于明代中后期而盛于清代。举泉州府若干家族人口迁移台湾的情形为例②：

---

① 长汀四堡《马氏族谱》、《邹氏族谱》，《传记》。

② 本表根据苏鑫鸿《明清时期闽南人口的海路外流》一文编制。原文载《中国社会经济史研究》，1987（4）。

时间 数量（人） 族谱	第一时期 （1368—1620）	第二时期 （1621—1874）	第三时期 （1875—1911）	合计
晋江《锦江林氏五房宗谱》	0	44	6	50
晋江《鳌西林氏长房二家谱》	0	46	34	80
晋江《东石玉塘吴氏三房家谱》	0	29	1	30
晋江《安平颜氏族谱》	1	68	1	70
泉州《薛氏族谱》	0	11	2	13
泉州《虹山彭氏族谱》	0	20	6	26
安溪《儒林林氏族谱》	0	57	3	60
德化《龙井苏氏族谱》	0	13	5	18
德化《蒲坂李氏族谱》	0	26	0	26
总人数	1	314	58	373

迁居东南亚各国的情形也是如此。明代隆庆元年（1576）明朝政府批准福建巡抚涂泽民开放海禁的奏请，提供了闽南人到东南亚贸易、谋生和定居的机会。仅菲律宾一地，“商贩者至数万人，往往久居不返，至长子孙”①。厦门《海沧石塘谢氏家乘》记载该族族人迁移南洋的人数分别是：顺治年间 3 人，康熙年间 33 人，雍正年间 17 人，乾隆年间 62 人，嘉庆年间 40 人，道光年间 52 人，咸丰年间 6 人，共计 213 人。② 永春《刘氏族谱》记载清代该族客死南洋的男丁有 207 人，《康氏族谱》记载清代该族客死南洋的男丁有 162 人。③可见族人外迁的数量是很大的，不是个别现象，具有相当的普遍性。

---

① 《明史》卷三一三，《吕宋传》。

② 参见傅衣凌：《厦门海沧石塘（谢氏家乘）有关华侨史料》，载《华侨问题资料》，1981（1）。

③ 参见林金枝、庄为玑编：《近代华侨投资国内企业史资料选辑（福建卷）》，14页，福州，福建人民出版社，1985。

福建各家族人口向本省其他地区和邻省移居的情况也很常见，民国连城《李氏族谱》中有各房子孙的现居移居情况记载，兹摘引其中若干房为例列表如下①：

房　别	现居人数	移居人数	移居地点
庠士瑚公房	约 40	?	沙县、福州、冯地、贵州、赣州
庠士琦公房	20	24	赣州，又有浦城、太平等地，人数不可考
瑗公房	28	85	广东、江西、浙江、芜湖、永安、长汀、清流、台湾、浦城等
按公房	绝	24	县东之李坑屋
如锦公房	38	26	贵州麻江、湖南永绥州，江西
合计	约 126	约 159	备注：《族谱》对移居外地的人口统计是不完全的

从上表可知，连城李氏家族在原地守祖聚族的人数反不如迁移外地的人数多。这种情况应当说是正常的，因为在原聚居地，地域生存空间是有限的，它所能容纳族人的繁殖人数也是有极限的，超出这个生存极限的族人，必须迁居外地，而向外发展则可能是无限的。因此，外移的族人人数超过原来聚居地族人的人数是理所当然的。根据近代华侨人数的统计，许多家族在海外往往拥有比国内更多的人口。如 1973 年出版的《鲁国颜氏谱史宗亲录》记载，仅永春东平乡东山村颜姓在国外人口有八百多户，六千多人，而在国内仅有两千多人。城郊乡桃溪周姓 1950 年修族谱时登记海外人口四千多人，比国内人口多 1 倍以上。又如永春东门后村郑姓在国外人口达三万多人，而国内人口只有一万多人。城郊乡张埔村李姓 1937 年调查本族人口不足三百人，国外人口则达六百多人②。1926 年台湾人口调查，台湾汉民以闽南人口为主，漳、泉二府籍占汉民总数的 79%③，其数量几与福建漳、泉二府的人口数量相当。台湾北部许多地方的移民来自泉州府安溪县，其人数超过安溪原来家族人数的也不乏其例。

① 参见连城《文川李氏七修族谱》卷三，《总考》。

② 参见颜文推：《永春县华侨出国简史》，载《侨史》，1982（1）。

③ 参见吴壮达：《台湾的开发》。以上转引自苏鑫鸿上揭文。

浓厚的家族观念，使这些迁移外地的族人继续保持原来家族的风俗和传统，结成同乡同族的小圈圈。如广东《韶州府志》记载福建等地的移民，“土俗醇朴，颇知诗书，科目代不乏人。明初地少居人，至成化间，多有闽及江右来入籍者，习尚一本故乡”①。明代后期迁移到江西南赣一带垦种佃租的福建移民，“先代相仍，久者耕一主之田，至子孙十余世，近者五六世、三四世”。乡人、族人团结一气，以至形成“强佃欺主”的现象。② 清代福建人口迁居四川，至今成都仍有一“福建营”的地名。甚至连繁华的苏州阊门一带，也是福建商人聚集的地方；湖北汉口，则活跃着大批龙岩商人和连城商人。这样，天长日久，移居外地的族人，便逐渐在新居地形成了新的家族组织。如泉州清源何氏家族，自宋理宗淳祐年间由始祖何逖基开基温陵浔江以来，子姓不断迁移，几乎遍布八闽各府，仅其子与孙两代，迁移到外地成家族的便有十余人，他们也就成了外植家族的始迁祖。兹将何氏家族这两代子孙迁移外植成家族的情况列表如下页③。外移的族人在新居地形成家族后，大多与原来的家族保持某种形式的联系，如修建大宗祠、祭祀、联谱以及相互支援等等。近代福建沿海各地家族举行比较大型的家族活动，如祭祀盛典、迎神赛会、修祠造庙，甚至械斗打官司等，其经费有相当部分来自海外华侨族人的赞助。在一定意义上可以说，人口的迁移和家族的外植，不但没有削弱家族的实力，而且还壮大了家族的声威。

家族人口突破原居地的局限而不断向外迁移形成新的家族，这种演变情况不止福建如此，南方各省恐怕亦大多如此。福建《谢氏总谱》详载其祖先从晋末由中原迁移江南，又从江南分徙南方各地（福建除外）的情况，其中仅“夷吾一脉”，计在湖南有 47 族、湖北 14 族、云南 3 族、广东 2 族、广西 2 族、江西 19 族、四川 1 族、浙江 17 族、安徽 2 族，回徙河南有 2 族。④ 其他如林、陈、张、郑等大族，也无不存在这种分支徙居不一的状况，最后形成众多的子姓

① 光绪《韶州府志》卷一一，《风俗》。

② 参见魏礼：《魏季子文集》卷八，《与李邑侯书》。

③ 参见泉州《清源何氏谱》，卷首，《源流》。

④ 参见《谢氏总谱》，《源流便览》，《源流迁徙考》。

家族，遍布大江南北以及福建各地。

世次	姓名	移居情况	备注
始祖逖基公生五子（二世）	元镇公	泉州清源山（守祖）。	生七子。
	元钊公	移居惠安埔琦。	
	元钲公	移居漳州府。	生四子。
	元镛公	移居漳州府。	生四子。
	元铉公	移居邵武府光泽县。	
三世	添清公	移居同安县嘉禾，为东澳之祖。	以上为元镇公之子。
	添治公	守祖，稍移泉州浔尾，为浔尾之祖。	
	添润公	守祖，稍移泉州郡城南，为城南之祖。	
	添沮公	移居同安嘉禾再移浦城南溪何浔，为何浔上房之祖。	
	添滆公	同上，为何浔下房之祖。	
	添漪公	同上，移居浦城，再转徙龙溪，为何潭之祖。	
	添洙公	随父移漳州后转徙莲花埔，为莲花埔之祖。	
	添洙公	随父移漳州后转徙莲花埔，为莲花埔之祖。	以上为元钲公之子。
	添泗公	随父移漳州后转徙岳口，为岳口之祖。	
	添淮公	随父移漳州后转徙海澄县浮宫，为浮宫之祖。	以上为元镛公之子。
	添海公	随父移漳州后转徙龙岩县口，为县口之祖。	
	添江公	随父移漳州后转徙黄山脚下，为黄山脚下之祖。	
	添潢公	随父移漳州后转徙南安前路，为前路之祖。	

总而言之，家族的聚族而居与人口的迁移，是宋明以来家族发展的两个方面，二者相辅相成，互为促进。聚族而居为社会人口的流动储备了后续力量，而人口的迁移与家族的外植，则是解决家族

内部冲突和适应社会经济变迁的有效途径，使具有明显封闭、割据性的家族制度，与中国封建社会晚期以至近代的经济发展和社会进步大体上保持同步。这正是近代福建家族制度依然具有很强生命力的一个内在因素。

第十章
家族的祭祖活动

祭祀祖先是中国人的传统习惯，是尊祖敬宗的行动体现。它的历史远比祠堂、族田要悠久得多。而宋元以后家族组织中祠堂、族田的兴起和完善，为家族的祭祖活动提供了制度化的场所和坚实的经济条件，使得传统的祭祖活动更趋规范化和实用化，祭祖活动的社会功能得到了更有效的发挥。

福建民间家族的祭祖方式，大致上可以分为四类：一是家祭，二是墓祭，三是祠祭，四是杂祭。这四种不同层次、不同规模的祭祖方式，组成了家族内部严密而又交错的祭祖网络。[①]

第一，家祭，即以家庭为单位在居室之内举行的祭祖活动，这是福建家族内部最为普遍，也是最为基本的一种祭祖方式。就每个家庭而言，由于居住空间和经济条件的限制，人们对于祖先的怀念和崇拜，其规模不可能很大，因此，家祭的对象，一般仅限于祢、祖、曾、高等三至四代的近亲祖先。如福州《世美吴氏条约》云："列祖神牌，合族鼎刻迎奉进祠……其余支派，各立小木主于寝自祭外，仍照房分，各立小屏一架，刻本派列祖，附祠以享神祫祭。高祖以上则祧之，仍列祀于祠之东西室，每岁中元一大祭。"又如永春官氏家族，上世神主合祀于祠堂，而支派近祖，则"子孙各随小宗世数祀私亲于室"[②]。莆田县白水塘李氏宗族规定祠堂只用于奉祀五代以上的祖先，"若四亲之祀，则各仍私室，

① 关于福建家族的祭祖活动，可参见郑振满：《宋以后福建的祭祖习俗与宗族组织》，载《厦门大学学报》（增刊），1987。

② 永春《官氏族谱》卷一。

兹堂不以入也”[1]。这样，近亲祖先的祭拜就必须在各家的“私室”中进行。我们在华安、安溪一带农村调查时，发现每户人家的厅堂中，普遍设有神祇和祖先的“神主”，左神右祖，依时祭祀。有一些入赘或顾祀双姓的家庭，甚至在家中厅堂中设有双姓近亲祖先的“神主”。

家祭的次数很多，一般在春秋大祭日以及年节朔望日都要举行，而其中尤为隆重的当推忌日祭。每逢祢、祖、曾、高列位祖先忌日，每个家庭不仅要在居室内设祭祝祷，而且往往还要邀集高、曾、祖、祢派下的直属子孙，共同到分祠中设祭供奉。家祭的频频举行，除了体现血缘关系之外，还包含比较浓厚的感情因素。设祭的子孙们，大多与父、祖一起生活过，养育之恩和同甘共苦的往事，历历在目。子孙们通过家祭活动，寄托着对父辈、祖辈的哀思和悼念，感情比较真诚。而对高祖以上的家族祭祀，族人们所包含的感情因素则相对淡薄，更多的只是血缘观念上的形式表现。

第二，墓祭，亦即在祖先墓茔上致祭。墓祭在时间上比较固定，一般是春祭和秋祭两种，平常的日子，族人们是较少在祖先墓茔上活动的。墓茔的祭祀对象大致可分为近祖和远祖两个方面，近祖墓茔的祭祀，即对高、曾、祖、祢四代祖先墓茔的祭祀，与家祭有类似之处。由于这四代祖先与设祭人的血缘关系最为亲近，因此族人们进行墓祭时，难免先亲后疏，首先顾及自己直系近祖墓茔的祭祀。如《闽瓯屯山祖氏宗谱》的《家规》云：“吾族列祖俱起墓祭，奈人各享其亲，乃于清明之日，自祭本支支祖，而始祖墓迟之又久而祭之。”特别是那些经济状况比较贫寒的家族，财力有限，无法对历代祖先的墓茔一一遍祭，这样，频繁的墓祭，就主要集中在高、曾、祖、祢这些直系近祖上。

对于高祖以上的墓茔祭祀，就相对空疏一些。一方面是因为高祖以上的祖先墓茔往往多达数十座以至上百座，族人们势难一一顾及，比较隆重的远祖墓祭，一般都集中在始迁祖的墓茔和若干对家

---

① 莆田《陇西李氏族谱》卷一。

族发展有突出贡献的祖先墓茔上；另一方面，是由于对高祖以上的墓茔的祭祀，规模一般都比较大、费用也较多，不似祖、祢辈的墓祭，儿辈兄弟数人一呼即行，祭毕即归。而高祖以上的墓祭，荫及子孙甚多，特别是始祖墓，涉及全族各房各支，必须有一个全面的安排和合理的组织。如建瓯屯山祖氏家族，凡始祖祭墓，“必于年内拨出银钱，预备来春办祭、颁胙之需，祭期定于清明前十日，庶墓祭有序，而取名充丁者不致雷同”①。叶氏家族醮祭登山拜墓，原系八房同往，“司祭者先期五日通知各房，不拘尊卑长幼，俾后人得以稔识先墓”②。福州三山叶氏家族也是如此，“春秋祭坟定期清明前和霜降前，由轮值簽日先期传知合族，届期均应齐集，年间墓佃各项花彩，春秋拜坟日轮值照章带给”③。

族人们对于近亲祖先的墓祭，也和家祭一样，怀有比较真诚的悼念心情；而对远祖的墓祭，除了强调血缘关系以起到敬宗收族的作用外，还有着向外显示家族力量和树立家族声誉的意义在内。有经济实力的大家族，对于始祖墓和其他远祖墓的祭祀，往往都大张声势，鼓乐齐鸣，宴饮观戏。如浦城房氏家族的春秋墓祭规仪记载：“祀日每房先派一人乘轿登山，先以鼓乐迎，猪羊到起元公妣墓而后直到朝卿公妣墓。祭日猪一羊一，干馔十碗，时果十二品，龙凤汤全色，一斤烛一对，礼生一位，演戏一台，鼓乐四人，读祝文必家附生，以本房之长者主祭，盖尚齿之义也。”④ 武平城北李氏家族是当地有名的望族，其墓祭的仪式更加隆重：

> 清明前一日，省牲值年头家备办，荤素缠碗一十六色、桌盆、全猪一口、大烛、中烛、宝锭、钱帛、檀香、爆竹、手巾、拜铺、鼎杯、汤碗、牙筷、祝扁、吹手等项。
>
> 一、清明日登坟祭祖，凉伞二把、全猪二只、生猪一口、羊一口、香案、祝扁、鸡、鹅、鸭、烟味、果品、宝锭、钱帛、铜鼓、桌盒、大烛、中烛、拜铺、吹手、米饭、熟□十斤，族

① 《闽瓯屯山祖氏宗谱》卷一，《家规》。

② 《南阳济美叶氏家族族潜》，《济美堂族规》。

③ 福州《三山叶氏祠录》，《支祠条规》。

④ 《闽浦房氏族谱》卷一，《朝卿公祭规》。

长轿夫四名，杂夫扛猪等项共二十名。

一、祭帽村刘太始祖妣坟墓，旧规全猪一口……铜鼓，吹手四名，主祭一位，礼生二位，轿夫六名、杂夫六名。①

这浩浩荡荡的墓祭队伍，无疑大大提高了家族和族长们的社会地位。相比之下，有些弱小的家族，由于经济和人力诸方面的条件有限，墓祭活动只能草草了事。如陈盛韶在《问俗录》中记述诏安县的情景："见道旁男女荷酒肉络索而驰，问之，曰：'无蒸尝田，各备数豆，合伯叔以供祭，祭毕即撤馔以退也。'"② 闽北有些家族也因祭田无多，每年墓祭只能由捐资者参与，一般族众，"叔伯兄弟侄辈，虽属某公派下，其向未捐款者，不得与焉"③。因此，各家族各年举行墓祭活动，不仅仅是为了悼念祖先，加强血缘关系，同时，也从另一个侧面反映了家族在社会上的实力和声誉，以及大族与小族之间的潜在竞争。

家族举行春秋墓祭的另一个目的，是定时打扫维修祖先的墓茔。福建民间家族虽然聚族而居，但历代祖茔的坐落，却大多散在各地，即使坐落在家族聚居点附近，一般也都在山上，除了每年的春秋两次祭祀之外，族人们很少来到墓茔上清扫整理，致使许多墓茔杂草丛生，甚至损坏破落。因此，族人们借每年春秋两祭的时机，察看墓茔的四至，以防外人侵占破坏。如武平李氏家族在乾隆年间议定："太始祖妣坟山屡被方姓无耻之徒侵开……年祭祀者本日往返路途远涉，仓皇急遽，未及查踏，致生此弊。今添拨尝田二十拜，为致祭太始祖妣坟墓之用，其往祭者于帽村店下必须住歇一夜，从容致祭。庶得查阅坟山，并免戴星往返之苦也。"④ 当明确先茔坟山未受侵害时，祭祀的族人又可以对荒芜的先茔作一次比较认真的清扫和维修。因此，在福建的俗语中，人们把春秋祭墓又称为"扫墓"。

有些大姓巨族为了显示家族的地位和声望，还在祖墓旁建造庵

---

① 武平《城北李氏族谱》卷末，《祭规》。

② 陈盛韶：《问俗录》卷四，《诏安县》。

③ 《璜溪葛氏宗谱》第六册，《说明瓯置祭田享祀原由》。

④ 武平《李氏族谱》卷末，《祭规》。

祠。如崇安县各家族，“葬其祖祢或远在百里，或数十里，或三四里，则各竖小宇于墓之左近，名曰冢庵”[1]。沿海林氏家族，也在其入闽始祖林禄的墓旁，建立墓祠，“因割墓前地给沙门为启精庐”[2]。为了加强对祖先坟墓和墓庵祠的管理，有些大家族还专门雇用一些贫民，长年看守祖茔墓庵，称为墓佃。家族以主人的身份，往往把小块土地租给墓佃，而墓佃从此必须为田主即家族看管、守卫坟墓，并在田主家族扫墓祭祀时为其执役服务。如泉州苏氏家族，在晋江县三十六都洪园乡有祖茔一所，“付与墓丁叶积、当哥等兄弟看守扫净，其茔前及左右产园五丘，付墓丁耕种，每年定税银八钱，仍还为看守之资……其遗荫树木不许私受与附近少壮之人戕砍及放纵牛羊践踏打晒禾麦于墓庭之内，如有不遵等情，听（苏）衙闻官究治，别召他人看守”[3]。再如邵武樵西何氏家族，在光泽县二都上小源有祖墓一处，每年将墓田数亩召墓佃梁文球耕种，而梁文球在给何氏家族长年看守坟墓的同时，还得在春秋祭日为何氏家族做以下这些事情：

> 一、备办祭仪……何姓祭仪定猪肉五斤，外装饭肉一斤，鸡一只二斤，重俱十六两官秤，塘鱼一尾，秋鱼二斤，蛋八个，饭糍随吃，酒随饮，牙豆、豆腐等菜随办。
>
> 一、办路费铜钱二百六十文与何姓。
>
> 一、扫除三都虎跳及垣子坑佛赛三处坟茔草木，并担祭仪盛登各处山场，梁姓不得推诿。
>
> 一、垣子坑何姓祖坟山场，倘有附近人戕害，代为通知，毋得隐瞒并照。[4]

这种墓丁、墓佃，有的家族可拥有多达数十家以至上百家。如我们曾见《风池林氏族谱》，内载该族第一世祖自明代嘉靖年间至第十四代民国时期，列祖坟墓达百余座，均有墓佃看守管理，族谱内详载

---

① 崇安《吴氏家乘》，《祠堂考》。
② 《林氏宗谱》，《凤林寺记》。
③ 泉州《苏氏族谱》卷四。
④ 《樵西古潭何氏宗谱》卷尾三，《契券》。

各墓佃姓名住址者近百人。这些墓丁、墓佃往往是世代相传的，如陈氏家族的墓佃张姓，至乾隆年间已“历有百年有余”①。福州《何氏族谱》中有一光绪年间的看守坟墓契约，内称自乾隆嘉庆以来，墓佃原永彩历代子孙为何氏家族看守坟墓，几达二百年②。有的墓佃甚至在立契之时，便已认定“自愿子子孙孙相接看守”③。福建省各巨族大姓雇用和役使这种隶属依附关系很强的墓佃，一方面对于保护家族的先墓、方便墓祭活动的进行，起了一定的作用；而另一方面，不同阶层的家族成员在墓佃的服务下，过着短暂的主人般的生活，高贵的欲望在这充满血缘色彩的墓祭活动中得到了某种程度的满足。

第三，祠祭，亦即在祖祠之内致祭。祠堂是供设祖先神主牌位的地方，象征着祖先的存在。同时，祠堂又是家族组织进行各种事务活动的中心场所，因此，在家族的四类祭祀中，祠祭是最正规化的一种。它既不像家祭那样随便，也不像墓祭那样受到经济条件的影响，一般言之，每逢春秋二祭，不论是巨族还是寒族，对于祠祭都是十分郑重的。家祭以个体家庭为中心，墓祭或因路途远，参加人数有限，许多墓祭往往由各房、各支房房长或选派代表参加。浦城叶氏家族每年往松溪县祭遇华公墓，“每房许派一人，每人给胙肉三斤；上下洋怀员公、明馨公及各祖墓，每房亦派一人登山，每人亦给胙肉三斤；至募太里各祖墓，每房亦派一人登山”④。刘氏家族每年于“先祖坟茔清明之日，首事须备猪羊，同熙三公子孙二人，熙六公子孙二人，登山拜扫”⑤。而祠祭则几乎涉及阖族、阖房的每一位族丁，参加人数是最多的。浦城刘氏家族规定：“祭祀先祖，所以报本始慰后嗣也。今阖祠其祀固在人人展其虑思……今与众议，祭祀之日，凡我族人尚其少长咸集，必诚必敬”⑥。福州郭氏家族规定每年正月春天祠祭，“凡非吉凶大事及奉公供事外出未回者，临期

① 《陈江陈氏五房五家谱》契抄。

② 参见福州《龙田何氏台石派五房家谱》。

③ 福州《龙田何氏支谱》，《坟茔》。

④ 《南阳济美叶氏家族族谱》，《济美堂族规》。

⑤⑥ 浦城《刘氏四修族谱》卷五，《祠规》。

不到，每丁罚钱二百文……合族致祭宴会……为族众聚首，使子孙面善而不致失序”①。

祠堂祭祀一般比较讲究繁文缛节，在一些士绅学子比较集中的大家族，其祠堂的祭祀仪式引经据典，大多套用官府和孔庙的祭祀仪式。如福州叶氏家族祠规中记载的祠祭仪式是这样的：

> 届日主人率领族姓盛服入俟于庭，执事者列豆笾尊爵于案，陈祭文于祝案，实水于盘加中。赞就位，主人盥诣位，族姓按尊卑各就位。赞迎神，主人跪，族姓皆跪。执事二人，一奉香，一挹尊酌酒诣主人，左右进香，主人上香进爵，主人酹酒于地，返爵于执事，及族姓行三叩礼。赞初献，主人跪，族姓皆跪，执事者奉爵，主人献爵，分献者诣两旁龛室，焚香献酒行三叩礼，讫，复位。赞续祭文，祝续文讫，主人以下跪行三叩礼兴。赞亚献，主人及族姓皆跪，执事者奉爵，主人献爵，行三叩礼兴，分献者诣两旁龛室，献讫复位，行三叩礼兴。赞三献，主人及族姓皆跪，执事者奉爵，主人受爵，行三叩礼兴，分献者诣两旁龛室，献讫复位，行三叩礼兴。赞受嘏，主人及族姓皆跪祝，取神案酒馔代祖考致嘏于主人，主人碎酒尝食反器于祝，行三叩礼兴。赞送神，主人及族姓跪，行三叩礼兴。赞望燎，执事者取祭文杂帛燎于庭，主人及族姓均退避，由东阶降，主人诣燎位视燎毕各退。②

通过这庄严的祠祭仪式，死去的祖先们固然得以尽情地享受子孙们供奉的香火，而在世的族长们的显赫地位和族人们的上下尊卑伦序血缘关系，也在仪式中又一次得到体现。当祠祭结束后，一般都要举行宴会，凡是参加祠祭的族姓，都可以参加这种由公费开支的宴席。如叶氏宗祠规定春秋二祭定章：“席连饭每桌一千文，四菜碟二只碗六大碗一菜汤，按实到人数酌办。”③泉州苏氏家族的祭席，“以十二味为准……牛肉、牛蹄、牛肋、牛腰、牛脯、牛头狮、鸡肉、

① 福州《郭氏支谱》卷七，《家规》。

②③ 福州《三山叶氏祠录》，《春秋丁祭仪节》。

鸭肉、猪肉、羊肉、海鱼、海鲟、糕、粑、菜二、果子二盏、粉汤”，“只要新鲜，不可以失时之物抵数”[①]。族人们“依次序宴会”，享用丰盛的酒菜和供品，加深了相互间的感情。

祠祭的春秋日期因族而异，有的家族为了把祠祭举行得更隆重，多把春祭的日期安排在新春正月，把祠祭活动与春节、元宵等新正节日结合起来，人们在祭祀祖先的同时，举行各种团拜活动。如福州郭氏家族，“正月朔日支无亲疏，丁无老幼，沿门拜贺，使子姓面善……递年期于正月十五日择族中厅事宽大者，共主一神主……合族毕集祭祖团拜，即以祭品设席宴乐，六人共桌”[②]。叶氏家族的祠堂春祭日定为正月十五日，而与祠祭相配合的是元宵团拜，“十一日本祠团拜，各宜整肃衣冠，准酉刻齐集，各房随带大烛一合”[③]。家族祭祖与团拜、宴饮的相互配合，其敬宗收族的效果更加显著。

祠祭所涉及的范围不仅是同一地域内聚族而居的同宗族人，还有超地域的宗祠大联祭，其规模尤为庞大。如仙游县“黄大宗祠”，建于雍正十二年（1734），由全县黄姓“接牌立主置产，岁时致祭”，至民国年间，共设 686 牌，派下子孙散居三十余村，分为六大房轮流致祭[④]。林氏宗姓曾在省城福州建立林大宗祠，“庙宇辉煌”[⑤]，每年祠祭日，省城及外方林姓族人均来参加，热闹非凡。永定县古竹乡高东村江姓的东峰公祠祭，至今已有四百二十多年的历史，江氏东峰公繁衍的后代迄今已超过五千人，散居在永定县境内的高东、月流、陈东，厦门的港尾，台湾地区的台北、新竹、台南，香港、澳门地区以及缅甸、泰国、印度尼西亚、澳大利亚诸国，“一到祭期，在家里的亲属不说，外出的子孙，甚至远居香港、澳门和国外的，也都想方设法赶回家园参加祭仪，以示对上祖孝敬之诚，代代相承，久之成俗”[⑥]。显然，这些来自四面八方的族人，平时的血缘关系已经相当淡薄，但通过共同建祠祭祀，宗亲关系还是得到了长久的维持。

---

① 《燕支苏氏族谱》卷一二。

② 福州《郭氏支谱》卷首，《明天房志拜公议行团拜礼》。

③ 福州《三山叶氏祠录》，《春秋丁祭仪节》。

④ 参见《仙溪黄大宗祠公簿》。

⑤ 《林氏宗谱》，《重建晋安郡王祠堂序》。

⑥ 参见江南桔：《高东江姓海内外裔众祭祀东峰公记盛》，载《永定文史资料》第七辑。

第四，杂祭。家族祭祀祖先除了以上这三种比较规范化的活动外，还有许多不规则、非定时的祭奉荐享等，特别是每逢家人或族人有喜庆大事，如添丁、中举、婚娶、架屋等，一般都要举行祭祖活动，向祖先报喜，在一些比较虔诚的人家，一年中甚至连春秋收获、杀猪宰牛、子孙逢十诞寿等等，也都要举行祭祖活动，以示不忘祖先的佑护。如永定邵氏家族，“时祭而外，又有正至朔望之参，俗节时食之献。其他有事则祭，如生子、娶妇、上官、焚黄之类，不一焉”①。泉州梅洲陈氏家族，“四时之祭，吾泉中大率皆用俗节之祭……节祭有元旦之祭，有元旦后三日三大房之岁饭，三月有清明之节祭，七月有中元之祭，十二月有除夕之祭。其余端午献粽，六月献荔枝，七月献瓜，谷熟献新米饭，冬至献圆，皆荐也”②。

在这众多的杂祭中，最隆重的要算是七月中元的鬼祭和不定期的拜忏。七月十五日中元节，福建俗称“鬼节”，又称“盂兰盆会”。传说阴间对尚未超生的鬼实行例假，这些尚未超生的鬼纷纷出来求食，接受家族和子孙们的奉荐。福建民间又称鬼在阴间一年中只要饱食一餐，便可终年不饥。于是，子孙们为了在这难得的时间内让死去的祖先们尽情享用，便大肆铺张，山珍海味，纸钱楮币，应有尽有。如兴化府，“最重中元节，家设楮帛冥衣，具列先人，号祭而燎之，至莆田则又清晨陈设甚严，子孙具冠服出门，望空揖让，磬折导神以入祭，毕复送之出，虽云孝思之诚然，亦近于戏矣”③。建宁府，“中元节家悬祖先遗像致祭，焚楮币，僧人以是日作盂兰盆会”④。延平府，“中元祀先，焚楮钱、楮衣冠女子，是日送以祀其先父母”⑤。中元节的鬼祭，尤以闽南泉州一带为隆盛。清末泉州进士吴增作《泉俗激刺篇》内有《盂兰会》云：“流俗多喜怪，不怕天诛怕鬼害，七月竟作盂兰会。盂兰会，年年忙，纸满筐，酒满觞，刳鱼鳖，宰猪羊，僧拜忏，戏登场，烟花彻夜光。小乡钱用数百万，大乡钱用千万强。”⑥ 这大量的山珍海味虽说是供奉给祖先的，但实

① 永定《邵氏世谱》，《祭事考》。

② 泉州《梅洲陈氏族谱》，《陈氏祭法》。

③④⑤ 重纂《福建通志》卷五五，《风俗志》。

⑥ 转引自《泉州文史》，1984（5）。

际上是在世的子孙们大吃大喝。这种隆重而又铺张的中元鬼祭，又成了家族的一次大宴饮。为了联络族人们的感情，各个家族往往把中元鬼祭的具体时间按各房顺序错开，如长房于七月十二日举行鬼祭，二房便于十三日举行，三房于十四日举行，四房于十五日举行，多房的家族依此类推。当长房于十二日举行鬼祭时，二、三、四诸房的子孙便先可到一房聚会吃喝，而次日二房举行，一房与其他各房同样到二房聚会吃喝。如此遍轮一次，熙熙攘攘，热闹非凡。有的大家族丁众房多，往往要从七月初一直轮到月终。因此，在沿海一带，人们又把中元鬼祭俗称为“普渡”。泉州普渡不但每年七月有“正普”，五六月就要“竖旗招鬼引魂”，八月又要“重普”，此外有“小普”、“大普”等名目。这种普渡固然有追奉祖先、加强族人血缘感情的意义，但经济上的浪费是相当严重的。直到新中国成立以后，每逢七月，各级政府都要下达公文和在报纸上宣传一下，劝诫人们不要大肆铺张“普渡”，可见这种习俗的根深蒂固及其浪费的严重性。

拜忏，俗称“做功德”，即子孙为了死去的祖先们能够在阴间有一个比较优裕的生活条件而举行的一种祭祀。这种祭祀一般规模都很大，费用也很多，因此只能在若干年举行一次，并且大多采取族内集资合作的形式。首先，由参加拜忏活动的族人们推举一个临时经理小组，负担经费的筹集和事件的安排。接着，邀请若干名民间雕塑扎纸艺人，营造偶像和纸建筑。用纸和竹扎成的房屋，完全按世间最流行豪华的式样营造。在新中国成立以前，此类纸房，一般都是中国传统的大夫第式样，在大夫第四周，配上纸石狮、门楼、旗杆、放生池，以及大轿、高马华车，还有各类男女仆人在房内外忙碌伺候。前些年，我们曾到泉州惠安县一带作实地调查，这种纸竹建筑有很大的改变，除了传统的中国式房屋外，还有多层的洋楼建筑，大轿和马车等换成了小汽车、电视机、电冰箱之类。还有篮球场、乒乓房等体育设施。这些豪华的纸竹建筑造成后，请来一大班僧人或道士，举行七日的法、道场，族人们根据僧人和道士的需要，手捧着香、烛，频频向祖先跪拜行礼。最后，法、道场结束，功德圆满，纸竹建筑和偶像以及纸钱楮币等，统统付之一炬，送往阴间让祖先们享用，祖先们在阴间的生活从此得到了满意的解决。

福建民间家族的祭祖活动，确实对强化家族内部的凝集力起了重要的作用，特别是这些祭祖活动，往往与家族的群宴团乐结合在一起，更使得族人们在血缘关系的精神纽带联结下，一团和气，情义欢洽。如建阳的《周氏宗谱》记祭祀的作用云："立祭田以为先庙、先茔、蒸尝、忌日之需，三房以次第以供祀事，岁时节序，骨肉团乐，满堂宴笑，则分明而情不狎，恩浓而怨不生，先业庶乎可保，而诸子亦庶克树立矣。"①《李氏宗谱》亦云："子孙相继十七代，现有一千余丁，以供祭祀，则群安于寝，少奉长，老抚幼，欢然相爱也。"②

祭祖是通过崇拜祖先来达到聚族的目的，从表面上看，祭祖是一种精神活动，但在实际上，祭祖活动需要雄厚的物质条件为后盾，物质条件的好坏，直接影响到祭祖的规模和隆盛程度，因此，经济因素与祭祖活动的潜在关系，也是不容忽视的。

笔者曾对福建族谱中的祭祖对象做过分析，发现在各个家族的众多祖先中，除了肇基始祖和曾、高等近亲祖先受到重视外，自始迁祖以下，曾、高近祖以上的历代祖先，并不是每一位都受到隆重祭祀的。这些祖先受到后人隆重祭祀的一个最重要标准，是取决于他们对家族发展所作出的贡献，特别是对祭田的贡献程度，也就是说如某一位祖先在世时为扩展家族的祭田做出了突出的贡献，那么他受到后人崇祀的可能性也就越大。郑振满同志把闽北的家族祭田分为"特祭"和"合祭"两类，这是很有见地的。所谓"特祭"，就是某一祖先自己提留祭产，后代子孙便用这些祭产为这位祖先"特祭"；反之，无力提留祭产的祖先，便不能享受到后代子孙"特祭"的待遇。在闽北有些较为古老的家族，历代分房子孙不下数千，而能够为后人留下祭产的人不过数十人。③ 理所当然，这数十名提留祭产之人便成为被后辈子孙隆重祭祀的对象，而一般无力提留祭产

---

① 《周氏宗谱》卷首。

② 《李氏宗谱》卷首，《世系图序》。

③ 参见郑振满：《明清闽北乡族地主经济的发展》，载《明清福建社会与乡村经济》。

的人，便只能享受挂名的“合祭”。我们曾调查过连城的张氏家族，这个家族每年受到隆重祭奉的祖先，除了肇基祖外，主要是明代中叶时为家族大量购置族田和兴建祠堂的希周公和希孟公，而其他没有突出贡献的祖先，大体只是“附祀”而已。

这种以对家族贡献来衡量祭祀对象的做法，在祠堂的设主入祠方面表现得尤为突出。连城张氏家族在《族规》中写道：“议于寝堂之东西设立二龛，东龛祀有功祖宗者，西龛祀乡贤，但必经众公议佥同方许入主。东龛必创修祠宇、乐输祀田扩大蒸尝之类关系家庙者，微功薄劳不得冒滥。西龛必绅衿中有言行交修道明德立如著述行世，泽被合族，及出仕著有功勋已入名宦之类，确实有据者。人力营谋不许混入。”① 这里，在祠堂中受祠者，除了开基始祖及众房共有的祖先外，主要是士绅与创修祠宇捐输族田者。这样的神主入祀标准，其功利的因素是相当明显的。再如福州三山叶氏家族，该祠堂为宫詹公而建，“申公一世，则七房所自衍；昌公一世，则二十五房所自衍；皆立主无待议。昌公以下，子姓繁多，若一概置主，龛位既虑难容，盛典亦邻于亵，其不能不加区别者，理也”②。因此，该族经过公议，制定了《入祠条规》，限定以下这些人死后神主方可入祭受祀：

> 一、科甲出身登仕版者及未登仕版举孝廉、副、优、拔，凡列榜者，本身及其父入祀，除加衔加级不计外，实官至二三品者，其祖并入祀，至一品者，其曾祖并入祀，遵朝典封赠一代二代三代之例。
>
> 一、不由科甲出身或军功议叙，或援例纳粟外官道府同通州县已补缺或署任者，京官六部主事员外郎中已补缺者，本身并其父入祀，除加衔加级不计外，实官至二三品者其祖并入祀，至一品者其曾祖并入祀，如科甲出身之例。其京外各杂官虽得缺不与。
>
> 一、岁恩贡廪增附生员或军功议叙，或援例纳粟官儒学训

① 连城新泉《张氏族谱》卷首，《族规条款》。

② 《三山叶氏祠录》，《支祠条例》。

导已补缺或署任者，本身及其父入祠。

一、由武进士出身者如文科甲例，武职行伍并重，除加衔加级及候补人员不计外，实在至游击以上者，本身并其父入祀，至总兵者其祖并入祀，至提督者其曾祖并入祀。

一、岁恩贡廪增附生员，年七十以上者，无论已邀未邀钦赏，均入祀，木主内直书明年岁。

一、年享期颐例应咨请建坊者，不论官爵科第入祀，木主直书明年岁。

一、捐置祭产祭田银至一千两以上者，不论官爵科第，议功入祠，二千两以上者其本身并其父入祀，三千两以上者本身并其祖父入祀，但捐数虽多，不得逾祖、父二代，以昭限制。其愿将本身祀典追祀先世者，听其自主。

一、孝妇节妇奉旨旌奖者分祀右龛，其应合主附祀者不另立主。

一、七房外昌公以上一概立主分祀左龛，昌公以下嗣后入主附祀，应遵照条例如前。①

从家族整体利益来说，家族士绅学士辈出，向义捐献者不断，无疑对家族制度的发展起了决定性的推动作用，他们理当受到后辈子孙的隆重祭祀。但是能够为家族作出如此贡献的人，不外是官僚士绅、地主富商们，一般的族人自顾生计不暇，焉能建功立业于家族？因此，叶氏家族虽然也规定“年享期颐（百岁）”及孝妇节妇有入祀祠堂的资格，但祖先受后人祭祀的最主要标准，仍然是以政治、经济的地位来衡量。至于一般的族人，虽然有“立主附祀”的资格，但必须“交喜金一十千文以充公款”，附祀的资格不啻是用金钱买来的。我们曾调查过华安县华丰镇草坂村的李氏家族，他们的祖祠中除了祭祀通族共同的开基远祖外，分房以下的子孙去世，也是以交纳银钱或捐纳田租为条件而取得入祀的资格，一般的贫穷人家，虽去世者辈分甚高，但因交纳不起银钱谷物，其神主始终只能由其直系子孙在各自家中“私祀”。

① 福州《三山叶氏祠录》卷四，《入祠条规》。

当然，福建的家族祭祖受到功利因素的影响，多少有些偏离了“敬宗收族”的宗旨，但是这种做法对于推动家族祭祀的长期延续却不无意义。一方面，有政治、经济地位的祖先们因自己为家族事业作出贡献而获得身后的声誉，受到族人的祟祀，起到了劝善扬德的作用；另一方面，先人们的建功立业，直接为后人的祭祖活动创造了条件，祖先开创祠堂留下祭产，既方便了祭祀活动的不间断举行，同时也使后辈族人在某种程度上体验到家族的存在，并享受到一定的经济利益。人们通过祭祀、宴饮、颁胙，不能不更加怀念这些为后人留下业绩、祭产的祖先。这样，在祖先和子孙双方面因素的交互作用下，家族的祭祖活动得以长期地延续下去，特别是家族对于那些为后人留下遗产和业绩的祖先的祭祀优待，增强了家族成员为家族作出贡献的责任感和荣誉感。从这点上看，福建家族祭祖中的功利因素，对于家族制度的发展以及祭祖活动的久盛不衰，都不无益处。

第十一章
家族的宗教信仰

福建民间的宗教信仰与家族制度的关系至为密切，而这种与家族制度关系密切的民间宗教信仰活动，同样带有浓厚的实用功利性色彩。

从整体上说，福建民间的宗教信仰，也和中国的大部分地区一样，大致可以分为五大类型：一、从西方传进的基督教（包括天主教等其他教派）；二、伊斯兰教（回教）；三、佛教；四、道教；五、各类神魔鬼怪。但由于西方的基督教和伊斯兰教的教义与中国传统的文化思想和家族制度的价值观念差异甚大，因此这两种宗教历来受到福建大部分人民的强烈抵制，社会影响比较微弱。许多家族甚至在族规、告示中明文禁止族人奉仰基督教。如福安县甘棠堡的林、陈、郑诸家族，即因西洋教的传入而会议修建“名宦乡贤遗爱祠”，企图以中国传统的教化来抗衡西洋教的侵入。他们在《遗爱祠记》中写道：“福安地处海滨，一害于明代倭寇，生灵涂炭，几靡孑遗；一害于邪教流入中原……方今中外一家，福安数百年桴鼓不惊，独邪教之害更甚于倭患。自非良有司与夫邑之贤士大夫廓清救正之，恐人心之陷溺，必将有不可问者。”① 再加上清代福建地方官府也屡次下文限制或禁止基督教的传播，所以基督教与福建民间社会和家族组织的关系相对淡薄。伊斯兰教的传播虽然与某些阿拉伯人的后裔家族有着密切的联系，如泉州地区的丁姓、郭姓家族，历代相袭信奉伊斯兰教，

---

① 民国《甘棠堡琐记》卷下。

但这种情况仅局限在很有限的几个家族内。

佛教和道教的传播在福建比较普遍，为时亦早，差不多是在汉、唐以来北方士民迁居福建过程中同时进行的，随着福建地区的开发和日趋繁荣，佛寺道观也在福建各地陆续涌现。福建现存的一些著名寺院，如厦门的南普陀寺、泉州的开元寺、福州鼓山的涌泉寺、福宁的支提寺、莆田的广化寺，安海的龙山寺等，其悠久的历史和雄伟壮丽的建筑规模，都堪与全国第一流的寺院媲美。

然而，这些大型而正统的佛寺道观，素来与士大夫和封建官府的关系比较密切，对于一般的民间家族来说，关系则比较疏远。这一方面是因为这类大型的寺院是超家族、超地域的；另一方面，这些较正统的佛、道偶像，不可能偏袒某一个家族，而家族宗教信仰的目的，是希望某些神灵偶像能够对于本家族提供比较特殊的护佑。因此，在福建民间的宗教信仰中，那些比较正统的佛、道、儒三教及其比较大型的寺院，人们对它的态度大多是敬而远之，或是拜奉有节。相反，那些属于家族、乡族所有的寺庙，包括佛寺道观，以及许多莫名其妙的旁门左道、神魔鬼怪的偶像，却受到族人、乡人的倍加崇拜，香火缭绕，盛典不绝。

福建民间宗教信仰之所以出现这样的状况，也是与福建家族制度的演变发展过程相适应的。长时期的乡族割据，使人们不仅要依靠本家族自身的力量，而且还要利用政治的、思想的以及宗教信仰的力量，来巩固家族的社会地位，在激烈竞争的动荡社会中谋得生存和发展。正因为如此，人们宗教信仰的目的，也是以维护本家族及其族人、乡人的安全和利益为核心的，他们希望通过对各自所信仰的神祇的崇拜，加强家族内部的团结和控制，保护本家族的势力范围和利益，甚至有利于家族的对外扩张。在这样的社会心理状态下，福建民间家族的宗教信仰和迷信崇拜，就不能不日益趋向实用性和功利性，对于正统宗教的神圣信仰从而日趋淡薄。

在这浓厚的实用功利性色彩的笼罩下，家族寺庙的修建成了福建家族组织的一个重要任务。如建阳徐氏家族建有龙凤庵，“创自宋代，我族内檀越也”[①]。政和县游氏家族建有云峰寺，“立此寺者，乃我祖讳文公也……我族家庙也”[②]。浦城陈氏家族，创家庙“始自二十五世珠位寿六公，于大元之时所建，更置山田……名普济寺”[③]。锦塘王氏家族，也在宋代祥符元祐年间，“修王陵建墓庵，曰莲花永兴寺，择四僧人居焉”[④]。至新中国成立前夕，福建民间尚未建立家庙、乡庙的乡族，是十分罕见的。

为了体现寺庙的家有、族有性质，福建各家族往往在家庙、族庙中供奉祖先的牌位，使寺庙与家祠结合起来。如林氏家族的凤林寺，供奉其入闽始祖林禄神像，“缅怀列祖，乐哉斯邱，厥有佳城”[⑤]。建瓯葛氏家族的上冲寺，“玉溪之南距乡里许，有山名上冲者，为葛姓祖坟禁地，明嘉靖间其六世祖佛重公尝相地于此，建立家庙，内前奉三世如来法身，右偏上厅祀公遗相，其下则族中子弟读书之斋”[⑥]，可谓一举三得。建阳陈氏家族的普济寺，“塑有灵感观音圣母，考妣神像，葬母张氏、继母康王安人之茔而并祀也”[⑦]。类似的家庙、族庙，有的家族多达数座甚至数十座。如我们曾经调查过惠安北部十三都的陈氏家族。这个家族现有人口三千余，族内共有福德正神庙、东岳宫、相公祠、姑妈庵、关帝庙、天妃宫、祖师庙、九峰宫、三教祠等，另外还有各房所属的斋堂七座。又如莆田的戴氏家族，族内的寺庙有戴公庙、状元庙、天妃宫、三教祠、广济庵、半月堂、城隍庙等十余座。惠安山腰乡的庄氏家族，族人达万人，各类寺庙、斋堂，据云不下五十座。

为了促进族庙的修建，加强族庙的控制，福建各家族往往都筹集有专门的经费和设立寺田、庙田等固定财产，以供族庙的长年使用，并雇请庙祝和僧人来负责族庙的日常管理。如锦塘王氏家族的

---

① 建阳《徐氏宗谱》卷首，《家庙》。
② 民国《政和县志》卷二，《疆域志》。
③ 浦城《陈氏家谱》，《竹林东山坟祠叙》。
④ 《锦塘王氏族谱》卷三。
⑤ 《林氏宗谱》，《凤林寺记》。
⑥ 《璜溪葛氏宗谱》，《上冲寺元翁讲堂记》。
⑦ 建阳《陈氏宗谱》卷二。

莲花永兴寺，“给田产供寺僧以伺香灯，招乡民王永福等十二家以充墓宾，辟田五百亩于战坂乡，与之佃，以供蒸尝”①。建瓯祖氏家庙的凌云庙，“立佃田三段于苦竹坑坋，计完苗外，岁得谷六十余石，可足僧徒一岁日食之需，香灯赖是其有永矣”②。那些管理族庙、家庙的僧侣道士们，由于系家族所雇请，实际上成了家族私属的执役人。家族与寺庙管理者之间，往往订有严格的契约加以约束。举建瓯葛氏家族上冲寺的条规为例：

> 本寺司事二人奉祀香火，年给俸薪以酬其劳，一佛童公香一盒，三宝佛香一盒，华光天王香一盒，按日焚烧，不得间断。
>
> 一、本寺……殿内尘埃飞坠，时加扫除，门前荒草迷离，尤当芟刬，勿得疏忽，致失雅观。
>
> 一、上冲暗窠山金星虎山诸墓，每际清明前及八月间，务要将墓庐扫除净尽，便族人致祭，不得有误。
>
> 一、上冲虎山两处林木地土封禁已久，尤宜照顾，若有盗砍盗葬者，无论本族异族人等，均须报知，以凭核办，不得徇情。
>
> 一、每日作炊只许取枯木焚烧，不得砍伐生枝，藉名多砍变卖得利，违者罚办。
>
> 一、本寺离乡里许，偶黑夜有歹人借宿，即须报知，便族人拘追，不得窝藏，致累祸及，违者罚办。③

邵武何氏家族在光泽境内有一座南山庵，买置有一部分庵田，交与管庵的僧众耕种收成。这个家族对该庵僧众执役的规定也很苛刻：“每年正月初二日，（僧人）到各户贺春，住祠者待午饭”，“请吾族六股子孙，每股一人，到庵饮酒，以便清查交盘”，“清明三日祭南家台始迁祖癸三伯继公神像及张氏祖婆坟墓，每股一人至庐主祭，其祭仪系住庐之人备办”。其他还有秋祭、冬斋等，僧人也得如规做

① 《锦塘王氏族谱》卷三。
② 《闽瓯屯山祖氏宗谱》卷八，《香田记》。
③ 《璜溪葛氏宗谱》卷首，《家庙》。

好各种准备和侍奉。最后条规还着重强调："春、冬二季饮福规条，不得减少，钱粮粮米不得拖欠，如有刁顽者，驱逐另召。"① 这种管庵的僧人，实际上就是家族的佃仆而已。家族通过这种手段，不仅方便了族庙的使用，而且把寺庙的控制权牢牢地掌握在家族组织手中。

福建家族寺庙里供奉的偶像是十分芜杂的，正统的佛、道偶像如三世如来、罗汉观音以及三清教主等，固然在许多族庙、家庙中摆设上座，但更多的偶像，却是那些神话人物、鬼怪妖魔。家族供奉这些莫名其妙的偶像，既不像欧洲的天主教、基督教等有比较固定的教派和各自的教义，也不像伊斯兰教和纯粹的佛教那般虔诚专一，而是以是否对家族、族人有利这一点作为奉祀的主要标准。根据我们的调查，在福建家族寺庙中最受崇拜的偶像，大多属于两大类型：一是如关帝、华光大帝、天妃、观音菩萨、清水祖师、三坪祖师、保生大帝以及齐天大圣孙悟空等。这些神祇或是孔武有力、法力广大，或是善于驱邪除妖、佑护平安。二是被认为与本家族有某些渊源关系的神祇，或是本族的同姓同宗，或是与本姓氏在历史上有过某些亲缘关系以及恩德相济等等。各个家族相信，供奉这类与本家族有"关联"的神祇，无疑对于保护本家族的安全和利益最有帮助。我们曾调查过惠安县北部的许多家族，吴姓聚居地所供奉的神祇称为"吴大帝"，陈姓家族所供奉的则称为"陈公爷"。某个罗氏家族，其家族寺庙内竟供奉着"丐王爷"。丐王爷姓罗名敷，五代时人，原是杭州吴越王和福州闽王的朋友，能诗善文，无奈禀性懒惰，不愿为官，甘心为丐，成为闽浙各地乞丐的首领。据说罗敷身有天子口，出口成章，言无不应，至今福建民间流传许多有关这位丐王爷罗敷的神话。② 罗氏家族以同姓相攀，建造丐王庙，企图借助丐王爷的神通，保护家族的兴旺发达。再如永定湖坑宫背村李氏家族，有一座"马额宫"，供奉"康太保刘汉公王"神像。"乡间相传一段神话，说（李）积玉当年在湖坑八景之一的'马额青草'

---

① 《樵西古潭何氏宗谱》卷尾三，《南山庵规仪》。

② 关于罗敷事迹，请参见《闽都别记》。

上休息时，忽见朵朵祥云在蓝天上组成‘康太保刘汉’五个大字，他便在祥云降临处建一庙，取名‘马额庙’，塑起康太保刘汉公王神像。此后，李氏世代虔诚敬奉，香烟不绝，每隔三年作一次‘大福’，热闹极了。自此，李氏家族繁衍迅速，代代兴旺云云。”① 长乐县梅花所蔡氏家族奉祀蔡夫人，据云蔡夫人乃“琉球入贡之女也，生时有文在掌，云东涌起风沙”，曾因入贡暂住梅花所，得道升天，蔡氏族人并邻近乡人便“立庙祀之”②。再如义山黄氏宗族，有一座将军庙，香火极盛，但有关这些神祇的由来，也只是传说而已。该族谱载《将军庙志》云：“吾乡之有将军庙，实始于乾隆之初年，其神相传为宋室荩臣张、杨、李三公，当胡元猖獗之时，追宋君臣入于我闽，而相继为殉也……神极灵，吾乡或祷祀祈求，罔不效验如响斯应，由是香火日盛，奉祀日虔，年例二月初旬出巡，乡之人无不观悦慕迎。”③

有些家族寺庙中所供奉的神祇，其姓氏来历甚至连一般族人也不甚了了，但却人拜亦拜，热闹非凡。在这样的场合，人们并不关心自己所崇拜的神祇到底宣扬什么教义精神，只要神祇们有求必应、赐福消灾就足够了。

在若干个关系比较融洽的家族聚居的地域内，民间宗教信仰活动往往又是通过乡族组织进行的。如福安县甘棠堡，聚居着郑、林、薛、陈、刘、蔡等二十余个姓氏，这里的各种寺庙共有数十座，其中比较重要的有朝阳宫华光大帝、宝莲堂、喜雨堂、花果龙王庙、五谷仙公庙、平麓祖师、薛厝宫、关圣庙、平水宫、天后宫、齐天大圣、临水宫、两莲庵、洙溪庵、坐莲庵、种德堂、莲花庵、忠平侯、得道禅师、白莲堂五位尊夫人、石榴二位将军、李施三位夫人以及虎、马将军等。这众多的寺庙神祇中，有的是通堡共有的，如华光大帝、天后宫、关圣庙等，有的是各个家族所私有的，如薛厝宫、得道禅师、忠平侯等。在这些神祇中，据说最神灵的是华光大帝、天后以及虎、马将军，他们在保护甘棠堡的安全方面起了很大

① 转引自林添华：《李登辉祖籍地永定湖坑游访录》，载《福建史志》，1988（5）。

② 长乐《梅花志》，《古迹》。

③ 《虎邱义山黄氏族谱》，《将军庙志》。

的作用。《甘棠堡琐记》中有《神仙显灵记》专记其事云："朝阳宫五显大帝（华光大帝）威显特异，堡内人民凡卜休咎，遂靡不应，如向明季倭贼作乱，棠堡被毁，人无托迹之区，地无栖神之所。唯本宫神灵显赫，色相现身化草为卒，倭贼自惊惶而退矣。"[①] 其次是如临水宫、花果龙王庙、五谷仙公庙等，这些神祇据说有驱灾降雨之效。如五谷仙公，"声灵赫濯，果有益于棠江，天年亢旱，固降雨以滋培，民疾颠危，亦尽心而救护。宝相光临，历二十年之春秋，年丰岁稔，物阜民康"[②]。毫无疑问，这些显灵特异的神祇，必然备受堡内各族的崇拜，因为人们对于宗教偶像崇拜的选择标准是实用功利。宗教信仰作为人们的一种精神寄托，已经被大大淡化了。

乡族间的宗教信仰活动，从另一角度体现了家族组织和乡族组织对于地方事务的控制。福安甘棠堡内众家族的相处是比较和谐的，因此他们对于堡内宗教活动的组织和管理，总是井井有条，协调顺畅。如清代该堡众姓共议重建华光大帝朝阳宫，各族族长共襄大事，立约如下：

> 东门朝阳宫建自明代，祀华光大帝神也，显赫特异，实有益于地方，古有传闻，今也可鉴。谁意近年来宫运不祥，被蚁虫之腐蛀，受风雨之飘摇，难堪寓目。吾乡既沾其泽，岂忍袖手旁观，坐视其废弛乎！兹公议重建，但工程浩大，用费不小，先由檀越里街郑、前街郑、新旧陈四祠捐题值膳外，再向乐善之君子资助赞襄。幸诸君悦愉欢从，赞成此举，庶可营堂构而壮观瞻也。兹公议四祠遵约条件逐一列左，俾后人秩序有准，一团和气。[③]

在这里，乡庙的修建，也和堡内的其他事务一样，郑、陈诸大姓倡首在前，其他小姓则尾随其后，赞襄响应，族权、乡权和神权结合在一起，宗教信仰活动成了联络乡族间关系的一种纽带，稳定了乡族势力对于地方事务的领导和控制。再如长乐梅花所内，人口数千人，大小族姓数十个，他们创立乡约以协调各个族姓的关系。其中各种寺庙亦有二十余座，如宝光堂、登龙境庙、侍中境庙、天后宫、

① 民国《甘棠堡琐记》卷下。

②③ 民国《甘棠堡琐记》卷上。

金吾尊王庙、水仙宫、毕元帅宫、蔡夫人宫、王舍人宫、高牛石三舍人宫、水湖寺以及观音堂、朱子祠、忠贤祠等，寺庙的建造与管理，亦在乡董、约正、族长的控制下，有条不紊。如忠贤祠，“在乡约所后，十甲公建……列姓各追所自出之祖立一总牌，左列高贤鸿儒，自曾子舆以下二十一位，位视德行；右列精忠名宦自傅公说以下二十有一位，照朝代。每逢朔望，衿耆甲董轮流司香，春秋享祭，凡族长及年六十以上者与祭，七十至期颐者颁胙视年有差，文武生童至科甲显宦颁胙各有等级，烟户七百余家，每灶给胙肉半觔”①。这种乡族共有的寺庙，把境内各姓氏的“自出之祖”的牌位也供奉进去，寺庙又起到了“异姓总祠”的作用，更加强了各个不同姓氏之间的团结。

但在另外的场合，我们也应当看到，民间宗教信仰活动，也可能成为家族与家族、乡族与乡族之间矛盾冲突的导火线。在一些关系不好的家族之间，为了争夺对地方上宗教信仰活动的控制权，往往酿成激烈的对抗甚至械斗。如在闽北崇溪水口游、林二姓聚居交界的山峰上，有一座华光宫，原属地方公产，但游、林二姓均想霸为族有。于是，每逢华光神诞日，二姓族人兴师动众，争夺进奉第一炷香的权利。结果两个家族经常发生冲突，虽经公亲、官府调解，轮流掌管，各值一年，但双方为寺庙而产生的纠纷始终未能得到彻底的解决。再如惠安东北部沿海的朱、柯二姓渔村，原有一座天妃宫，属二姓共有，后来二姓因故积怨，天妃宫便成了二姓争斗的一个焦点，长年械斗不已，一直到 1958 年破除迷信，天妃宫被毁，问题才算解决。但据说近年该地居民又倡议重修此庙，双方争议又起。在福建民间各个家族的观念中，地方宗教信仰活动权的控制，同对地方行政、经济权的控制是一样重要的。在沿海福州府的一些地方，鬼怪的权威甚至比官府的权威更甚。地方上的纠纷，“官断不信不从，必质诸五帝（鬼大帝）而后帖服”，“其天仙府文书仪制，俨与官司并行”②。正是出于这种对宗教信仰价值的认识，在福建民间的

① 长乐《梅花志》，《忠贤祠》。

② 《重纂福建通志》卷五五，林枝春：《论三山迩日风气书》。

乡族械斗中，神祇成了各个家族有信心战胜对方的精神支柱。每当械斗发生时，各个家族便祈祷自己所供奉的神祇，虔求灵符圣水，甚至把神祇抬出，摆在战阵前，名曰“请阴兵调神将”，保护族人少伤亡，打胜仗。双方族人打得你死我活，据说双方的神祇们也打得不可开交，最后哪个家族所供奉的神祇更具神通，把对方的神祇打败，那么那个家族必然在这场械斗中获胜。清代兴化府延续百余年之久的乌白旗大械斗，也是以各自的神庙为集结中心。所谓“洋寨村有张大帝庙，村人执庙中黑旗斗获胜；溪里村有天后庙，村人遂执庙中白旗领斗亦胜”①，乌白旗之名由此而来。

福建民间家族宗教信仰、偶像崇拜的实用功利性，使得福建许多地方的寺庙和鬼神崇拜活动到了泛滥成灾的地步。《重纂福建通志·风俗志》指出：“照得闽人好鬼，习俗相沿，而淫祀惑众……从未有淫污卑辱诞妄凶邪列诸象祀公然祈报，如闽俗之甚者也。”②《厦门志·风俗志》亦云：“邪怪交作，石狮无言而称爷，大树无故而立祀，木偶漂拾，古柩嘶风，猜神疑仙，一唱百和，酒肉香纸，男妇狂趋。平日扪一钱汗出三日，食不下咽，独斋僧建刹泥佛作醮，倾囊倒箧，罔敢吝啬。”③ 清末泉州进士吴增撰有《泉俗激刺篇》，亦痛斥泉州一带的这一恶习：“淫祠多无算，有宫又有馆，捏造名号千百款，禽兽与水族，朽骨与枯木，塑像便求福。”④ 僻巷荒郊到处有神，什么阴公、班头公、虎爷、狗舍爷，名目很多，乌烟瘴气。

荒诞不经、愚昧可笑的偶像崇拜，在福建许多地方时时可见，我们在闽北崇安县实地调查时，看到武夷山莲花峰上的大雄宝殿之侧，俨然设立了唐三藏、孙悟空、猪八戒、沙和尚和白龙马的五身塑像，奉拜者甚众。在沿海的兴化、泉州一带，见到一种瘟神庙，俗称“大王爷”、“王爷公”，其香火之旺远远超过佛、道等正统的寺庙，乡人在这里祈祷，尤为虔诚，怠慢不得，不敢有丝毫杂念，生怕得罪瘟神，肆虐地方。在福州一带，更有奉祀胡天保、牛头愿之

① 施鸿保：《闽杂记》卷七。

② 《重纂福建通志》卷五五。

③ 道光《厦门志》卷一五。

④ 吴增：《泉俗激刺篇》，转引自《泉州文史》，1984（5）。

类。胡天保为男子同性恋之神，“胡田宝塑（一称胡天保、蝴蝶保），为两人相抱，一面稍苍，一面嫩白，俗称小官庙，凡无耻淫荡之徒，见少年子弟欲图苟合，即向泥像祷求”①。牛头愿，“用板刻为牛马狗诸畜头，刷印多张，其鬼名铁头和尚及牛头神。有与人仇怨及争讼不胜者，即买牛头纸一二车，每车百张，祷神焚化……其怨家必病致死”②。吴荣光在《禁淫祀邪术示》中又记载一种蝴蝶母者，“其像塑艳妆男妇措肩而立，凡无耻淫荡之徒见良家妇女少艾，勾诱不遂，即向求祷”③。此类淫祠，已经丝毫不存在精神上的信仰崇拜，而只是一种庸俗龌龊的贿求罢了。

实际上，福建民间家族这种实用功利性的宗教信仰，在祖先的崇拜上也有所反映。从表面上看，由于中国数千年传统家族观念的影响，中国人素来讲求慎终追远，祭祀和崇拜祖先成了家族组织和家庭生活特别是精神生活中的一个重要组成部分。然而中国家族制度下祖先、父母与子孙们的关系，不论是在世或是去世，始终是相互依赖的，父母对子女有生育、教育、婚嫁、遗产的责任，而子女对父母则有孝顺、养老、送终的责任，即使父母去世，也没有终止子女对父母的责任，子孙们要定时祭祀祖先，为祖先修筑坟茔，让祖先在阴间有一个比较舒适的生活条件。子孙们这样做，固然有其道德上和感情上的因素，但在另一方面，子孙们也希望通过崇拜和祭祀祖先，使死者为后代子孙造福，保护子孙们平安无事，兴旺发达。

这种带有功利色彩的祖先崇拜，在个体家庭的祖先崇拜中表现得尤为明显。家庭内部的祖先崇拜，实际上仅局限在父、祖、曾、高这四代近祖范围内，高祖以上的祭祀，一般是家族的事情。而从民间所流行的佛教轮回观点看，死去的祖先是要重新投胎转世的，高祖以上的远祖可能早就重新转世为异姓子了，子孙们再崇拜奉祀，他们也不一定享用得到。所以，家庭对于去世祖先们所负的责任，

---

①② 《重纂福建通志》卷五五，风俗志。又见施鸿保：《闽杂记》卷七。此外，彭光斗：《闽琐记》载“（福建）会城有一种邪鬼，香火最盛，凡有奸盗勾当不能即遂者，则默祷此鬼，许下愿心，名曰牛头狗头，盖以此二物酬愿也”。

③ 《重纂福建通志》卷五五，《风俗志》。

大体就在父辈、祖辈等近亲上。这些近亲祖们把财产遗留给儿、孙们，并使儿孙们成家立业，于是儿孙们也就有义务使近祖们晚年幸福并照顾其在阴间的生活，儿孙们如果很好地照顾去世的近祖们的阴间生活，近祖们感到满意，那么在世的儿孙们就可以得到祖先在阴间的祝福和护佑。特别是人们相信如果为其死去的近祖谋求一处吉地安宅，也就是通常所说的风水宝地，那么子孙们将受到无穷的福佑。于是争风水、厚棺葬成了福建民间的一种恶劣风习。所谓“妄听堪舆之说，相习成风，情伪百出，有觊觎他人吉壤倚仗势利用强侵占者，有无力制人私将祖骸盗葬他人界内者，有己地希图凑锦成局，硬将邻界赖为己业者，有冒认别家旧坟为祖先无耻合葬者”①。再如清代福建地方政府曾下令禁止的停棺陋习，也是由此而生，“富家巨室则惑于风水而观望迁延，小户编氓则诎于资财而因循耽误，往往一室停数世之丧，一棺经数十年之久，迟回未葬，相习成风”②。有的家族、家庭为了谋求吉地，竟然将祖先的尸骨葬了又起，起了又葬，屡易其地，致使祖先的尸骸飘散遗失。

这种“邀福忘亲”的做法，大大削弱了祖先崇拜的道德意义。有些子孙当祖辈、父辈健在时不尽孝道，而当祖辈、父辈去世后，却极其奢华，铺张浪费。如著名学者蔡襄早在宋代就指出了福建民间崇拜祖先的这种恶习，他说：

> 人子之孝，本于养亲以顺其志，死生不违于礼，是孝教之重也。观今之俗，贫富之家多是父母异财，兄弟分养。乃至纤悉无所不校。及其亡也，破产卖宅以为酒肴设劳亲知，与浮图以求冥福，原其为心，不在于亲，将以夸胜于人也。③

到了明清时期乃至近代，这种恶习愈演愈烈，福建的地方志记云：“丧礼尤多非礼罔极之费……丧次妆饰婢仆如生人，衣以文绣，绿咋之轿，白绢之亭，付诸一炬。初丧置酒召客演戏喧哗以为送死之礼，大祥前三四月择日致祭除服，云为儿孙作彩。至于延僧道礼忏，有

① 《重纂福建通志》卷五五，《风俗志》。

② 《福建省例》刑政例上，《速葬棺柩》。

③ 《重纂福建通志》卷五五，蔡襄：《教民五戒》。

所谓开冥路、荐血盆、打地狱、弄铙钹、普渡诸名目，云为死者减罪资福。”[①]往往把悲痛肃穆的丧礼，办成喜庆似的，完全与缅怀先德、崇拜祖先的宗旨背道而驰，正如黄衍在《上邵守请正风俗书》中所云：“今邵俗亲死皆用鼓吹，若娱宾者然，是以亲死为庆也。”吴增在《泉俗激刺篇》中痛斥“丧戏”时亦云：“流俗是非太倒置，作大功德竞演戏，大小班，无不备，男女眷，无不至，嬉谑笑言，嫌疑不避。毫无哀痛心，大有欢乐意。”[②]这种对祖先死后的奢华搬弄，其借祖先崇拜而求福于现世子孙、夸示乡里的动机是十分显然的。

更有甚者，许多家族对鬼神的崇拜大大胜过对祖先的崇拜。因为从实用功利的观点出发，子孙们对祖先的崇拜，固然希望得到祖先的福佑，但是人们也知道去世的祖先在阴间的能力是有限的，除了极少数显贵及品行可嘉者有可能在阴间受到礼遇（这也是显贵及品行可嘉者在祠堂中受礼遇的一个重要原因）外，一般的祖先到阴间依然是一般的百姓，而且这种一般的百姓在世时尚不免犯些错误，在阴间则很可能自身难保，没有机会和权力为在世的子孙们造福。即使是堪舆之术，其造福于子孙的关键是风水宝地，而不是祖先，不论是贵人或是贱人，尸骨埋进风水宝地都可以荫福子孙，与祖先本身的能力没有关系。这样，那些注重现实效果的子孙们，为了使精神的崇拜更有效地为家族及家庭谋求利益和佑护，他们便不能不对鬼神的崇拜表现出更多的兴趣和虔诚。因为他们认为神怪比祖先在阴间拥有更多的特权和势力，同时也认为这些鬼神魔怪可以通过物质的刺激和贿赂，来满足崇拜者的需求，这样，人们对于祖先的崇拜礼遇也就大大不如对鬼神的礼遇，《重纂福建通志》引兴化府陈迁的《乡俗论》云：

> 南人事鬼……焚金作像置诸厅堂中间，朝夕拜揖，至诚以尊奉之犹恐不及。其于祖先，正子孙当事者，却不肯依礼作神主，而苟简作一木牌，或画一纸，不韬不晦，置诸堂边壁侧，

---

① 《重纂福建通志》卷五六，《风俗志》。

② 吴增：《泉俗激刺篇》，《丧戏条》，转引自《泉州文史》，1984（5）。

视若有无，朝夕亦不至其前拜揖，间有朔望拜揖之者，又茫无诚意。何厚于彼而薄于此耶？盖人所以事鬼佛者，以其有灵能做祸福也。①

福建民间家族宗教信仰和偶像崇拜的实用功利性价值观，体现了民间基础文化层次的低下，但从另一个方面看，中国封建社会晚期家族及家庭所面临那种起落无常、政由贿成的社会环境，不能不使人们把现实中的处理人际关系、处理与官府的关系的那一套“有钱能使鬼推磨”的哲理，应用于宗教信仰及偶像崇拜上。于是，寺庙的建造越来越宏伟，迎神赛会的规模越来越壮观，人们对于鬼神的进贡许愿越来越升级，这样，福建民间的宗教信仰活动就不能不与家族组织紧紧地结合在一起。

① 《重纂福建通志》卷五五，《风俗志》。

第十二章 族学与教化

在前面的论述中，我们已经多次指出了士绅学子们在家族事务中所起到的重大作用，一个家族在社会上的地位如何，在相当程度上取决于这个家族里士绅学子的人数多少。因此，福建的家族都比较注重族人的文化教育，除了少数官宦、富豪人家能够自设学塾以培养自家子弟外，一般的家族，都利用家族的力量，开办学塾、学校甚至书院。如连城新泉的张氏家族，他们把开办族塾、族学写进《族规》，使家族的文化教育，成为一种规范化的永久性事业。该族规写道：

> 古者家有塾，党有庠，春秋教以礼乐，冬夏教以诗书，作养多方，所以人才彬彬辈出。今议设义学二所，经师一所，在东山楼；蒙馆一所，即在祠内。但束脩诸费无所从出，酌量于各房祖蒸尝内摘捐，并好善乐施者助出。或殷实家有捐至十两以上者，合族以“培植后学”四字匾额送至其家以奖之。①

教育的关键是经费，为了保证家族教育有比较稳定的经费来源，许多家族都专门设置了学田、书灯田等。如浦城后山蔡氏家族，“各房均各购书灯田，入学以后每年即将此租按照规条，届期发给以昭激励”②。建瓯屯山祖氏家族，共设有四处“书灯田”，每年共收租谷420余箩。③ 顺昌县上洋谢氏家族，其十六世祖霞标公所置书田，每年收租达542箩。④

① 连城《新泉张氏族谱》卷首，《族规条款》。
② 《后山蔡氏宗谱》卷二，《书灯田引》。
③ 参见《闽瓯屯山祖氏宗谱》卷八，《祭产》。
④ 参见《上洋谢氏宗谱》，《霞标公书田》。

学田租的使用和分配，除了开办学塾，供给塾师束脩之外，主要是资助族人的学子。如后山蔡氏家族规定："书灯田不论文武，一人入泮，一人独收，二人入泮，二人均分。冬至以前半年收租，冬至以后，次年收租。"① 叶氏家族"遇华公遗下书灯田一十八担八十五斤，凡入文学者，照股均分，或挨次轮收均可，武者不与"②。再如漳州府海澄县的林氏家族，"买陈家田十七坵……价值一千三百八十一两，全年税粟九十八石零，系瑶独置，献为玉绳公书田，派下子孙有进大庠及中科甲者，付其执掌，逐年收税纳粮，以助读书膏火及乡会试之资。后有人再进中，照份均分，而捐纳出仕并进中武途者，不得与焉"③。家族设立共有学田，对于某些贫寒子弟的受教育，有着一定的帮助。陈盛韶在谈到清代福建建阳地区的书灯田时说："书灯田，祖父分产之始，留田若干亩，为子孙读书之需，后有入学者收其租，捐纳者不得与其租。或一人独收，二人平收，三人均收。故建阳极贫之士颇鲜，而延师脩金从厚，诗书之遗泽长矣。"④

明代以来福建地区社会经济特别是商品经济的发达，对于福建民间的教育普及也多少起了一定的促进作用，在很多家族里从事工商业的人数占相当的比重，从事传统农业的人数日益减少，这就需要有更普遍的文化教育。因此，在沿海一带经济发达的地区，出现了某些家族强调通俗基础教育的现象。家族内子弟受教育的比例相对比内地山区要高得多。明人王世懋在《闽部疏》中已经注意到明代后期福建民间文化教育的这种地区差异，他说："闽西诸郡人皆食山自足，为举子业不求甚工，漳泉海徼，其人以业文为不赀，以航海为恒业，故文则扬葩而吐藻，几埒三吴；武则轻生而健斗，雄于东南夷，无事不令人畏也。"即使是内地山区，也有可能出现普遍受教育的特殊例子，如连城四堡的邹氏、马氏两个家族，明代后期至清代，其族人从事工商业者甚多，尤以刻书贩书业闻名于世，因此这两个家族都以"立学"奉为传统的"家风"。一般的学龄儿童，都

---

① 《后山蔡氏宗谱》卷二，《书灯田引》。

② 《南阳济美叶氏族谱》，《济美堂族规》。

③ 《漳州海澄林氏祀田碑》，现存漳州图书馆内。

④ 陈盛韶：《问俗录》卷二，《建阳县》。

须进家塾或族塾接受文化启蒙教育，粗认文字之后，再视各自家庭经济情况，决定是否继续读书执举子业，还是转业从事农工商贸之道。在族谱所收录的数百名商人传记中，大多记载着弃儒经商的个人阅历。① 这种经济上的因素，大概也是宋代以前福建地区文化教育十分落后，而宋代以后福建的文化教育水平一跃而居国内先进水平的一个重要原因。

明清以来福建社会商品经济的发达固然促进了民间文化教育的进步，但是这一时期的工商业对于文化教育的需求是低层次的。高利润的商业主要是依靠流通领域的贱买贵卖和投机取巧，手工业也是以生产土特产品为主，适应这样的工商业，一般粗识文字、略通书算便可应付，这样就使得家族内部的文化教育事业，在社会实用方面始终处于低下的启蒙通俗水平上。文化教育对于社会经济发展的促进作用是有限的。

家族教育的另一个重要走向，是培养家族的政治人才，也就是通常所说的士绅人才。士绅人才应有更高水平的文化教育，这需要家族与家庭双方的共同努力。从原则上讲，家族开办教育事业，使每个族人子弟都有接受教育的机会，但是实际上，每个族人的受教育与否及其程度，还取决于各个家庭的具体经济情况。一般的小农家庭，其子弟纵有受通俗教育的可能，但随着年龄的增长，家庭既没有充足的资金提供他们继续上学，同时也迫切需要他们回去参加生产劳动以弥补家计。因此，这种贫穷小农人家的子弟继续深造的机会相对少些。就一般而言，能够受到比较正规文化教育的人，大多还是属于家族之内的士绅、地主、富农、工商业者以及其他上层分子的子弟们。于是，当家族子弟接受族塾里的基础启蒙教育之后，大部分转向从事工农业生产，少数学子进入由乡族组织所创办的书院或学院里继续学习，进而考取生员，取得进入县学、府学以及国学深造的资格，参加科举，逐渐进入士绅阶层。

地方书院有民办、官办和官民合办三种，这里所讨论的是民办书院，它是由同一地域内若干家族共同创办的一种教育事业。如长

① 参见陈支平、郑振满：《四堡族商研究》，载《中国经济史研究》，1988（3）。

乐梅花里，共有四十余姓相处，清代中叶众姓共议“士为四民之首，有以感之，而应之自速，由是甲董欣欣然供膏火备赏格……以是肇其基，和羹书院之名所由昉也”[1]。关源地区，“清中叶间巨姓池、林、杨、谢、苏各家俱恭宽信敏惠，五社鸠资公建玉泉书院于屿山坡之巅，中奉梓童帝君，曰文昌阁，并祀至圣先师，前后两座，规模宏壮，乡之士子求仕进者咸集用功至学。至学塾则各村遍设，咿唔之声盈耳。”[2] 福安县《甘棠堡琐记》载有《起建仰山书院事由记》，详述该乡各姓合资修建书院以行教育事，其文略云：

> 清光绪戊寅四年（1878）正月初七日，甘棠堡北门文光书室毁于火……于是监生陈鸿镳、生员范宗正、贡生刘观翔、监生刘春山等议为祷祈，特邀举人张如翰来甘主其事，即召集各界会议，佥以倡捐募建疏陈上祷……时输捐略无难色，认数集八百余元，谨书之簿，随议基址未决暂停……至壬午八年(1882)，商界以厘金积款，拟建天后庙，集数仅得二千元……举人张如翰拟以庙后余址创建仰山书院，追收前款合力经营，以期一举两得，并可藉以推广……即命构材续造，陆续征收前项，至腊月亦已竖柱。核计用款，已透出三百元，均借堡之殷户。癸未（1883）春往穆洋城内等处募捐二百元，并赴南塘、外塘、赛岐、白石各乡劝募，复集四五百元，以资费用……总之，天后庙之起建，连及仰山书院，藉众志殷勤得成。[3]

这种乡族合资共办的书院，实际上就是家族教育事业的社会延伸，家族力量在其中发挥了重要作用。

各个家族在兴办乡族书院的同时，对于家族中有培养前途的子弟们，特别是那些有资格参加正式考试者，还重点给予种种经济资助和鼓励。如南阳叶氏家族规定：“本派裔孙有登甲第者，公给花红纹银二十两，登乡榜者公给与花红纹银十两。每次会试赴公车纹银十两，新入学者公给与蓝衫纹银三两，每次乡试给盘费约银五两，

---

① 长乐《梅花志》梅花乡约，《忠贤祠碑记》。
② 《关源风俗》续编六，《政事》。
③ 民国《甘棠堡琐记》卷上。

童生赴学院试给与笔资纹银一两。俱向经理者匣内支银，以示鼓舞之意。”① 浦城刘氏家族，“经众议定凡系雍二公子孙中进士者，匣内送赏报银一十两，领乡荐进京会试者，匣内送笔资银三两，文武童生入泮者，匣内给蓝衫银二两，递年醮祭务穿大衣执事，俾沾祖惠以寓鼓励”②。《达氏宗谱》规定：“入泮者，给蓝衫花银二两；凡赴乡试者，给程银四两；凡赴会试进士者，给程银八两；及第衣锦祭祖者，给旗杆银二十两。”③

有些家族在学田、书灯田之外，另设有“宾兴田”，这种田产则纯粹为鼓励族人赢取科举功名，而不是赞助族人读书入学的。如浦城詹氏家族的《宾兴条规》云：

> 国家建立学校，三年则大比而宾兴焉。凡属士林类，皆争自濯磨以应朝廷之选，洵盛事也。第我族宾兴一款……推广祖惠，有志者不负苦心梯青云，而置上允，足为阖族光也已，爰重整章程四条：
>
> 一、议祠内宾兴苗租虽由公款拨出，而粮米并未推收，仍归本款完纳，不得于宾兴文款内支销。
>
> 一、议宾兴款苗租，族中选举公正家资饶裕者收理，遇子午卯酉正科文乡试年，先期邀应秋闱者同核，共计若干，除给朝考银（公车花红银）外，算结剩存多寡统为宾兴，择一厚重可倚者带晋省垣公贴俸资台票……庶族裔志切上进者咸实沾乎祖惠。
>
> 一、议恭遇恩科文乡、会试，不拘名数限给市洋银三十元为率。
>
> 一、议新科文举人公车花纹银不拘名数，以本科乡试年出产尽数均给。副、优拔贡朝考花红照文举人减半。老科文举人应礼部会试者，每名议给公车市洋银二十元，新中文进士者给花红市洋银四十元，两贡给花红市洋银十二元，新补廪入泮者给花红市洋银十元，向总董宾兴款支出，以示鼓励。④

---

① 《南阳叶氏族谱》，《济美堂族规》。

② 浦城《刘氏五修族谱》卷五，《祠规》。

③ 浦城《达氏宗谱》，《族长伯荣公遗训》。

④ 浦城《詹氏族谱》卷二一。

“宾兴田”和“宾兴银”的设置，更有力地促进了家族对于士绅举子等政治人才的培养。

有些大姓巨族，经常组织超地域的家族设施，其意义除了联络血缘关系外，还大多与士绅阶层的政治活动及科举事业有关。如闽西散居在永定、上杭、龙岩州及汀州府城、福州省城各地的廖氏族人，于清代嘉庆年间在福州省城合议共建试馆一所，其主要功能是为族人参加科举考试提供方便。《廖氏族谱》载有《闽省玉森堂合同字》云：

> 玉森堂公议合同字人廖实蕃公、高峰公裔孙岩州、上杭、永定、宁洋廖辟初、际嘉等，今缘嘉庆十七年（1812）内，二房协力同心，契买省坦南营陈孝群等房屋一所，立为试馆，先去价银三千两；又契买一所，去价银六十两；二房均办……其省坦试馆间房，每逢乡试届朝，除左边横屋，右边书房及中门左侧小书房一所归众出租生息，其自中宫前后厅及后楼间房，二房照依配享左右，高峰公裔孙居住左畔，实蕃公裔孙居住右畔。但乡试，二房人数有多少，尚有人多不敷居住者，二房务要通融。额大间定要四人，中间二人，小间一人，必本房间住满，然后商让，不得一人一间，借口本族贪占侵越。至于亲朋，不得徇情携带，如违查出，定行公罚。其平时出租，不分左右，赁钱归众，守祠人不得私匿。恐口无凭，立合同永远为照。（余略）①

许多家族设在县城、府城、省城的“总祠”，也往往成为家族内举人士子的居停场所，为族人应试提供诸多方便。如道光年间永定廖氏家族于汀州府城创建“祖祠绍彩堂”，其族人赞曰：“余先后至郡，见友人之赴试者，甫下车即须赁屋，否则借住他所暂为托足，往返奔驰，劳苦万状。独余廖氏子孙宾至如归，未尝不叹祖泽留贻之远也。”②清末汀州府廖氏集资重修“八邑家祠”，“非但足妥先灵，亦可多容试士”③。家族组织对于科举入仕的重视和多方面的关照支

①② 《闽粤赣武威廖氏族谱》卷首，《祠宇图说》。
③ 同上，《汀州城长汀县衙前八邑廖氏家祠修整劝捐引》。

持，使中国封建社会晚期的科举制度、官僚士绅阶层与家族关系更为有机地结合在一起。

家族和家庭对于政治人才的教育投资，可以收到一定的成效。惠安玉埕《骆氏族谱》中，记录明代中后期该族的“宗贤”共有文进士一人、武进士一人、举人四人、三考出身三人、荣政十余人、诸生三十余人①。再如连城新泉张氏家族，其清代士绅、职员人数有如下表②。

名目	人数
诰封	40
仕宦	23
进士	4
举人	22
监生	392
贡生	54
廪生	32
生员	248
职员	75

高级政治人才的培养，需要比较雄厚的经济实力作为后盾，因此，那些大姓巨族在培养政治人才方面，总是占有一定的优势，尤其是一些有官宦世家的家族，显宦辈出，科举不断。如晋江安海镇的黄氏家族，明代后期连出数名侍郎以上的大官。泉州府的史氏家族，明末亦显赫一时，史继阶等叔侄子孙数人，或为侍郎，或为尚书，或为大学士，成为当时泉州最有名的望族。安溪县湖头李氏家族，清初以李光地入阁为大学士，名震朝野，其后族人叔侄相继中举进士，代有功名者甚众。建阳李氏家族，嘉靖年间族人李有年举嘉靖庚子（1540）乡试第 19 名，其弟有则，举己酉（1549），亦第 19 名。有年子闻韶，举万历甲午（1594），亦第 19 名。父子兄弟，榜次相同。莆田黄氏家族，明代“一姓解元十一人……其余五魁之内，合历科又不下二十人”③。福州闽县林氏家族，更有“三代五尚

① 参见惠安《骆氏族谱》，《宗贤记录》。

② 参见连城《新泉张氏族谱》卷首。

③ 周亮工：《闽小记》卷三。

书”之称，周亮工《闽小记》详记其事云：

> 闽县林太守元美，永乐辛丑（1421）进士。子泉山公瀚，谥文安，以大司马改南冢宰。文安公九子：庭㭿，大司空；庭机，大宗伯；庭楷，指挥；庭枌，庆远守；庭珍，湖州司理。庭□子炫，通参；庭机子燫，大宗伯；烃，大司空。凡三代典成均，一门五尚书，而他荫叙及举孝廉友，又不下数十人，可谓盛矣。①

仕宦如此辈出，使林氏家族雄踞一方，成为省城及闽县一带执牛耳的望族。

福建民间家族举办教育的着重点，是为了培养士绅官僚等政治人才，而对于一般实用之学关系甚微。家族的整个教育指导思想，与传统教化和封建政治紧密地结合在一起。如连城四堡邹氏家族所提倡的“立学”，其核心是遵从圣贤之道，崇尚儒学礼义之本，把传统的伦理道德教化寓于文化教育之中。《邹氏族谱》中的《家训》写道：

> 立学，语曰：人不学，不知道。逸居而无教，则近于禽畜。学之一道，尽可忽乎哉？吾家人醇俗朴，半读半耕，一脉书香，绳绳相继者，其来久矣……继自今为父先者，必于嬉嬉童稚中，择其不甚顽钝者，束之于党塾，聘名师，招益友，俾之磨砻砥砺，相与以有成。将来出为名臣，处为名儒，大为深山邃谷间生色。即不然，知书识字之人，纵置身农工商贾之途，亦有儒家气象，庶不辱我诗书礼义之乡。况乎乡多市肆，雕梨刻枣，古籍几于汗牛，不胫而走四方，且可为海内文人作将相之助。颂于斯，读于斯，又何烦借书券、买书钱哉！如有宏达城阙、借咿唔之消耗光阴，甚者卖弄笔墨，以诋诽圣贤，污人闺壶，必集族诣祠，告列祖在天之灵，大声疾呼，以呵斥之，不悛则鸣官究治之。②

---

① 周亮工：《闽小记》卷一。
② 连城《邹氏族谱》卷首。

福州云程林氏家族，近乎强行对族人实施这种传统伦理的教化，其《家范》云：

> 一、凡子孙之冠，须于十五岁以下，先令讲说经书，使略知为人子、为人臣、为人弟、成人之道，方许依礼举行，毋徒饰虚文，而不求实义……
>
> 一、子孙四岁以上，令观祭祀学礼，七岁以上令入小学，讲孝经四书，十五岁以上令入大学，习书史经传，必之孝悌忠信为主，期闻大道。其二十以上不通一经大义，业无所就者，令习理家事，练达世故，治农理财，专务一业，以为仰事俯育之资。
>
> 一、子孙目不得观非礼之书，耳不得听非礼之音，凡涉戏谑淫亵之书，与妖幻咒符之属，并宜屏除，违者罚之……
>
> 一、女子十岁以上，不得随母归宁，始就姆教学书算，诵读《孝经》、《烈女传》、小学，凡织纴中馈蚕桑针线，并令习之，违者责其母……
>
> 凡教子弟，最宜慎师傅，简其志行端庄，学术纯正者，常定以为表仪，此可亲可宗，进德居业之大关键。许梅屋曰：庸匠误器，器可他求；庸妇误衣，衣可更制；庸师误子弟，根基已谬，可复为之胚胎乎？毋以学术杀万世，此言犹堪寻绎也。①

这样的教育方针，只能使族人的思想因循守旧，恪守传统的规范而不敢越雷池半步，这对于中国封建社会晚期新思想、文化的萌芽及其发展，无疑起着严重的阻碍作用。然而，提倡以孝悌忠信为核心的伦理道德，提倡子女对父母、子孙对祖先的孝道，强调家族内部的上下尊卑伦序，对于巩固家族制度，维系家族内部的团结，树立家长、族长的权威，无疑有着很现实的意义。因而这种教化是与家族制度的发展相适应的。但是这种“孝悌忠信”的内涵，并不局限在家族的内部，它同时也是维持家长式专制政治体制的理论依据。人们在家庭、家族内固然对于父母、家长应该百依百顺，所谓“顺

① 侯官《云程林氏家乘》卷一一，《家范》。

者为孝”，而对于封建皇帝、上级官僚，也必须俯首听命。这样的顺民教化，是有利于维护封建统治秩序的。

家族提倡“孝悌忠信”的教化，主要是对家族内的男子而言，在以血缘关系为纽带的家族制度里，男子是家族世系的核心，是对外关系的代表。但是，家庭的组成，毕竟是以夫妻为基本单位的。因此，对于女子的教化，同样也是家族教化的另一个重要方面。

由于传统观念的束缚，女子在家庭、家族内的地位是十分低下的，她们在家族的公开场合是没有发言权的。但是，在人们的观念中，女子却有对男子产生潜移默化影响的功能，特别是在家庭的裂变过程中，人们认为有骨肉之情的兄弟，一般是可以和睦相处的，而当成家之后，女子便打起了自己的家庭小算盘，拨弄是非，引起家庭不和，终于酿成分家析产。从私有经济发展的眼光看，大家庭的分家析产是不可避免的趋势，但是男子主导的强调血缘之亲的家族社会，却不肯承认这种现实，把家庭裂变的责任推到女子身上，女子几乎成了家族、家庭内部不和的祸根，许多族谱的训规中纷纷指出了这一点。如浦城李氏家族的《族约》云：“兄弟之不和，每起于妻子之离间……兄弟方其幼也，父母左提右挈，前襟后裾，食则同案，衣则傅服，学则连业，游则共方，虽有悖乱之人，不能不相爱也。及其壮也，各妻其妻，各子其子，虽有笃厚之人，不能不少衰也……人家兄弟无不义者，盖因娶妇入门，异姓相聚，争长竞短，渐渍日闻，偏爱私藏，以至背戾分门割户，患若贼仇，皆妇人所作。”① 福州林氏家族的《家范》亦告诫族人：“兄弟本一气而分，初未尝不爱护，迨既有室，鲜有不携贰。盖妇人达理道者十不一二，分门立户，说长道短，加以婢仆鼓煽其间，则嫌隙遂生。丈夫有纪纲者自不至摇夺，稍一迷瞎，即为长舌所使，兄弟从之失初矣。”② 在这种错误观念的指导下，各个家族纷纷强制对女子的教化，用“三从四德”规范女子的日常行为。福州林氏家族规定“凡女子及

---

① 浦城《湖茫李氏宗谱》卷九，《族约》。

② 侯官《云程林氏家乘》卷一一，《家范》。

笄，须于十六岁以下先令讲读《孝经》、《烈女传》、小学，能知大义，方可举行”①。浦城李氏家族要求“诸妇必须安详恭敬，奉舅姑以孝，事丈夫以礼，待娣姒以和，无故不出中门，夜行必以烛，无媟言，无多言，无外事。服饰毋事华靡，但惟雅洁，尤不许饮酒”。他们尤其反对妇女主持家政，干预外庭之事，“女子之行不出闺中，惟以孝顺贞洁为上”，“盖妇女以治内为事，所谓无非无议，酒食是仪，无父母绍罹是也。若干预外政，凌驾夫子，岂非晨鸣之牝鸡，长舌之鸱鹗乎？家道亦从而不振矣。戒之！戒之！”②

许多家庭还在“严男女之防”的口号下，限制和束缚妇女的对外活动。如连城张氏族规规定：

一、男女有别，当严内外之防，妇女不许到家庙前看戏，尤当禁者，夜间做戏纵赌诲淫生盗，莫此为甚，戒之戒之，违者公罚……

一、吾族设立男女二渡，其法最善。闻近来竟有混杂者。今议女渡的取在社树下出船，男渡在塘门口出船。男女混杂一人，罚去撑船人工食一钱，每计人数加罚，恃强不遵约束者，报众公罚。十岁以下小儿不在此例……至于汤窟（按：新泉有温泉）洗浴，的取日入为度，违者公罚。妇人挑水，日入时亦不许出至汤边，违者罚及其夫。③

福州林氏的《家范》云：

一、男女必严内外之别，不得共圊厕，不得共浴堂，女子不得用刀镊工剃面，男仆无故不得入中门，女仆无故不得出中门，违者罚其家长。

一、凡诸妇诸女不得轻接乡里庄媪野妪，听其荒言秽语，变乱是非，蛊惑心志，违者责其父母及家长，若岁节展贺，只可于厅事待之，不得延入内室。④

---

① 侯官《云程林氏家乘》卷一一，《家范》。

② 浦城《湖茫李氏宗谱》卷九，《族约》。

③ 连城《新泉张氏族谱》卷首，《族规条款》。

④ 侯官《云程林氏家乘》卷一一，《家范》。

这些规定，剥夺了妇女们的正当权利。在实际生活中，比此严厉的限制还很多，而处罚更是极其严酷。这样的伦理教化，对于社会的进步和妇女的解放，无疑是一个沉重的枷锁。

总之，从整体上讲，明清以来大量族塾、族学的兴办，对于扩展民间基础教育起了一定的推动作用，但是从家族教育的内涵看，家族的教育注重对士绅政治人才的培养，注重对传统伦理道德的教化，而轻视对科学实用知识的普及。这样的文化教育，显然是落后和保守的，特别是当 15、16 世纪以来西方世界的社会发展和科学革命风起云涌之时，这种因循守旧的教育很不适应时代前进的需求。因此，尽管 16 世纪以来福建家族制度的发展带有某些社会经济特别是工商业经济发达的动因，但是这种落后保守的文化教育，却固化了家庭的内在素质，使基层社会的文化思想缺乏应有的活力，这不能不算近代福建社会乃至中国社会长期停滞落后的重要因素之一。

第十三章 文化娱乐与迎神赛会

家族作为民间基层社会的一个“群体”组织，不能不囊括社会生活的各个方面，其中包括文化生活。但由于文化教育水平的低下和教化意识的落后，就一般而言，福建各家族的文化生活是贫乏和低层次的，这种低层次的文化生活是以家族祭祀、迎神赛会和地方戏剧的相互结合为基本特征的。

福建地方戏剧的形成是和地方方言紧密联系在一起的。自汉、唐以来，不断南迁的北方士民，不仅保持了各自聚族而居的特点，而且还带来了各自的风俗习惯和语言特征。由于各自祖籍的不同和迁居福建的时间不同，在长期的社会变迁中，福建民间社会形成了众多的方言体系，其中最主要的有福州方言语系、闽南方言语系、兴化方言语系、建州方言语系和客家方言语系。至于各地小范围内的方言差别，更是处处可见，甚至在隔河相望、隔山相闻的邻近乡村之间，出现方言迥异的情景，也不乏其例。可以说，福建地方方言种类的复杂和语音的怪异，堪称全国之最。复杂的福建方言，从另一个角度反映了福建先民五方杂处的轨迹和聚族而居的传统习俗。

延至宋代以降，福建的开发进入了稳步前进的时期，随着经济的发展和文化的进步，人们对于文化娱乐的需求也有所增强。于是，在不同的方言区内，形成了多姿多彩的地方小戏剧。其中比较著名的，有福州语系的闽剧，兴化语系的莆仙戏，闽南语系的高甲戏、梨园戏、歌仔戏、芗剧等，在闽西客家地区，则有山歌调和汉剧等等。同一方言的居民观看用自己方言演唱的戏剧，如痴如醉，其乐无穷。而其他方言语系的居民则索然无味，不屑一顾。我们曾调查了闽南语系与兴化语系混杂的惠安、仙游交界地区。在仙游县的园庄乡，新中国成立后划定行政区域时把一小部分闽南语系的居民划归兴化语系的仙游县管辖，仙游县是莆仙戏流行的地区，但这小部分闽南语系的居民，宁愿跑到惠安县去观看高甲戏或请高甲戏班来乡村演出，也无法接受莆仙戏。相反，在惠安县北部南埔乡的南庄、柯寨一带，则有一部分居民属兴化语系，他们对用闽南话演唱的高甲戏毫无兴致，对莆仙戏则大为向往。近年来，这些乡村干脆自己组织了好几班的莆仙戏班，以满足这些居民的文化生活需求。在这一带方言混杂的地区，兴化语系的居民蔑称高甲戏为"南哥戏"，而闽南语系的居民则蔑称莆仙戏为"北猴戏"。可见，福建这些以方言为特征的地方戏剧，实际上有着严格的地域界限，这同样也是福建传统的乡族观念的一种扩大化了的表现形式。

这种地域界限十分分明的方言戏剧，自然与福建民间家族的活动结下了不解之缘，家族中遇到喜庆大事固然需要戏班来鼓吹助兴，即使是祭祀拜忏等庄严的时刻，亦往往有戏班来唱和呼应。如在沿海一带，每当拜忏做功德祭祀时，都要演一种称为"大坪"的戏，所谓"大坪"，就是"大班"的意思。演"大坪"的戏班子要比一般戏班多三倍的人马，戏坪（台）亦由三座一般的戏坪拼成。根据拜忏做功德祭祀的情节需要，这种"大坪"戏大多演诸如"目连救母"、"二十四孝"、"包公审阴案"等，剧情凝重深沉，与拜忏祭祀的气氛相烘衬。族人在悼祭亡灵、缅怀祖宗先德的同时，也得到某种程度的娱乐享受。

当然，从家族的角度讲，在家族祭祀等庄严时刻来演戏，其目的是为了增添声势，铺张排场，从而维护家族的形象，并扩大家族的对外影响力。因此，福建的许多家族还把演戏作为祭祖活动的一项重要内容写进族规，劝诫后代子孙永远执行。如武平城北李氏家族的"始祖春秋祭规条"载云：

> 一、始祖原遗有人丁钱一万四千六百文，嗣经阖族公议，将此人丁钱归出五千，以为始祖祠内演戏之用……
>
> 一、祭坟之日，值年要雇上好鼓吹十名，及备齐凉伞等项，以壮观瞻。

一、议始祖祠内演戏，于仕缙前三日或后三日内决，宜遵期开演，不得延迟，如违公罚钱一千……

一、议不肯入仕缙尝者，扣其总祠应分胙肉，归仕缙帮贴戏钱。①

在家族内部管理中，对于违犯家族规条的族人进行处分，也有罚以出资演戏的，如华安县仙都乡的唐氏家族，制定了祠堂保护规则。其中记载："祠堂乃祖先妥灵之所，务宜清静，内外不得放养畜类以及不准夏秋收谷至于晾晒衣物等事，如有不顾礼法侮慢族长咆哮祠堂者，族房齐集公罚戏一台，若再抗顽，呈官究治。"② 再如漳州市郊某家族，为了保护水利设施，定下族约："闻有私筑莲池、砍斫林木，为害不少，良至悼也。兹各房子孙分议开剥严禁，以无废前人功，其已筑成田者，议坐税以为祭费……如填筑莲池、斫伐林木，及锄削后岸，公议罚戏一台。"③

为了方便家族的演戏欢乐，许多家族都设立了戏台、戏场等演戏设施。戏台、戏场一般多设立在祠堂、家庙的旁边。在漳州、汀州交界的山区地带，家族的居住习惯多采用土堡式结构，家族成员沿着庞大的土堡内壁起造房间，土堡中间是祠堂、祖庙等家族活动中心，戏台的建筑也往往被结合进去。我们曾在永定县见到著名的圆形土堡"振成楼"，其祖堂本身就是座大戏台，台前立着 4 根圆柱，戏台两旁由上下两层 30 个房间圈成个圆圈，两层廊道用精致铸铁栏杆嵌制，可供数百族人在廊道的台前大坪上观戏。④ 福安甘棠堡内林、陈诸姓的戏台，设在天后宫内，族人观戏，需交纳戏费，"每人来观者仅收一角，特别位者收三角……计演十一台，其中任劳任怨不可胜言，开除戏费油火费用外，尚余七兑银四十元零二角三仙九点，清册昭然可核。然演戏盈余虽所获无多，前议归作地方公益……庶不负诸君子好善乐施之意"⑤。这样的戏台设施，俨然成了

① 武平《城北李氏族谱》卷末（戊），《产业类》。

② 华安《汤山唐氏族谱》，《祠堂》。

③ 该族约碑文抄件藏厦门大学历史研究所。

④ 参见《闽西地方志通讯》第六期。

⑤ 民国《甘棠堡琐记》卷上，《天后庙公盖戏园记》。

家族和乡族的建设之一，演戏和观戏已纳入家族和乡族的统筹安排之中。

在家族的文化生活中，最为热闹的场合是迎神赛会。当家族举行家祠、族庙的祭祀活动时，族人、乡人的欢聚宴饮、观戏游灯、迎神赛会掺合在一起，气氛热烈，隆盛异常。特别是每逢年节，更是族人、乡人文化娱乐活动的一个高潮。如福安县甘棠堡内林、陈诸姓每年的迎神赛会活动不下数十次，但从正月元旦至“头福”期间的活动最为频繁，该堡的《风俗志》记云：

> 正月元旦夙兴焚香，开门放炮，陈设清茶果品，请祷神祇，说过吉祥语，家家斋戒，户户张灯。初二新丧家设奠，所谓忌日，无往戚友家。初三各家焚香放炮，初四各族迎接神明入祠，观戏，至十九日归宫，戏晚无论日期。十五日上元夜，各族迎神后，用驱邪避瘟散焚之……二十夜店号焚香，放炮收灯。二月初二日福德正神寿诞，各街号陈牲做福，初三日文昌帝君圣诞，新旧学界奉牲设醴焚香祇敬。①

每逢迎神赛会，乡人、族人都沉浸在欢庆之中。如厦门一带，“迎神赛会一年之交且居其半……震锣炫耀，游山游海，举国若狂，扮演百凡鬼怪，驰辇攒力，剽疾争先”②。福州一带，“神生日，演剧各庙无虚日”③。泉州地区也是如此，所谓“泉中上元后数日，大赛神像，妆扮故事，盛饰珠宝”，“妆为神像，名曰‘赛答’，假面装饰，高擎其座，及于楣檐……位置既高，道上转折，凝然不动，足称绝技”，争奇斗艳，招摇过市，观者如蚁，所谓“迎神装阁旦，游行使人看，娼优百十人，如花相斗粲，琵琶度曲又铜琴，短调唱来《荔镜传》，曲声柔，人意乱，如蚁附膻来不断”④。

新春正月，各乡族、家族在祭祖团拜、迎神赛会的同时，还普遍流行着舞龙、游灯的习俗。这种舞龙、游灯活动因各地家族的传

① 民国《甘棠堡琐记》卷下。

② 道光《厦门志》卷一五，《俗尚志》。

③ 《重纂福建通志》卷五五，《风俗志》。

④ 吴增：《泉俗激刺篇》等，转引自《泉州文史》，1984（5）。

统不同，而出现各种不同的风格。我们曾经到闽西连城县观赏过舞龙活动，在县城一带，流行的是“滚龙”，湖坝一带流行的是“草龙”，而在庙前乡，则独创“红龙”，俗称“红龙缠柱”。红龙由龙头、龙尾、四节龙身和五个龙珠组成，全长约十米，竹编的骨架，以红色为主的彩纸糊成，故称红龙。红龙舞动时，用武术“六九拳”为龙头的舞步，用武术棍棒“四勾拨”为龙珠的舞步，两者刚柔相济，形成整套的珠逗龙、龙抢珠、戏珠、藏珠、觅珠、缠柱等优美舞姿。每年春节正月初一至初六日夜间活动，初九夜再出动一次。舞龙队伍沿家逐户行进，族人为求“龙凤呈祥”好兆头，鸣放鞭炮迎龙进厅，缠柱一番，再进别家。①

上元放灯、游灯，实际上是庆“新添之丁”，是家族重视男子嗣系的一种活动。福建许多家族都规定，“凡新添新丁者不出灯，就不能进祖祠门”，因此这种庆灯的娱乐活动，与家族组织的关系尤为密切。在福州一带，上元游灯时，还伴随着“抱子观音”，俗称“夫子奶”。扛神的人把“夫子奶”停在路上，让没有儿女的妇人搜身，如果那妇人在“夫子奶”身上搜着一个小布孩，那么，这一年就会怀妊添丁了。② 由于庆灯有如此作用，故各乡族、家族的庆灯、游灯都十分隆重。如连城县宣和乡的庆灯，“从正月初十开始接灯，十一夜起出灯五夜，十五夜灯完。出灯时以铜锣二架、竖牌二对，牌上书‘金吾放禁，玉漏停催，羲经昼泰，龙笔书春’十六个大字作前导，(宗子) 宗衡公之灯在后面，其余花灯跟随其后……十五夜灯完，庆灯完娶者点花放之，取花开结子之义。同时即席请酒行令，大闹通宵。村里流传两首歌谣：‘灯市归来正月中，烛龙火马走西东。歌童不惜鸡三唱，一曲犹翻野树风。’‘酒阑人散兴全消，一梦迷离鹿荫蕉。睡起莞然成独笑，模糊昨夜醉元宵’”③。在姑田乡，各家族则流行游龙灯。这是一种舞龙与游灯相结合的娱乐活动，远观近看两相宜。远观可以看到五彩缤纷蔚为壮观的龙灯全貌，尤其是水中倒影栩栩如生，令人叹为观止，近看则见擎龙群众兴高采烈、

① 参见《连城县文史资料》第七辑。

② 参见《福州民俗谈》，转引自厦门大学图书馆藏《剪报资料》，节俗。

③ 《连城县文史资料》第六辑。

奔放激昂。龙灯庞大而体重，舞游时又需要保持相当的平衡，以免灯火引燃龙身，故需要身体十分强壮。“擎龙的人把两米多长的灯竿接在龙板上，高高举起插入挂在胸前的皮兜里，一步步向前蠕动，有时一板挤一板急速后退，如果脚劲臂力配合不当就要摔跤。每一板龙灯长四米，至少有三个人扶持，因此一些体力较差的人，不敢轻易近前。有人说擎龙是一种全身运动，并不夸张。”① 这种龙灯舞游活动，显然又带有健身娱乐的意义在内。其他的各种民间文艺活动，如傀儡戏、跋狮、高脚、踩街、车鼓弄、套宋江等，也都在迎神赛会的氛围中取得生存和发展，成为乡族、家族基层社会文化生活的组成部分。

在各种迎神赛会中，虽然有着阖族同庆共乐的气氛，但也时刻体现了家族内部的上下伦序关系和尊卑的道德标准。举福州叶氏家族的情景为例，其《祠规》中对于上元悦神仪节的规定是这样的：

> 届时主人率族姓盛服入，分陈匙箸壶盏之属于案，主人及族姓均就位，各上香，执事者举壶酌酒进于主人，主人献酒讫，率族姓行三叩礼兴，各退。分献者于左右龛室焚香进酒，行三叩礼兴，复位。随主人行一跪三叩礼，兴，退。班次：主祭者一人位首行，主祭准以七房内齿长者充。②

这样的祈神活动，与家族的祭祖活动十分相似，是由族长们率领的，其他如舞龙、游灯、迎神等活动，亦无不如此。如连城的游灯，在前面领头的灯笼，必须是宗子长房及其他族长和有仕进功名者，其他各房及一般族人的灯笼，只能尾随其后。舞龙一般由家族总祠出发，先舞进宗子长房祠堂，然后依伦序轮流舞于各房；先舞于族长、年长之家，再遍及各族人之家，最后收龙归脉，回到总祠之中。这种体现上下伦序关系的迎神赛会活动，实际也成为家族内部联络感情和维护家族权威的一种有效的辅助手段。特别是这一系列的活动，大多是由家族统一组织举行的。如永定高东一带的元宵节，一般以

---

① 《连城县文史资料》第六辑。

② 《三山叶氏祠录》,《上元悦神仪节》。

宗祠为中心，“请戏班子演戏，动员各坊要龙灯、舞狮、贴花灯，搭架装烟火，竖杆放鞭炮，均在祠堂决定，大闹三天三夜”[1]。福州的郭氏家族，每年元宵节是由族长主持操办娱乐的，所谓“先世旧规，每年正月十五夜共庆元宵……议定不拘长幼男丁，均出元宵丁分钱五十文，交与当年者备办，至期每灶随带大烛，十三夜齐集当年之家，请出神位致祭，祭毕依序次宴会”[2]。在这里，欢庆的年节气氛，热闹的迎神赛会，丰盛的团拜宴饮，使族人们更进一步感受到家族的温暖与和谐。

福建民间家族的迎神赛会活动，对其内部而言，固有加强族人团结、使族人得到文化娱乐的作用；而在另一方面，迎神赛会活动又直接关系到家族的社会地位和外部威望，这样也就使得福建民间的迎神赛会成为家族与外部联络的一个重要手段。在同一地域内关系比较融洽的不同家族，可以通过举办共同的迎神赛会活动加深友谊和联系。如兴化的天妃神、安溪的清水祖师、漳州的三坪祖师、厦门的保生大帝等，信仰的区域相当广阔，大大超出了家族和乡族的界限。每逢这些神祇的纪念节日，许多家族便能协调地配合起来。我们曾调查过龙溪县二十五都的情景，这里居住着黄、林、李、陈、汤、唐诸大姓及小姓数十个，共同信奉安溪清水岩的清水祖师，虽然在每个家族，一般都有自己族属的祖师庙，但每逢清水祖师神诞日，黄、林诸姓便能共同组成引香队，到安溪清水宫引来祖师圣香，供奉于本境的祖师庙内，众姓集股合资，大举欢宴庆乐、演戏游神。在漳州市郊，有一座“小武当庙”，为邻近乡村所共祀，每年亦有盛大的引香活动，各村各姓派出代表，筹足经费，跋涉千里到武当山引来香火，然后抱着小武当神像，次第供奉游行于各村各姓，均等赐福。[3] 在同一个地域内，往往还有主庙、分庙之分，主庙为这一地域内众姓共有的寺庙，而分庙则系各村、各姓私有的寺庙，每当迎神赛会时，众姓相互协调，轮流执掌、依次引香进奉，乡族之间配合密切，盛典非凡，一团和气。

---

① 《永定文史资料》第七辑。

② 福州《郭氏支谱》卷七。

③ 该寺引香碑文抄件现藏厦门大学历史研究所。

乡族间在迎神赛会上的配合，毫无疑问乡族势力在其中发挥了重要作用，连城县姑田乡的游龙灯，是由华、江二姓共同举办的，在二姓族长的主持下，“元宵节中堡村华、江两姓轮番出龙，至少有一百板以上，称为主龙。这一天最为热闹，外地专程来看龙的客人很多，龙头龙尾都配有神铳、大锣大鼓、十香乐队……可谓盛况空前”①。福安县甘棠堡的郑、陈二姓，每年华光大帝庆典，为了使福荫均等，不致厚此薄彼，两姓族长们专为游神事协调规约如下：

> 一、历年正月初四早神灵下降，先由里街郑祠贺神，次及前街郑，连及旧陈、新陈两祠。其出神，先由前街郑，即日里街郑，随后出神，各遵照旧约，不得紊乱秩序。
>
> 一、历年正月十九日福至完满福，里街郑、前街郑、旧陈、新陈四祠各虔诚享祀，俾获福无疆。
>
> 一、宫内中透上层排列镇殿华光大帝五身，下层中正排列镇殿大帝一身，其里街郑游身大帝归左一，前街郑游身大帝归右一，左二归旧陈祠游身大帝，右二归新陈祠游身大帝。此系公议，亦不得翻异。
>
> 一、宫内左边一透，前街郑与旧陈依旧排列太后元君，右边一透，里街郑与新陈祠排列太后元君。其里街郑原有太后元君四身，兹议里街郑镇殿太后元君两身，与新陈祠太后元君并坐排列，归于上层。其里街郑祠游身太后元君两身坐于下层，各宜依约，勿任意见。②

协调的迎神赛会活动，显示着郑、陈二姓四族间关系的融洽，同时也促进了他们之间的和睦相处。

福建民间各宗族、各乡村举行迎神赛会，还有邀请亲朋好友观摩宴乐的习惯。如在惠安、仙游一带，每年元宵前后，各姓轮流演戏庆贺，当甲姓举行庆典演戏时，便盛邀邻族、邻村的远亲近友，前来看戏作客，而当乙姓庆典演戏时，同样邀请甲姓的亲戚及其他亲戚前来共庆。在这相互往来的迎神赛会中，亲朋好友们一道观戏

① 《连城县文史资料》第六辑。

② 民国《甘棠堡琐记》卷上。

宴饮，畅叙友情，既丰富了乡村的文化生活，也加强了相互间的联系。

然而，在许多场合里，家族、乡族的迎神赛会、文化娱乐活动，往往成为家族向社会显示势力的一种手段，从而成为家族、乡族间冲突对抗的又一导火线。族大丁众的家族，依仗着强盛的政治、经济实力，所举行的迎神赛会活动，规模和奢华程度一般都要胜过那些贫穷闭塞的小村小姓，并以此来表示对于弱小村姓的威慑作用，或显示本家族在地方上的势力范围。我们曾在惠安北部的十三都做过调查，这里有所谓陈姓上四村、下四村，族众近万人，每年元宵出灯游神，族人从宗祠、家庙中抬神掌灯出游，经过族内各房，再向村外游去，游行队伍沿着所谓的“风水”路线环绕一周，鼓吹而回。而这条“风水”路线，则故意侵犯了邻村吴姓、林姓的地盘。据陈姓的老人们说，每年如此出游一番，邻村的“风水”均被陈姓所吸，可以确保本族的平安兴旺。而邻村的吴姓、林姓，因族小丁弱，不敢与之对抗，虽然每年元宵吴、林诸族也有出灯游神的习俗，但每当陈姓大队人马游经之时，他们不得不暂时退避，否则便是一场械斗。吴、林诸姓积忿年久，最后也积蓄力量，联合起来。于是，元宵游神之时，双方均明火执仗，严阵而来，到了互不相让的紧要关头，势必酿成严重的流血械斗。据说德化县有陈、潘二大姓，关系素来紧张，经常发生武装冲突，为了泄愤，每逢迎神赛会时，陈姓家族演戏，一定要先演宋代潘仁美，而潘姓家族则以演陈世美作为报复。盖福建民间戏剧中的潘仁美因陷害杨令公、陈世美弃发妻遭包公刀铡，故历代遭人唾骂。陈、潘二姓把戏台搭在村口，大吹大擂，示辱对方。泉州东西佛会每年迎神接香，经常发生械斗，所谓“东佛去取火，西佛去接香，旗鼓各相当，最怕相逢狭路旁，狭路相逢不相让，流差蓦地相打仗，打仗打死人，石片弹子飞如尘。东家妇，西家叟，茫茫丧家狗，孩子倒绷走，神魂惊去十无九”①。这种因迎神赛会而导致家族、乡族间的冲突，在清代几乎成了一个严重的社会问题，乾隆年间福建官府曾专门为此事颁发禁令，如在

① 吴增：《泉俗激刺篇》，转引自《泉州文史》，1984（5）。

《严禁闯神并装扮鬼脸奇形异状》中云：

> 照得迎神赛会，往有明禁；凶徒滋事，更当严处……好事之徒，创为迎闯神名色，每逢春初，即互相迎会……每境一起，黉夜鸣锣击鼓，并执火把者，自五十、六十至百余人不等，复有恶棍于火把内私藏木棍，一遇别境闯神相值，争先夺路，即以火把为器械，行凶斗狠，每滋事端……此等不经恶习，一体禁止，合行示禁。①

又《禁迎神赛会》中云：

> 八闽地方，每见诞妄之徒，或逢神诞，或遇令节，必呼朋引类，旗鼓喧闹，或抬驾闯神，或迎赛土鬼……竟同儿戏，且若与他迎神相遇，则又彼此争途，稍有不让，群起互殴，反置神驾于道旁，每致滋生事端，身蹈刑法……合行明白示禁。②

官府的禁令自然无济于事，家族、乡族之间的关系更趋复杂化。

这里，我们还应当对家族文化生活、迎神赛会的组织者作一粗浅的分析。福建民间的文化娱乐、迎神赛会受到家族制度的影响十分明显，特别是在家族祭祀与迎神赛会、文化娱乐活动结合在一起的场合，以及正规的年节庆贺，其组织者大多是家族中的族长、房长等领导阶层。但由于文化教育的层次不同，家族内部各个阶层对于文化生活的需求亦有很大的层次差别，这就势必造成家族内部的各种文化娱乐包括迎神赛会活动，出现不同的组织者。

家族中的士绅学子们，是家族文化教育的重点培养对象，随着文化教育的加深并中举出仕。虽然这些士绅学子们为家族的事业做出了积极的贡献，但在文化思想素质上，显然与一般的族人有很大的不同，或者说有了高人一等的自豪感。为了维护自身的尊严和士绅的应有风范，这些人势必不能与一般的族人一样，狂欢滥饮，趋于俗流。因此，这些士绅学子们往往有他们圈子内独特的文化生活活动，如组织诗会、文会等。连城县新泉张氏家族甚至把这种士绅学子的文会活动写进族规：

---

①② 《福建省例》卷三四，《杂例》。

> 文会，《易》言《同人》雅歌《伐木》，故相视而善，谓之摩□。合一方之士相与讲习功课，嗣后彼此互有进益。今已设立文会，族内父老乐捐数十金，佥选的当人生放……定于三、八两月文会一次，□春秋二闱。俟银两扩大，则每月俱有会，课资与饮食皆取给于此。永著为例，别项用度不许将会银挪用。①

这个文会是家族内的活动，实际上，士绅学子间的文会大多是超越家族界限的，因为文会的组织前提是身份，而不是血缘和地域。这种士绅文人间的集会结社，一方面自然是文化教育层次较高的体现，另一方面也是社会身份特殊的表现。士绅学子们通过文会、诗会，饮酒赋诗作文，其乐陶陶。然而这种聚会曲高和寡，与一般族人没有多大的联系。

家族的士绅学子们受过比较正统的儒家思想的灌输，家族制度所提倡的尊祖敬宗、孝悌恭友等原则，与儒家的思想是相通的。因此士绅学子们对于修建祠堂、编纂族谱、置买祭田、设立义庄等，是积极参与并发挥重大作用的，对于家族的共同利益也是大力维护的。但是，他们对于鬼神崇拜，却多少受到儒家不言鬼神信条的影响，大多采取敬而远之的态度，较少积极倡导。许多有识的士绅学子，甚至大力呼吁禁绝那些荒诞不经的鬼神迷信活动。如宋代，朱熹在漳州当地方官，发布《谕俗文》，劝诫民间不得淫祠滥拜，其中有“劝谕遭丧之家及时安葬……一切不须斋僧供佛广设威仪。劝谕男妇不得以修道为名，私创庵宇。约束寺院民间不得以礼佛传经为名，聚集男女昼夜混杂。约束城市乡村不得以禳灾祈福为名，领掠财物，装弄傀儡”②。

正派的士绅学子们既不屑于主持迎神祝鬼活动，那么福建民间的迎神赛会活动，特别是那些荒诞不经的鬼神崇拜，有相当一部分是由地方和家族中的流氓地痞操纵控制的。宋代龙溪县名儒陈淳在《与赵寺丞论淫祀书》中说：

① 连城《新泉张氏族谱》卷首，《族规条款》。
② 《重纂福建通志》卷五六，《风俗志》。

淳窃以南人好尚淫祀，而此邦（引按：指漳州）尤甚，自城邑至村庄，淫鬼之有名号者不一而所以为庙宗者，亦何啻数百所。逐庙各有迎神之礼，随月迭为迎神之会，自入春首便措置排办迎神财物事例，或装土偶名曰舍人，群呵队从撞入人家，逼胁题疏，多有索至十千，少者亦不下一千。或装土偶名曰急脚，立于通衢，拦街觅钱，担夫贩妇拖拽攘夺，真如昼劫。或印百钱小榜随门抑取，严于官租……凡此皆游手无赖生事之徒，假此以搜括财物，凭藉使用。内利其烹羊击豕之乐，而外倡以禳灾祈福之名。始必浼乡秩之尊者为签都劝缘之衔以率之，既又挟群宗室为之羽翼，谓之劝首，而豪胥猾吏又相与为爪牙，谓之会干。愚民无知，畏祸惧灾，皆为勉倾囊舍施，或解质举贷以从之。今月甲庙未偿，明月乙庙又至，后月丙庙丁庙又复张颐接踵……钱既裒集富衍，遂恣为无忌惮，既塑其鬼之夫妇，被以衣裳冠帔，又塑鬼之父母曰圣考圣妣，又塑鬼之子孙曰皇子皇孙，一庙之中，动以十数像。群舆于街中，且黄其伞龙其辇黼其座，又装御直班以导于前，僭拟逾越，恬不为怪。四境闻风鼓动，复为俳优戏队相胜以应之……一岁之中若是者凡几？庙民之被扰者凡几？几番前后有司不能禁。①

这种情况到明清时期以至民国时期依然如故，如林枝春谈福州府的鬼神巫怪崇拜时说："俗喜淫祀，非有其名也，臆名之，则臆祀之，而驱人共祀之，而人与与又从而张大之，故每岁迎神设醮举国若狂……在官吏役阴左右之，破家财犯宪典彼以为神出力也，凶徒丑类处处团结鬼社以此为雄……偶逢疾病，必设坛鸣鼓连朝及夕，恫疑虚喝，假神威造妖语，而无籍之徒利其饮食为之奔走游荡。"② 泉州一带则有一班"流差"者，又叫"阿散"、"铺赤"，亦经常以操纵地方上的迎神赛会为能事，所谓"浪子变流差。饮博不顾家，人野蛮、性凶暴，强为劫、弱为盗。刺人惯用刺仔刀，硬砍头颅如脱帽，狼群与狗友，翻云覆雨须臾久"。他们挨家挨户

---

① 《重纂福建通志》卷五六，《风俗志》。

② 同上书，卷五五。

敛财物，派香款，不遂不休，“聚赌窝娼，取火接香……此辈不除祸未央”①。

值得注意的是，流氓地痞不仅在迎神赛会活动中发挥作用，而且在许多家族、乡族事务中，也都显示了他们的力量，特别是当家族与外界发生冲突时，这些流氓地痞所发挥的作用尤为明显，谢金銮在《治南狱事论》中谈及泉州的家族械斗，多为“桀恶”所把持：

> 凡泉民械斗，先期必有乡之桀恶能把持其众者，按户派银派丁，银以资食用，丁以助攻斗，其家无壮丁，及有壮丁而不任斗者，必加派之银……甚者男妇过其境，则污之戕之，或縶之使赎，然往往不以闻之官。②

陈盛韶在《问俗录》中谈漳州诏安一带的械斗：

> 械斗之动，动于利也。齐其心，齐其力，必各齐其财，丁亩钱是也。丁亩奈何？计丁出钱若干，计亩出钱若干。核数者、总催者、散摧者、簿入者、簿出者，各司其职，有条不紊……索钱豪恶疾目切齿，须臾难缓，漳、泉百姓敢于抗粮，不敢于抗此钱者。不畏官，畏强梁也。火药火器出于斯，兵糈差费出于斯，和尸亲递息呈，亦出于斯。城乡无耻之徒，逐臭蚁附，而不肖家房长，藉敛钱渔利，族中恶少无产妻子，喜于滋事……皆丁亩钱之流弊大也。③

我们曾到惠安、仙游一带调查基层社会的行政管理问题，发现在清末民国时期，政府要在地方上贯彻某些治安行政措施，在很大程度上要取得当地流氓地痞的默许和配合，甚至事先征求他们的意见，政府要在地方上逮捕罪犯惩治违法者，也要与这些流氓地痞达成某种妥协和谅解。清代中后期以至民国时期，政府在地方上组织民团、团练以及官府衙门中的胥吏差役，参加者亦大多属于流氓地痞，而他们本身就与所谓的“盗贼”难以分清，关系密切。如嘉庆《云霄

---

① 吴增：《泉俗激刺篇》，《流差》，转引自《泉州文史》，1984（5）。

② 谢金銮：《泉漳治法论》。

③ 陈盛韶：《问俗录》卷四，《诏安县》。

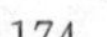

厅志》云："地保差役兵丁阳为呐喊起杀，其实皆贼之耳目，土俗所谓驱贼者半知贼，而拿贼者无一贼，其赶贼杀贼者皆其窝贼通贼分赃者。"[①] 民国时期的调查报告亦云：

> 民团与民团之间，因为利害关系的不平稳，也常常发生冲突与纠纷。最感觉兴味的要算这些民团与土匪的关系……闽侯大湖五十四都有一个民团长，和土匪首领在一土神座前歃血互誓，他们除交换肉票之外，几乎有订立互不侵犯的盟约那般的倾向。因此民团勾结土匪和引用土匪的事实，并不怎么奇特。事实上这些民团在农村里俨然以土皇帝的卫队自居，以掠夺来实现他们保卫的目的。[②]

这些流氓地痞，实际上构成农村家族、乡族社会权力中的又一种不可忽视的势力。在某些场合和某种意义上甚至可以说，地痞流氓与族长、房长、士绅学子们，共同形成了地方家族、乡族的领导阶层。

流氓地痞在家族、乡族事务中发挥作用，这也反映了福建基层社会流氓文化有着牢固的社会基础和实用范围。家族观念就其内部而言，固然追求和谐平等，敬上抚下，而对外部而言，则始终有极为信奉武力、信奉弱肉强食的一面。宋明以来家族制度的兴盛和发展，其本身就是为了适应动荡纷乱的社会变迁而形成的有着鲜明自卫、割据性质的一种社会组织。这种家族观念与社会基层的流氓地痞文化在一定程度上是相通的。于是，一般士绅势力和家族组织所难以达到的社会效果，而下层流氓地痞却可利用武力、欺诈、投机取巧乃至不择手段地达到这种效果。因此，家族中的士绅文化和流氓文化，既体现了家族文化的两个不同层面，同时又是相辅相成、互相配合的，它们从各自不同的角度，为巩固和发展家族制度做出了应有的贡献。

① 嘉庆《云霄厅志》卷二，《学校》。
② 冯和法编：《中国农村经济资料》第十章，《福建省》。

第十四章 民居特色与家族土堡

福建家族制度的兴盛，使民间的聚落形式和民居建筑富有特色，独具风格。

家族制度的一个重要表现形式就是聚族而居，福建农村的自然村落大部分是一村一姓。所谓“乡村多聚族而居，建立宗祠，岁时醼集，风犹近古”①。这种一村一姓的聚落形式，虽然在布局上往往因地制宜，呈现出许多不同的造型，但是由于家族制度的影响，村落中必须具备应有的宗族组织设施，特别是敬神祭祖活动，已成为民间社会生活的一项重要内容，每逢节日，家家、族族都要举行祭祀荐享。即使平时，在家祠、庙宇也常常香烟缭绕。因此，村落内宗祠、宗庙的建造，成为各个家族村落显示势力的一个重要标志和象征。这种宗祠、宗庙不仅遍及全省各地的村村寨寨，而且往往也是各个村落里最雄伟的建筑物。宗祠、宗庙大多建筑在村落的核心地带，而一般的民居，则环绕着宗祠、宗庙依次建筑，从而形成了以家族祠堂为中心的村落布局特点。我们曾实地调查了泉州惠安县北部的玉湖村，这里是陈姓的聚居地，现有陈姓族人近五千人。全村共有总祠一座，分祠八座。总祠坐落在村庄的最中心，背面朝东，总祠的近周为陈姓大房子孙聚居。二房、三房的分祠坐落在总祠的右边，坐南朝北，围绕着二房、三房分祠而修建的民居，也都是背南朝北。总祠的左边（北面）是六房、七房、八房的聚居点，这三房的分祠则坐北向南，民居亦坐北向南。四房、五房的子孙则聚居

---

① 民国《福建通志》卷七二，引《邵武府志》。

在总祠的前面，背着总祠、大房，面朝东边。四、五房的分祠也是背西朝东。这样，整个村落的布局，实际上成为一个以分祠拱卫总祠，以民居拱卫祠堂的结构形式。再如连城新泉的汤背村，这是张氏家族聚居的村落，全族共分六房，大小宗祠、房祠不下三十座。由于汤背村背山面水，地形呈缓坡状态，因此这个村落的所有房屋均为背山（北）朝水（南）。家族的总祠建造在汤背村的最中心，占地数百平方米，高大壮观，装饰华丽，内设有宽敞的议事厅（新中国成立前曾被国民党地方政府据为乡公所，现辟为新泉革命纪念馆），而六房的分祠则按左大右小的原则排列。大房、二房、三房的分祠和民居分别建造在总祠的左侧，四房、五房、六房的分祠和民居则建造在总祠的右侧，层次分明，十分壮观。像惠安陈氏和连城张氏这样较为典型的家族聚落布局，充分体现了宗祠的权威性和民居的向心观念。

家族祠堂成为聚落点布局的核心，为了保障家运族运久远，各个家族都十分重视祠堂的风水气脉，祠堂选址，讲究山川地势，藏风得水，前案后水，背阴向阳，以图吉利兴旺。如连城邹氏家族的华堂祠，“观其融结之妙，实擅形胜之区，觇脉络之委蛇，则远绍水星之嶂，审阴阳之凝聚，则直符河络之占局，环龙水汇五派以潆洄，栋宇接鳌峰，靠三台而挺秀，是诚天地之所钟，鬼神之所秘，留为福人开百代之冠裳者也。而且结构精严，规模宏整，瞻其栋宇，而栋宇则巍峨矣，览其垣墉，而垣墉则孔固矣，门厅堂室，焕然一新”①。有的祠堂甚至几经更改修葺，以符合风水之胜，如邹氏家族的礼崇公祠堂，其派下子孙“讲求微奥，所有先祖祠宇庐舍坟墓山形坐向，校之罗经，其中错妄者而更改之，损塌者而修葺之。卜千年春秋祭祀之地，至若世世簪缨，房房富贵”②。

除了家族祠堂之外，福建家族聚落布局的另一个引人注目之处，是家庙的建筑。家庙大多建造在村落的前面，俗称“水口”，显得十分醒目。家庙设置在村落的前面（水口），一方面当然是企图借助神的威力，抵御外来邪魔晦气对于本家族的侵扰，一方面则大大增强

①② 连城四堡《邹氏族谱》，《祠堂》。

了家族聚落点的外部威严感。在村口、水口家庙的四周，往往都有古老苍劲的高大乔木树林，更显得庄严肃穆。家族村落的布局，力求从自然美感、风水吉地、宗祠核心、家庙威严等各个方面来体现家族的存在，使家族的观念渗透到乡人、族人的日常生活中去。

福建民居的单独宅院结构也很有特点。固然，由于地形地貌的复杂多变以及各地历史沿革、社会风俗、传统营建方法的差异，福建民居宅院的类型是很多样化的，有规模宏伟、装饰华丽的“大夫第”、“尚书第”宅院，也有低矮局促的贫民陋居。然而就大多数住宅而言，福建的农村民居一般都具有几个共同的特点，即：中轴对称，主次分明，以厅堂为中心组织院落，通廊、厅堂宽敞并贯穿全宅。

所谓中轴对称，主次分明，即是指在一条纵向轴线上，布置一系列重要建筑，并左右对称地布置其他所属用房和院落。这种布局方式本是我国民居建筑的一个传统特征，福建民居又以其独特的形式使这一特征表现得尤为突出。一座比较典型的福建民居，在其纵向主轴线上，依次布置着宅院大门，主庭院、主厅堂、后庭院、后厅堂等一系列起伏有致的内外空间。其中主厅堂分外高大，装饰考究，是全宅的中心。对称布置于主厅两侧的是供长辈居住的“大房”，“大房”与主厅堂共同组成全宅建筑的主体。主庭院横陈于主厅堂之前，对称布置于其两侧及后面的是一般的居住用房。这些房屋要比主厅堂矮小得多，装饰也较为简单。

福建民居宅院的核心是突出厅堂。这种结构与我国北方常见的四合院民居存在着很大的差别。北方四合院的主体是庭院，其庭院都是较宽敞的室外空间，围绕庭院四周的房屋，尺度都比较小。作为主体建筑的堂屋，虽然位居中轴线上的主要部位，但其空间体量与其他三面的房屋相比，差别并不显著。因此，宽敞而又方正的庭院，自然成为院落的中心。在福建民居中则不然，由于庭院相对狭小，而厅堂都高大开敞，两相对比，厅堂自然处于十分突出的地位。①

① 关于福建民居的特点，本文参考高钤明、王乃香、陈瑜：《福建民居》（北京，中国建筑工业出版社，1987）有关章节。

福建民居宅院之所以刻意突出厅堂的地位，显然是为了适应家族制度的需要。主厅堂是各个家族及家庭敬神祭祖、接待宾客、举行婚丧仪礼等的场所，也可以说是家族及家庭进行内部管理的场所，为了显示它的权威和尊严，故其建筑高大，装饰考究。特别是有一些家祠与住宅合在一起，主厅堂部分同时兼有祠堂的功能，这就使得以祭祀为主要功能的厅堂，更在民居的整体结构中占有相当突出的地位。而其他房舍与主厅堂的社会作用相比，不能不退居其次。此外，其他房舍根据“长幼有序”、“男尊女卑”的习俗，分别依次安排在适当的位置上，从而使福建民居建筑的主次程式显得格外分明，进一步体现了家族内部严格的等级观念。

福建民居还相当重视门楼的造型及装饰，门楼式样多姿多彩。一般的门楼建成两坡顶、单檐式，规格高大的入口门楼则建成歇山顶、重檐式，檐口飞翘，檐脊作燕尾式翘角，檐下加斗拱数层。有的宅院甚至建成两重门楼。有的门楼则轮廓突出，门口高出围墙，着意修饰的门楼显得十分醒目。还有的门楼则建成“门罩式”，在门口上方挑出木质或砖砌雨罩，既可以挡雨，又突出了大门的位置。一些较大型的建筑物，如祠堂、宗庙，以及官宦门第，大门外还有石狮、石鼓等，更显得气派。门楼上方的门额横匾，更是福建民居外部门面造型的显目核心。在一些官宦世家，为了显示家族的高贵，往往在门匾上雕刻着“尚书第”、“大夫第”、“进士第”，以及“亚魁天下”、“五代尚书”等字样。而一般的家族在门匾文字上所反映的则大多是显示本家族的渊源宗派，如“颍水世泽”、“淮南世家”、“颍川流芳”、“江夏衍派”、“弘农传芳”、“九牧传芳”、“开漳世家”等。在家族祠堂的门柱上，往往镌刻着一对长联，这种长联更是把家族的渊源门派表示得十分清楚。如福安甘棠堡的薛氏宗祠，其长联是：“禄阁旧家声，溯当年避乱唐时、创堡明季，妙藉狮岫钟祥昌万代；棠江开望族，喜此日燕翼图新，鸿基趋旧，好从鳌峰挺秀庆千秋。”① 陈氏宗祠的长联是：“数十世避乱侨居，凤塽发祥，羡者番肯构肯堂，黎阁家声光

① 民国《甘棠堡琐记》卷下。

自昔；三百年创业垂统，莺迁衍庆，喜此日美轮美奂，棠江庙貌著维新。”[1] 再如同安五显乡后塘村“桃源”颜氏祠堂，其楹联写道：“自唐历宋历元历明历清，簪缨世代，入闽而德（化）而永（春）而金（门）而同（安），瓜瓞云礽。”这些装饰，一方面增添了家族民居的庄严，另一方面也起到了追本溯源的作用，时刻向族人强调家族血缘的观念，极有助于家族的内部团结与协作。

最能体现家族割据色彩的民居是明代中叶起大量兴筑起来的福建家族土堡。明代嘉靖、万历年间，商品经济的发展和社会环境的恶化，使得福建各地家族自卫、家族武装的风气再度盛行起来。而土堡作为家族自卫、家族武装的强有力的依托，也应运而生，并在当时防御盗贼等外来侵掠、保家卫族中发挥了显著的作用。如《仙游县志》云：“（嘉靖间）民间之筑寨守御者，如西北之南湖、砺壁、剑山、宝幢，东南之羊角、东乡之铜盘、光浦，皆尝据险杀贼，民赖以宁。”[2] 又如李世熊在《寨堡记》中记该乡的寨堡：“壬辰（1592）之春，圜土粗毕，城屋渐次可居，及七月十六日，流寇突入本乡。吾宗早已据砦，尚有村妇数十，仓卒逃窜，贼方追逐，新堡乃出旗遮邀出，村妇望堡投奔，堡兵发铳伤一贼，贼遂敛止，妇悉得全。”[3] 诏安梅洲吴氏家族，因明代中叶海寇窃发，岁无宁日，乃“蒸土为砖而筑之，不期年而城就绪，嗣是以来，雄视屹立，山海群寇不逞出入为灾，皆敛足而不敢犯。闻有倭夷入寇，所在频遭锋刃，吾乡恃以无虞，而远近投生奔命云凑蝟集者，又不知几千万众矣”[4]。

福建民间土堡群在明代中叶兴盛之初的最直接目的是为了御敌保卫乡族，这就赋予土堡的建筑具有明显的地缘和血缘相结合的特征。正因如此，明清时期福建乡村土堡的建筑，除个人独资经营供房族共用外，一般采用如下三种形式：一、一姓（一房）共筑；二、一村共筑；三、数村或数姓共筑。而其中尤以一姓共筑的形式最为普遍，势大丁众的家族，一姓所筑的土堡往往达数座甚至数十座之

① 民国《甘棠堡琐记》卷下。
② 乾隆《仙游县志》卷一一下，《关寨》。
③ 李世熊：《寨堡记》，载《清史资料》第一辑，北京，中华书局，1980。
④ 诏安《吴氏族语》，《梅池城池记》。

多。康熙《平和县志》记载该一县较大的土堡有130余座，我们将其分门别类列表比较，便可以明显地看出明清时期福建乡村土堡中地缘和血缘相结合的这一个特征，见下表：

明清时期福建乡村土堡统计分析量表

<table>
<tr><td>主建形式</td><td>姓氏</td><td>土堡数量（座）</td><td>姓氏</td><td>土堡数量（座）</td><td>合计</td></tr>
<tr><td rowspan="15">一姓共筑</td><td>朱姓</td><td>5</td><td>蓝姓</td><td>1</td><td rowspan="15">108</td></tr>
<tr><td>曾姓</td><td>3</td><td>张姓</td><td>8</td></tr>
<tr><td>林姓</td><td>15</td><td>叶姓</td><td>6</td></tr>
<tr><td>陈姓</td><td>15（处）</td><td>江姓</td><td>2</td></tr>
<tr><td>吴姓</td><td>3</td><td>洪姓</td><td>1</td></tr>
<tr><td>苏姓</td><td>1</td><td>卢姓</td><td>1</td></tr>
<tr><td>赖姓</td><td>6</td><td>温姓</td><td>1</td></tr>
<tr><td>李姓</td><td>3（处）</td><td>周姓</td><td>1</td></tr>
<tr><td>蔡姓</td><td>4</td><td>范姓</td><td>1</td></tr>
<tr><td>黄姓</td><td>11（处）</td><td>高姓</td><td>2</td></tr>
<tr><td>杨姓</td><td>3</td><td>曹姓</td><td>1</td></tr>
<tr><td>郭姓</td><td>7</td><td>罗姓</td><td>1</td></tr>
<tr><td>方姓</td><td>1</td><td>游姓</td><td>1</td></tr>
<tr><td>翁姓</td><td>1</td><td>郑姓</td><td>1</td></tr>
<tr><td>庄姓</td><td>1</td><td>何姓</td><td>1（处）</td></tr>
<tr><td>主建形式</td><td>堡名</td><td>筑主</td><td>堡名</td><td>筑主</td><td>合计</td></tr>
<tr><td rowspan="17">众姓共筑</td><td>黄竹坑</td><td>其堡不一，姓亦不一</td><td>宝善</td><td>不一姓</td><td rowspan="17">31</td></tr>
<tr><td>崎岭</td><td>其堡不一，姓亦不一</td><td>圆窗</td><td>不一姓</td></tr>
<tr><td>彭溪</td><td>陈、何二姓</td><td>宝峰</td><td>不一姓</td></tr>
<tr><td>沟盾</td><td>不一姓</td><td>翠薇</td><td>不一姓</td></tr>
<tr><td>严坑</td><td>不一姓</td><td>豆行</td><td>不一姓</td></tr>
<tr><td>水寨</td><td>不一姓</td><td>半埔</td><td>不一姓</td></tr>
<tr><td>高山</td><td>不一姓</td><td>铜场</td><td>不一姓</td></tr>
<tr><td>大半</td><td>不一姓</td><td>卓埔</td><td>高、江二姓</td></tr>
<tr><td>小溪尾</td><td>不一姓</td><td>峰山</td><td>不一姓</td></tr>
<tr><td>杨海潭</td><td>不一姓</td><td>五斗</td><td>不一姓</td></tr>
<tr><td>下径</td><td>不一姓</td><td>十二排</td><td>不一姓，
亦不一堡</td></tr>
<tr><td>上下浦</td><td>不一姓</td><td>长富</td><td>不一姓</td></tr>
<tr><td>西岭</td><td>不一姓</td><td>大丰</td><td>不一姓</td></tr>
<tr><td>龙岭</td><td>不一姓</td><td>山岗</td><td>不一姓</td></tr>
<tr><td>郑陂墩</td><td>不一姓，有公馆</td><td>曹充</td><td>不一姓</td></tr>
<tr><td>龙圭</td><td>不一姓</td><td></td><td></td></tr>
</table>

由上表可以看出，明清之际平和县的土堡建筑，以家族血缘关系为纽带（一姓建筑）的土堡有108座（处），约占土堡总数的78%，而由二姓以上合筑的土堡有31座（处），约占22%。而其中一姓所筑的土堡中，陈、黄、何、李四姓在高坑、大坪、河地、象湖四处的土堡尚不止一座，如大坪的李氏土堡有二十余座，河地何氏的土堡有十余座。因此，平和县一姓共筑的土堡实际数量所占的比重，还当超过78%以上。这种情况不仅平和县如此，其他各地亦大体一样。可以说，明清时期福建乡村土堡建筑的最大特点，是以家族血缘关系为主，以地缘关系为辅。

福建乡村的土堡建筑是多种多样的，造型有方、圆、八角、半圆、半方等式样，高度有一层、二层以至五六层者，各具风姿。综合起来分析，大致可以分为如下三种不同类型。

一、围城式。即在乡族民居的四周，修筑一堵可供战斗防御之用的围城。这种围城式的土堡规模一般都比较大，实际上是模仿官城结构而筑。如闽西连城新泉张氏家族所筑的土堡，“嘉靖年上杭巨寇李之奴入境，胁迫杨廷兰、杨廷胡等作乱，惊动官兵，虽已芟荑，而堡砦不设，亦徒栖苴其居。先年蒙署县本府刘推官目击斯故，曾倡大义，就于汤背筑立土堡一所……周围共计五百零六丈，高一丈五尺，厚一丈一尺，设城门五座以便居民出入”①。连江县的幕浦堡，“嘉靖三十八年（1559）春，倭寇大炽，居人弗宁，沿海数十里内，尤被其害……余姓绅士暨乡父老分画利害……是年十月始作，越明年正月城成，周三百六十丈，高一丈二尺，基广十丈，为门四，附城内外路各三尺”②。霞浦的赤岸堡，“嘉靖乙卯（1555），倭自浙入蹂躏遍州境……江边民（集）金九百五十两有奇，伐石营垣，周围三百二十丈，高二丈，址厚视高加二尺，门四，敌楼二，落成于四月，盖巍然一雄障矣”③。永安的贡川堡，亦为嘉靖三十九年（1560）筑，“广计六百二十三丈，高计二丈四尺，费金六千有奇”④。

① 民国《连城新泉张氏族谱》卷首。
② 民国《连江县志》卷六，《城市》。
③ 民国《霞浦县志》卷六，《城市》。
④ 雍正《永安县志》卷四，《城池》。

漳浦湖西乡硕高山的赵家堡（俗称赵家楼），其规模尤大，城堡分内外城，条石砌基，三合土墙，高 6 米，宽 2 米，周长 1 082 米。这种土堡因其规模宏大，工程浩大，非巨乡大族不能措办。从军事的观点看，土堡之内为本乡族的居民点，人力物力较雄厚，可供长期支持，但因城墙过长，遇敌固守难免有疏漏之虞。

二、碉堡式。即各乡族中人根据各自居住的自然村落的位置和地势，在险要的地点建筑坚固易守的土堡，族人平时无事时各自在家，一遇事变，便阖族避入土堡，土堡内设有临时的居住生活设施以及必要的武器装备。较为典型的有漳平县永福乡李庄下楼的“长青楼”，系明万历年间李氏所营建，其祖辈“为儿孙辈建三层楼一所，址在龙船载宝山脚，号曰长青楼，俗曰乌楼，昭牛倒地形，坐甲向庚兼寅申。当日建此楼，家资十厚，全为避乱地步，所以不辛劳苦，不惜工本，地基据深成潭，先用老松排叠作底，然后石角团团砌起，中间填土，填至平基，有九年之久，墙厚一丈，门架两重”①。门楼上端有瞭望口和枪眼，楼四周有护楼沟丈余，设吊桥出入。

这类土堡的优点是规模不大，但极其坚固险要，适宜族人临时避难之用，因而此类土堡在战乱时尤为盛行。如《晋江梅溪陈氏族谱》记载嘉靖年间该族受倭寇进扰时云：“山人避难入郡城者从无计出，则姑携家归田理山以图后，又虑流移之难，则议各筑土堡以自固：家崖叔则有景田园之堡，肖瑞叔则有油园之堡，尔澜则有园尾、杜青之堡。”② 又如陈鸿等著《清初莆变小乘》记顺治年间闽海骚动，莆田各地纷筑土堡以自守事云：“附海居民，难受海上不时拿人拷饷，抄侵财物，因构筑土寨，又名土楼。高七八丈，广十余丈，墙厚三四尺，中作三层，状如城楼。四方如筑城，上用瓦盖。男女器物俱贮于内。日间依然在家种作，遥望贼至，即入寨登楼。夜间男妇俱入。倘有警即鸣锣，令各乡协救……于是各乡皆设土寨、山楼，大乡设大寨，小乡设小楼。各楼设大小铳及各项军器。七楼尾层，四面有窗，如城垛一般，以便了望，及放炮射箭。”③ 可见此类

---

① 光绪《永福李氏族谱》十一世，《桂林公》。

② 万历《晋江梅溪陈氏族谱》附记，《家难考》。

③ 陈鸿、陈邦贤：《清初莆变小乘》，载《清史资料》第二辑，北京，中华书局，1981。

碉堡式的土楼，更具有武装自卫的性质。但是堡小物质有限，难于作长期支持，遇有外患，仅保乡人族人性命，而宗祠家庐等日常生活场所便无能顾及了。

三、家堡合一式。这是一种把御敌的堡垒建筑和乡邻族人的居住建筑有机地结合起来的土堡。从外表上看，俨然是一座超大型的楼堡，而在其内部，则乡邻族人所居住的房间，依傍着土堡的内墙结构，挨次建造，多者可达数百间，并有“高三层、四层，也有五层，均为族人长年居住之用”①，一般可容数十人以至数百人。清初宁化李世熊所记李氏家族的堡寨颇具典型，其略云：

> 戊子年（1668），变乱益剧，吾宗咸以寨为家。于是砌马道，增木垛，建东南两城楼，而寨势益壮矣……
>
> 四周可一百六十丈畸。城厚一丈，城外马道一丈，道外浚濠广二丈。即运濠土以筑城，城垒石为址，石址出土者二尺，城当高一丈七尺畸，末杀于本十之一。女墙高可隐人，厚杀墙基十之七。城上马路广七尺有咫。正西城门广一丈六尺，卷石为瓮，高九尺。上有城楼建厅事，可合众坐议也。城门连接为铳城，广四丈二尺，深二丈八尺。下三面列铳眼，附城监楹架板为马道，周栏面垛，可瞭可坐守也。转南角开门出口，砖为柱者，厚三尺……正南之午开一门，挹南峰之秀，广丈有二尺，高九尺，上盖巨木三层然后载土，亦覆以楼齐如墙城。南之亥，北之巳，各虚地一丈。为井方六尺，汲路三尺，井深九尺。汲道中开弄达铳城，便街居者赴警也……各覆以楼，监楹架板，与大城齐，三面皆垛，亦可了瞭可坐守也。城内一区分五进为正屋，以居本宗。每进纵四丈六尺，横二十九丈三尺，宽隘惟居人自定。②

像宁化李氏家族这种土堡，将居民居住房屋与御敌的堡寨结合在一起，无论是从建筑艺术上、军事上，或是在经济实用上，都具有比以上两类土堡更大的优越性，它既有碉堡式坚固易守的长处，又因

---

① 《长青楼》，载《闽西文丛》，1983（3）。

② 李世熊：《堡城记》。

其内部具备长期生活的条件，可作长期的支持。因此，这一类型的土堡，在福建乡村的土堡群中最为常见，也是目前遗留下来最多的一种土堡。

明代中叶以后兴旺起来的以家族自卫、防寇御敌为主要目的的家族土堡，到明末清初之际发展到了顶峰。连年不断的战乱，迫使人们更加依赖家族的力量，筑堡防敌。如闽西一带，“乡人缚茅避兵寇……自明季至顺治壬辰（1652），流寇十数经过……乡人砦居凡八年”①。李世熊的家乡宁化县，“贼风大炽，攻城掠邑，在在见告，城守不如保砦之逸矣……吾宗计户区分构宅，为乡人之倡。至丙、丁间（1646—1647）渐次辟除，偏茅筑圜（土砦），栉比鳞次，遂俨然如村落”②。到了清代康熙年间以后，福建的社会趋向稳定，土堡防寇御敌的功能逐渐失去意义。于是，许多乡族土堡，尤其是家堡合一式的土堡，逐渐向民居化转变。乾隆《上杭县志》记载当地土堡演变的这一过程时云：“寨之筑起于前（明）代者……为自卫制人之所，按其规制，或筑于山顶，藉居高临下之势，或结于旷野，成左右犄角之形。幸际升平，寨亦虚而无用，平居民人等诸蔀屋。”③

目前沿袭土堡作为民居最多的有南靖、平和、永定、龙岩、上杭等县，其他如漳浦、华安、漳平、永安、三明、古田等县，也有不少土堡式的民居建筑，随着土堡建筑经验的积累和提高，这种以聚族而居为主要目的的土堡民居建筑，其规模和式样愈来愈雄伟壮观、丰富多样。其中，闽西南山区的生土建筑的土堡，规模之大和造型之特异，堪称世界之最，已得到国际生土建筑学家的公认。如永定县所建的高大土方楼、土圆寨，数不胜数，遍布全县各个乡村角落，令人目不暇接，叹为观止。

永定圆型土楼较具代表性的有古竹乡高北村的承启楼。承启楼又名壬助楼，土木结构，建于康熙年间，距今约三百年。全楼外圈周长 229.34 米，全楼 4 层，高达 12.4 米，围墙底层厚度 105 米，顶部厚 0.9 米。内部民居依围墙内壁而建，全楼共有 400 个房间，

---

① 康熙《宁化县志》卷一，《山川志》。
② 李世熊：《堡城记》。
③ 乾隆《上杭县志》卷五，《武备》。

总面积 5 376.2 平方米。中央设大厅 1 个，外圈主楼设楼梯 4 座，大门 3 道，各圈设巷门 6 道，水井 2 口。全楼最盛时居住 80 户人家，达 600 余人。

比较典型的方型土楼有高陂乡上洋村的遗经楼。遗经楼又名华兴楼，主楼是 3 座 5 层楼并联而成，外墙东西长 136 米，南北长 76 米，墙厚 1.10 米，占地面积 10 336 平方米。主楼前面设大厅、中厅及大门楼，外形高大壮观。楼外布置有花园、鱼塘、晒坪，楼内有水井、磨米房、学堂等附属建筑。据云全楼最盛时亦居住 500 余人。

其他还有各种圆、方、不规则的混合型、府第型的土楼。如高陂乡富岭村的五凤楼，前后纵深 108 米，东西宽 59 米，占地 5 112.5 平方米，主楼 5 层，高度 1 104 米，配楼 3 层，高度 9.5 米，主、配楼高低错落有致，配以巨大出檐的九脊顶，显得气势轩昂、庄重壮观。再如抚市乡的永隆昌楼，由新旧二主楼有机地衔接在一起。新楼长 110 米，宽 70 米，占地面积 7 700 平方米，高 5 层，旧楼与围楼二三层不等，全楼楼厅计 92 间，房间 246 间，楼梯 144 座，周围大小门户计 16 户。另外还有账房楼 1 座，配有轿舍、马厩、厕所、砻米房、学堂、水井、晒坪等附属设施。据 1949 年统计，该楼共住 60 余户，200 余人。①

福建这种土堡式的民居，为我国的民居建筑史增添了异彩。永定县具有代表性的圆寨——承启楼——的模型，矗立在台湾的“桃源小人国”，印入大陆中国民居系列邮票。但是，我们应当指出的是，福建土堡式的民居虽然在建筑技术上饶有成就和颇具特色，但是这森严的高墙，更使得福建家族聚族而居的习俗牢不可破。就明代中叶土堡建筑之初的情景而言，为了防御外来的侵扰，维持共同的乡土利益，家族与家族之间，乡村与乡村之间，往往可以联合起来共同筑堡自卫，特别是围城式的土堡，众姓共筑的现象时有出现。但一旦土堡转化为民居，家堡合为一体，那么建筑这一类型的土堡，几乎清一色都是单一家族的。在这种家堡合一式的土堡内，居住着一个完整的家族组织。不论是圆型的土堡还是方型的土堡，其中央

① 以上参考《永定土楼志》，载《闽西方志通讯》，1986（1）。

的厅堂，都是土堡内最显赫最神圣的场所，堡内的祭祀、议事等家族事务，都要在堡内厅堂中进行。家堡合一式的土堡，在其建造之初，便把家族宗祠的建筑结合进去。如宁化李氏家族土堡，“正东之寅附城，建宗祠，凡立宫室先宗庙也。广三丈四尺，祠左拟为社馆，开弄达铳城如南北，其制悉如西，而纵广各杀三之二，各覆以楼，监盈架板，与大城齐，三面皆垛，亦可瞭可坐守也”①。有些土堡内不仅有醒目的祠堂厅堂，而且还有小型的家族寺庙。这种高墙土堡与完善的家族组织设施的结合，更使福建的家族制度显示出封闭性的特征。

再者，从家族土堡与社会的关系来讲，虽然清代康熙年间之后自卫御敌的意义下降，民居生活的作用上升，但其高高的堡墙和坚固的战斗设施，始终存在着军事上的意义。特别是内部血缘关系和地缘关系的紧密结合，造成了乡村中的许多封建割据性。如清代嘉庆年间姚莹为闽西南平和县令时，曾记当时所见到的情景云：“平和地界闽广，家自为堡，人自为兵，聚族分疆，世相仇杀，故强凌弱，众暴寡，风气顽犷。”② 清代福建各地宗族械斗十分激烈，家族土堡往往又成了乡族分疆割据、宗族械斗的坚固堡垒，陈盛韶在《闽俗录》中指出了土堡的这一变化：

> （诏安）四都之民，筑土为堡，雉堞四门如城制，聚族于斯，其中器械具备。二都无城，广筑围楼，楼高数仞，直上数层，四面留空，可以望远。合族比栉而居，由一门出入。门坚如铁石，器械毕具，一大疾呼，执械蜂拥。彼众我寡，则急入闭门，乞求别村，集弱为强。其始由倭寇为害，民间自制藤牌、短刀、尖挑竹串自固；后缘海寇不靖，所民御侮、官不为禁，至今遂成械斗张本矣。江林沈程许徐斗案，死者数十人，张、胡两村斗几百余年，田地荒芜，死者难更仆数。③

至今土堡保留较多的上杭县，也有类似的情况。该县志记载：“（氏

---

① 李世熊：《堡城记》。
② 《清朝经世文编》卷二三，《上汪制军书》。
③ 陈盛韶：《闽俗录》卷二，《诏安县》。

族）整饬纲维，申明族约，猝遇事变有率子弟兵以卫国保境，其弊也，强宗蟠互，欺凌弱小，或两强竞势，械斗频兴。”① 家族利用土堡相互凌辱械斗的恶习，已成为清代福建一个严重的社会问题。乾隆三十七年（1772）福建地方官府还特地为此下达禁令，其中略云：

> 大姓恃其族众，欺凌小姓，而小姓连合亲党，抵敌大家。故凡遇角争细故，动辄号召多人，列械相殴……且闻福、兴、漳、泉之民各建土堡，聚族而居，议立家长，主持诸事，遍存器械，以备聚殴，尤为恶习。本司创惩强暴，法不稍宽，向愚昧罹刑，又深为悯恻。合行出示晓谕。为此示仰阖属军民人等知悉：嗣后各宜猛省，保守身家……胆敢以强横为能，互相角斗，即属冥顽不灵之徒，本司定将不严之家长同该犯一并从重治罪，决不稍宽。②

自然，官府的这种禁令是很难收到实效的。福建这种带有军事设施性质的土堡，对于巩固家族制度无疑起到了重要的作用。另外，从福建民居变化和土堡社会中所反映出的强烈家族意识，大概在全国也是相当罕见的。

① 民国《上杭县志》卷八，《氏族志》。

② 《福建省例》刑政例上，《禁械斗》。

第十五章
结语与思考

通过考察近五百年来福建的家族与文化特征，我们似可得出如下基本结论：

其一，家族制度和家族观念普遍存在于大一统的中国基层社会中，但由于福建的区域开发是与中原士民的迁居紧密地联系在一起的，这种避难、征服式的迁居和开发，缺乏应有的政府控制力和社会秩序，来自不同地域、不同时期的北方移民，为了取得生存空间和社会地位，聚族而居，聚乡而居；弱肉强食，强欺弱，众暴寡。这种局面，势必要求加强血缘家族内部的团结，促使人们借助于家族的力量，为给自身谋求更多的政治、经济和社会利益而奋斗。这种聚族而居的传统习俗，构成了宋元以来福建民间家族制度较中原地区更加严密和完善的一个重要历史因素。

其二，宋以后，中国封建社会已经发展到后期阶段，随着生产力的发展，商品经济也因之有所发展，土地买卖的现象更加频繁起来，阶级矛盾进一步激化。社会的激烈动荡，使社会各阶层都意识到起落无常的危机感，家族制度再次受到人们的重视和提倡，并以新的面目出现在民间基层社会之中。特别是明代中叶以后，商品经济有了空前的发展，封建政府对于民间基层社会的控制能力进一步下降，社会上机械相争、弱肉强食的现象更加严重。与此同时，福建的社会经济已经跨入我国先进地区行列，尤其是得天独厚的自然环境，更为福建地区商品经济的发展提供了良好条件，山海经济日益繁荣。但是，封建政府的压迫以及商品经济自身的弱点，使得明代中叶以后福建地区商品经济的发展，依然严重缺乏一种良好的政治秩序和社会环境，因此，这种极富挑战性质的工商业的发展，冲击了传统社会，对于封建政治经济结构的瓦解，起到了很大作用。同时，它在某种程度上加剧了社会的动乱和不安定。于是，在这种法制不健全的社会里，福建先民移居福建时那种家族互助的传统，又在明代中叶以后得到了新的认识。人们更加意识到，只有增强家族的团结，发展家族的势力，才能与机械相争、起落无常的外部世界作有效的抗争。这样，在明代中叶社会变迁的大气候和福建特殊的社会环境里，福建民间的家族制度，在传统的基础上，又跃进到一个新的阶段。而这一时期福建地区商品经济的繁荣，也为家族制度及其组织的发展，提供了必不可少的经济条件，促进了家族组织的日益完善和家族管理的日益严密。

中国封建社会晚期的动荡与变迁，构成了福建家族制度发展的一个外部动因，这就使得家族制度几乎成为一种永恒的社会组织。中国的王朝政权是转换更替的，中国的政治、经济、社会诸方面的身份地位是变幻不定的，中国的家庭经济以及个人贫富荣辱是起落无常的，唯有中国的家族制度是相对稳定的。它不为政治上的风暴所触动，不因频繁的改朝换代而变化，维系纠结而不愈疏，稳似经常摇动的不倒翁。清代理学名臣、福建安溪人李光地在告诫子孙时指出："夫世无百年全盛之家，人无百年平夷之运，兴衰罔极……吾生七十年间，所闻乡邦旧家，朝者显籍多矣，荣华枯殒，曾不须臾。"[①] 因此他极力主张和宗睦族、强族兴邦。毫无疑问，这种具有相对稳定性的家族制度，既成了社会动荡和阶级矛盾的平衡器与调节器，也是处在升降荣辱富贵贫穷不断激荡变化中的社会各阶层的共同避风港和最终归宿。

其三，福建家族又是一个多种矛盾同时存在并且相互结合的"多元"结构。在组织观念上，它既讲求精神道德，又讲求实用功利；在经济形态上，它既有家族的公共所有制，又有个体家庭的私人所有制，二者界线不清；在阶级关系上它既奉行和宗睦族的家族平等，但又强调"以宗以爵，以年以德"，造成族长的权威及其控制

① 李光地：《榕村别集》卷五，《戒子孙》。

族人的合法化；在对官府的关系上，它既有割据、对抗的一面，又有相互利用、密切配合的一面；在家族的对外关系上，家族间、乡族间的和谐相处与众暴寡、强凌弱交织在一起，等等。这些相互依存而又不可克服的内在矛盾，在其不断斗争和相互牵制中得以运转，从而使家族制度始终处于一种可塑能动的“弹性”状态①，处在一种能够顺应外部社会变化的平衡状态。它对任何一种过激社会革命都有着一种本能的抵制和消化功能，但它又能够适应各种不同形式的渐进式的社会变迁。正因如此，我们可以说，宋元以来福建民间家族的最基本的文化内涵，依然是以儒家的“中庸”学说为道义宗旨的。于是，在这种“中庸”平衡而又有可塑性的家族社会里，不但可以保存许多落后的、陈旧的政治、经济和文化因素，同时又可以吸取、扶植、利用各种新的社会因素，来扩充和加强家族组织的适应性，以保持一定的活力和进取精神。特别是在中国封建社会晚期商品化程度日益提高的情况下，家族制度依然能够以它包容的风度，吸收之，改造之，从而使传统的家族社会得以与近代的商品化比较和睦地相处共存，在某种程度上顺应了社会经济的前进趋势。

然而，这种奉行“过犹不及”的中庸之道的家族制度，却始终不能与落后的旧势力作彻底的决裂，而是纠结在一起，因而它又具有严重的保守和封闭的一面。它与时代新生事物的混合融化，强化了其自身的坚韧性，这固然为在那动荡不定、起落无常的社会中随波逐流的社会各阶层创造了一个喘息的庇护所，但是这又不能不阻碍社会的大踏步前进乃至飞跃到质变。显然，这不仅使家族制度本身得以长期存在，长盛不衰，同时也是中国封建社会晚期之所以能够那样坚韧有力、富有回旋余地的一个重要因素。可以说，家族内部矛盾既对抗又牵制的运行特征，是福建民间家族制度发展的内在因素。

其四，福建家族组织作为一种基层社会组织，随着其规模的日益扩大以及对基层社会控制的日益加强，家族的观念也呈现出无限

① 业师傅衣凌先生在论及中国封建社会晚期时，曾多次提出中国传统社会的多元结构和弹性状态，本文就福建的家族制度套用了这个概念，特此注明。参见傅衣凌：《中国传统社会：多元的结构》，载《中国社会经济史研究》，1988（3）。

扩大化的趋向，从而使家族制度对整个社会的政治、经济、文化生活各个方面产生了深刻的影响。人们可以随时随地根据实用功利的需求，扩展家族和乡族观念的外延：家庭之外，以各房为界，各房以外，家族为界；家族之外，可以扩展为乡族；乡族之外，可以扩展到行政区域、方言区域（但绝少扩展到经济区域）；而对外县而言，乡族的观念又可以扩展到全省。其对中国政治上的影响，封建专制政体和官僚机构的家长式作风以及官僚士绅间的乡土观念、拉帮结派，始终贯穿整个中国封建社会。其在思想上的反映，则是信奉平均主义，个人依附于群体，随波逐流，缺乏个性。它既使人的头脑局限在极小的范围内，成为迷信的驯服工具，成为传统规则的奴隶；又模糊所有制概念，特别是缺乏私有制观念，借公营私，化公为私。这正如傅衣凌先生所指出的，中国家族制度的影响所及，“在上层士大夫之间则发展为朋党，在其下层民众之间，乃逐步变化以均产为目标，合异姓为一家的会党组织，在工商业和农民之间则发展为会馆、行会，以保护自己行业以及地方小集团的平均发展。总之，是一种帮派组织，它扼制了中国封建社会内部新生力量的发展”①。不仅如此，狭隘的家族、乡族观念以及帮派观念，往往使人们囿于一己之利，对国家、民族和人民的最高利益麻木不仁，缺乏应有的社会责任感，由极端封闭凝固的家族组织而演变成一盘散沙式的社会构架，中国封建社会晚期历代王朝末期的土崩瓦解以及近代中国的涣散挨打，不能不与中国社会的“一盘散沙”，缺乏民族凝聚力有着密切的关系。

最后，我们还要谈谈商品化对于福建家族制度的冲击作用。以往许多论者认为：“工商业的发展，近代城市的兴起，对于聚族而居的宗法公社，自然就是一股锐不可当、凶猛非常的破坏力量”，因而中国家族制度，“兴盛于明清，明显地走向衰落，则在鸦片战争之后”②，但是，这并不符合历史事实，至少不符合福建家族制度的事实。正如我们在前面所论述过的，中国封建社会晚期商品经济的发

---

① 傅衣凌：《明清社会经济变迁论》，45 页，北京，人民出版社，1989。

② 柯昌基：《宗法公社管探》，载《中国社会经济史研究》，1985（2）。

展，不仅未能对家族制度产生有效的冲击作用，相反，在一定程度上促进了家族制度的发展与完善，促进了乡族组织下民间宗教和封建迷信的泛滥。因此，到了近代，福建的家族制度并未出现明显的衰落迹象。那些受商品化冲击最深、受西方世界影响最多的福建华侨，不仅未能与乡土的家族制度作坚决的决裂，反而逐渐代替传统的工商业者，成了福建家族制度继续运转的另一个重要支柱。固然，在近代福建华侨中，有相当一部分人不忘乡里，投资家乡的经济建设，开创近代工农业和商业，但是我们同时应当看到的是，许多华侨有着强烈的光宗耀祖的观念，当他们在海外赚了钱之后，便积极赞助本乡族的各种活动，修祠堂、盖寺庙、置蒸尝、重祭祀，不一而足。清末泉州进士吴增就曾论及华侨的这种恶习，他说："洋客来乡里，使用太奢侈，兴土木，筑大屋，神工鬼斧久雕琢。大妆奁，大聘金，一嫁一娶费沉吟。乡人相惊羡，风俗靡靡从此变。各乡虽多过洋人，过洋愈多地愈贫。"① 再如近代福建各地的乡族械斗，大多也是华侨在其背后作为经济后盾，所谓"那些按名给恤（械斗死伤）的钱，多数靠有钱人尤其是华侨，解囊乐输。光绪十九年（1893）泉州南门外名侨曾天眷回国，值近乡大械斗，就赔费巨金"②。至民国时期依然如此，侨汇中有相当一部分钱，主要是用于家族和乡族的浪费。

值得引起人们深思的是近年来，传统家族的组织，又在福建的许多地方再度兴起，请看 1989 年 8 月 8 日《福建日报》的一篇报道：

> 党的十一届三中全会以来，改革开放有力促进了农村社会主义物质文明和精神文明建设，农民的思想观念和社会道德风尚都在发生着深刻的变化。但是不可忽视的是，不少农村特别是一些偏远、落后的地区，封建宗族意识还很严重，具体表现在：
>
> 一、复活宗族势力。有些乡村的姓氏宗族活动由暗到明，由本乡本土扩大到邻乡邻县，大肆进行宗族串联、订立族规族

① 吴增：《泉俗激刺篇》，《洋客》，转引自《泉州文史》，1984（5）。

② 陈盛明：《从〈泉俗激刺篇〉看清末泉州社会黑暗面》，载《泉州文史》，1984（5）。

约等活动，像南山的蔡姓，串联了本县的河田、童坊及连城县等地的蔡姓二万余人，先后多次召开修谱会议，推举族长、房长，成立修谱组织，到处摊捐派款。

二、大耍宗族威风。一些姓氏把迎神、打醮等群众性活动的讲排场、摆阔绰，作为衡量宗族威望的标志之一。于是三天两头“扛菩萨”、“做石公”，轰轰烈烈，以示威风。

三、干预社会生活。一些宗族自恃人多势众，粗暴地干涉计划生育、婚姻自主，迫害妇女，溺弃女婴，搞宗族闹丧等……

四、挑起宗族械斗。许多宗族纠纷大多是名为争坟山、宗祠，实为争山林土地，以至挑起宗族械斗。宣成羊牯曹姓与上杭庄官林姓，清明扫墓时，因一块坟地引起纠纷，林姓近千人把仅有二百多人的曹姓村庄围得水泄不通，曹姓十几幢房屋被毁，连前往调解的宣成乡干部也被围了十几个小时。

这股复活的封建宗族势力，带来了种种社会问题。首先助长了封建思想观念，抑制了农民素质的提高。由于封建的家长制作风影响，狭隘的宗族利益，论资排辈，多子多福等旧观念得到迅速滋长，他们特别看重传宗接代的儿子，儿子越多，拳头越大，这个家族的势力就越强。于是，许多人想方设法偷生、多生，同宗同族人也千方百计为其掩护、包庇，严重阻碍农村计划生育工作的开展。同时，造成了社会不安定，由封建宗族势力引起的抢婚、逼婚、宗族闹丧、争山争地等，常常造成宗族械斗……

其次铺张浪费严重，影响生产发展。目前许多地方一方面生产发展缺乏资金，另方面却把大量钱财用在修族谱、建祠堂、迎神打醮等封建宗族活动上，而且互相攀比，愈演愈烈……

三是削弱党和政府的基层组织建设，影响党的政策的贯彻执行。一些乡村“唯亲选举”，甚至有的煽动同宗人员集体抗拒党的粮食定购等政策和国家的《土地法》、《森林法》等法规的落实，出现了“村权不如族权”、“法规不如族规”等现象。①

---

① 李文生、胡晓强：《封建势力在农村抬头》，载《福建日报》，1989-08-08。

不仅福建如此，全国其他地区也出现有类似的情况，《瞭望》周刊1989年第28期载文云：

> 一些宗族活动盛行的地方，等级尊卑、族规家法盛行，以至出现“族长”大于“村长”的怪现象……一些宗族头目通过续宗谱活动，利用农民的弱点，拉山头，搞宗派，恃强凌弱。不少地方，有些本来不难调处的民间小纠纷，在宗族势力的挑动下，往往很快发展成姓氏、房股之间的纠纷，甚至酿成流血械斗事件……凡续宗谱的地方，都由所谓房族长者出面组成庞大的“谱务局”之类的机构，强要群众交款。宗谱续成之后，还有“接谱”和每年的“团谱”、“拜谱”之类，大吃大喝活动，都要群众出钱。①

我们之所以要不厌其烦地长篇引证这两篇报道，正是要强调中国传统社会与文化的历史顽固性。新中国成立以后，随着人民民主革命的胜利，家族制度和族权一度被送进了坟墓，但是最近几年商品经济发展较快，家族制度却死灰复燃，这难道不很值得引起我们的深思吗？

明代中叶以后福建的家族制度跃进到一个新的发展阶段，其中一个重要的原因，是当时商品经济的日益发展，极为缺乏一种应有的政治法律秩序和社会环境，商品经济的发展在某种程度上加剧了社会的动荡不安和起落无常。显然，近几年福建民间家族制度的死灰复燃与明代中叶家族制度的兴盛，其原因是不能同日而语的。但是我们应当看到，我国当前的改革开放事业是史无前例的，我们的社会主义制度还处在初级阶段，在改革开放的过程中，确实还存在许多不完善的因素，特别是社会经济的飞速发展，尚未形成一个良好的环境，这样就不能不使一些落后的东西重新抬头。因此可以说，社会经济特别是商品经济的发展，固然在一定程度上对传统的社会结构包括家族制度产生冲击和破坏作用，但是，由于数千年来传统文化的影响，以及社会的政治、经济诸方面尚未能形成一种足以大

① 周吉华：《修志与续谱》，载《瞭望》，1989（28）。

力促进商品经济正常发展的合理环境，使得商品化对于家族制度的冲击作用，只能是极其微弱的，甚至助长了家族制度的复活与生存。我们相信，随着政治、经济环境的不断治理，共和国民主和法制的日益完善，充分发挥中国家族制度中的合理因素，清除家族制度中的落后因素，将是指日可待的。

附录一
流动的移民社会与松散的宗族组织
——崇安农村社会的一个调查

一、流动的移民社会

人们在研究中国的传统基层社会时，都十分重视对于家族制度的考察。福建是一个家族组织比较完善的区域，家族制度往往在民间基层社会的构成与运作等方面，产生重要的作用。然而这种状况是指福建的一般情景而言，由于福建各地的自然环境与社会、经济诸方面存在着一定的差距，致使这种家族制度与基层社会管理也都存在着一定的差别。大体言之，到了 20 世纪上半叶，福建的家族制度，在沿海一带及闽西南地区表现得比较突出，而在闽北山区，家族制度则相对松散。我们透过对这些家族组织比较松散的区域的分析，可以呈现出某些与一般情况有所不同的基层社会特点。

崇安县位于闽江上游，毗邻江西、浙江二省，是古代北方人民移居福建的必经孔道之一。当西汉中期闽越土著被中央政府消灭，迁徙及流窜山间的同时，中原地区的汉民也开始迁徙入闽，并逐渐成为闽中各地的新主人。晋唐以来北方汉民开始大量入迁福建，那时由于航海技术的限制，从海路入迁福建的情况极少，大多数先进入福建北部地区再逐渐向沿海各地扩展。崇安县的情况也是如此，如现在崇安县彭、詹、衷、邱、翁等几个比较著名的姓氏，都是在唐代及以前迁入这里的，其中彭姓，当地传说早在汉代便已入闽。

然而崇安县山多林深，可耕土地面积有限，且大多属于小块的山垄田和梯田，在传统的农业社会里，很不利于生产的发展和居民的繁衍，特别是土地的分散零碎，限制了居民村落规模的扩大。农民从事日常生产劳动，距离村落五至十华里就十分不便于耕作。《崇安县志》云：“四乡之田依山者多，平地者少，民所耕之田与所居之处，相隔十数里，而遥耕时朝出暮归，薅草亦如之，田则听其天雨之多寡、山水之大小为旱涝。”① 为了适应这种分散的农业生产，居民村落的规模就只能限制在十至二十户人家之内。因此，北方移民入闽之初，虽然大多以闽北为驻足点，但闽北山区较为恶劣的生产和生活环境，迫使大部分移民继续南迁前往沿海地区，寻找生产和生活条件更为优越的地点作为聚族扩展的永久基地。于是，地势较为平坦、农业条件较好的沿海地区，则迅速得到开发。而作为北方移民最初驻足点的闽北山区，反而成了临时的中转站。20 世纪三四十年代崇安县编纂地方志时，曾访查了 47 个可以明确知道其族源及迁入崇安的姓氏，其中宋代以前入迁崇安的姓氏有彭、詹、衷、丘、胡、刘、蔡、周、李、丁、翁、张、吴等 13 个姓氏，占 27.6%，宋元时期入迁崇安的姓氏有林、应、徐、王、江、郑、安、祝、黄、程、蓝、曹、暨、冷、虞、游、萧、余、何、杨、黎等 21 个姓氏，占 44.7%。明清时期迁入崇安的姓氏有钟、袁、卢、范、洪、董、方、罗、连、邹、朱、潘、万等 13 个姓氏，占 27.6%。② 从这一调查结果可以了解到自唐宋以来，闽北及崇安山区的基层社会，比起沿海各地，变动较为激烈，人口姓氏的迁入迁出较为频繁，形成五方杂处的状态。

到了明清两代，中国大部分平原地区的农业开发已呈饱和状态，福建沿海各地也已宗族毗连，人满为患，进一步发展农业的自然空间日益狭窄。平原与沿海的居民，只好再次返回山区。闽、浙、赣各省的无业流民，不得不进入自然条件比较恶劣的闽北山区谋生，致使闽北各地的人口姓氏流动和混杂的现象更为严重，地方志称：“今坊市之间，穷荒僻壤之处，两浙西江编十得五……流寓者往往不返，安土重迁。”③ 据统计，清代乾隆三十年（1765）崇安县共有

---

① 康熙《崇安县志》卷一，《风俗志》。

② 参见民国《崇安县新志》卷四，《氏族》。

③ 民国《建瓯县志》卷一九，《礼俗志》。

21 280户，104 921 人，其中在籍的土著居民 16 903 户，84 897 人；流寓 3 377 户，20 024 人，流寓的户数占崇安县总户数的 15.9%，流寓的口数占总人口的 19.1%。① 而众所周知，清代政府所能统计到的流寓户口，只能是当时流寓户口的一小部分，大部分的流寓户口，散居于山区各乡村，为数不少。乾隆后期崇安县实际人口可能达到 20 万人、外地流寓人口达到五六万人，这并不是太夸张的估计。

清代后期，虽然由于农村经济衰败以及太平军入闽等战乱的影响，崇安县人口数量有所下降，但大体还能维持在 10 万人左右。至 1930 年，崇安县的人口又回升到 14.6 万。② 以后的“土地革命战争”，延续了数年的社会动荡，对于这一地区人口姓氏也构成影响。随后由于国共战争，人口骤降。“民国二十五年全县人口48 873 人。据统计，这一时期全县被杀害 11 461 人，被抓走 4 279 人，被迫逃亡4 180人，因饥饿、疾病致死 21 885 人”③，全县人口锐减一半以上。因此，20 世纪 30 年代后期的《崇安县新志》写道：“烧屠城邑平阡陌，干闳栉比昔称盛。前街后街无一椽。穷乡迤北亘百里。白日惨澹空炊烟。祸机所伏不可说，似此浩劫宁由天！”④

自然经济条件的恶劣、战乱的破坏与不断流动的移民社会，限制了稳定的乡族社会的形成和发展。在福建沿海地区，数千族众聚居在一起达几百年之久的强宗大族比比皆是，而在崇安县山区，姓氏家族的盛衰升降常在变动中，《崇安县新志》曾指出了这一地区人口氏族变化的这一特点：

> 本邑氏族……沧海桑田，变迁颇烈，盛于昔者衰于今，盛于此者衰于彼，不可一概而论也。柳盛于宋，钱盛于清，而今无其人，曹墩以曹姓得名，萧屯以萧姓得名，袁墩、袁岭后以袁姓得名，而今无其族。清初城村林、道二姓几二千户，今仅二百余户。咸同间各村落均有人满为患，今则寥若晨星……元清以异族

① 参见武夷山市志编纂委员会编：《武夷山市志》卷三，第一章，《人口源流》，北京，中国统计出版社，1994。

② 参见民国《崇安县新志》卷四，《氏族》。

③ 武夷山市志编纂委员会编：《武夷山市志》卷三，第一章第二节，《人口迁移》。

④ 民国《崇安县新志》卷三一，《丛谈》。

入主华夏，肆于杀戮，清初陈德容之变，市井如墟。民初……人民几尽。兼之饥馑相寻，瘟疫荐至，则其族衰。观于此，则各族消长之机、盛衰之况，可以知其概矣。①

1935年以后，战乱逐渐平息，由于原先居民所剩不多，江西、浙江等地的流民，再次大量涌入崇安县。国民党政府崇安县当局为了恢复生产，也采取了一些鼓励外来流民前来垦荒营生的措施。尤其是当时的县长蒋伯雄是浙江人，亲自动员其家乡浙江诸暨及龙泉、遂昌、庆元等县之无地、少地的农民到崇安县从事垦种，首批移入四百余人，其中有数十人就安置在黄柏村后村（自然村）一带。翌年，又移入浙江籍的农垦移民1 013人，福建省福清、长乐等县的农垦移民317人。②

至于那些不经过政府组织而自发进入崇安县的外地移民，人数就更多了。因此，到20世纪30年代后期和40年代，崇安县农村的人口结构，再次发生了重大变化，特别是那些红军控制区和两党争夺区，以往的土著所剩无几，外地的移民人数，在不少村落中已逐渐超过了原有居民的人数，在短时期内，很快形成了一个新的杂姓交错的移民社会，从而使崇安县的人口在战乱之后的数年中，有比较明显的增长。民国二十四年（1935）崇安县仅剩9 877户，47 576人，到民国三十年（1941），已上升至19 103户，90 379人，人口增长几达一倍。

20世纪30年代末40年代初崇安县人口恢复增长的速度虽然比较快，但这些增加的户口以外地移民为主，是一种非正常的人口增长，这样的人口增长，只能促使崇安县农村的乡族基层社会更加混杂。而另一方面，20世纪40年代前期虽然崇安县的人口已经恢复到七万至八万人，但对一个拥有面积2 800平方公里的中等县来说，人口仍然是稀少的，因为其平均每平方公里的人口密度只有25人左右。因此，20世纪40年代崇安农村基层社会具有两个明显的特点：一是家族规模小，二是村落规模小。

① 武夷山市志编纂委员会编：《武夷山市志》卷三，第一章，《人口源流》。

② 参见上书。

根据 1940 年的统计，崇安县主要姓氏有 114 种，人口有 61 267 人，平均每种姓氏只有 537 人。其中人口较多的姓氏有周、吴、李、陈、张、黄、徐等，每姓也不过 500 余户至 900 余户。人口最多的姓氏如周、吴，合全县之人数也只 3 000 余人，尚不及沿海地区聚居在同一个村落的一个族姓的人数。而户数在 100 以内的族姓，有 76 种，占上述族姓的 67%。可见当时崇安县一般的姓氏，人口都在 100～300 人左右。除了上述所列的姓氏之外，当时崇安县还有数十种姓氏，人口更为稀少，《崇安县新志》云："除、晏、冯、徐、凌、孟、全、侯、阮、鄢、缪、汤、葛、艾、薛、武、于、段、常、平、危、苗、庄、茂、桂、楼、纪、练、陶、阳、单、喻、海、修、秦、宣、宛、濮、管、符、简、康、席、鲁、闵、查、盛、戴、崔、翟、毕、叶、耿、聂、韩、揭、辛、敖、甄、殷、六、封、屠、白、滕、龙、奉、廿等六十九姓，仅有数户。"① 从这些记载中，我们可以十分清楚地看到民国时期崇安县家族规模的弱小和分布的零散。

由于姓氏家族的人口有限，无法形成大规模的聚族而居，再加上山多地少自然环境的限制，造成崇安县农村的居民村落也以小规模的为主。在 20 世纪三四十年代，崇安县共有自然村落 700 余个，全县人口六七万人，平均每个自然村的人口在 100 人左右。

自然村落和姓氏家族分散零落、规模较小是民国时期崇安县农村的共同特点，这又势必造成这一带乡村几乎都是杂姓聚居。一个自然村落为一个姓氏所聚居的现象，在崇安县较少看到。自然村落零散与杂姓聚居的民居社会特征，使得这一带的乡族组织，特别是家族组织十分松散，宗法势力相当微弱。家族组织的三大要素，即祠堂、族谱、族田，在这里很不普遍。据民国时期的调查，崇安县全县仅有祠堂 43 座。这 43 座祠堂，分属 25 种姓氏。合全县的所有祠堂，尚不及沿海地区某些强宗大族一个姓氏的祠堂之多。而崇安县其余的一百余种姓氏，都没有祠堂或相应的组

① 民国《崇安县新志》卷四，《氏族》。

织。笔者曾经访问过上述提及的祠堂中的若干座，其规制一般也较小，不能与沿海地区的许多祠堂那种堂皇雄伟的规制相比。因此，《崇安县新志》的编纂者才会慨叹地说：“祠堂为祀祖之地，所以崇先德、敦孝思、别长幼之序，联亲近之情者也……元旦族人多率家属至祠堂燃烛拈香以拜，凡生育死亡须报告、登记以备遗忘。其亲谊之联系、组织之严密，颇堪重视。然今则实行者鲜矣。”①

二、詹、彭二姓家族变迁的例证分析

由于崇安县一般乡村杂姓聚居和家族组织松散的特点十分明显，家族族谱的修纂受到族人分散和经济条件的制约，为数甚少。在我们调查的数十个姓氏中，曾经编写有族谱（包括那些仅记录世系的简单族谱）的姓氏不到十个，但现在尚保存下来又较为完整的，只有詹、彭等寥寥几个姓氏。为了进一步说明这一带农村家族发展的迟缓和居民杂姓聚居的特点，在此我们对詹、彭这两个家族的变迁历史作一例证的分析。

（一）樟树村的詹氏家族

樟树村的詹氏家族，可以算是崇安县最古老的族姓之一，《崇安县新志》云：“崇安氏族，以彭、詹、衷、丘、胡、刘、蔡、林、周、李、丁、翁、张、应为最古。”《县志》又载：“詹（氏），南朝詹峤官于闽，其子子豪遂居于此。至宋詹骙状元及第，詹元善从朱晦庵游，其弟子真德秀为当时理学大师。子孙散处于五夫、星村、吴屯等处。”②可知詹氏不仅是崇安县最古老的族姓之一，而且在宋代声名显赫，堪称官宦世家。

清光绪年间，崇安县各属的詹姓后裔，联合修纂《詹氏族谱》，该族谱更明确地指出詹子豪卜居崇安是隋朝大业五年（609）：

①② 民国《崇安县新志》卷四，《氏族》。

我詹得姓肇自西周，发迹河间南阳。至隋朝我鼻祖子豪公于开皇九年（589）奉文皇帝诏封为平南侯，节制闽海。及大业五年（609）遂卜居建峰（崇安境内）……而族之蕃衍，则西江、杭、广，在在皆是，闽之各郡又未易更仆数矣。①

据此，则詹氏家族自卜居崇安以来，已 1 300 余年，子孙繁衍近 50 代。然而根据上引民国三十年（1941）的户口统计数字，崇安县全境的詹氏族人，仅 308 户，1 111 人。

自詹子豪定居崇安县之后，子孙分居崇安县各地，而迁入樟树村一带者，是詹氏第 25 代詹泾。下面我们把詹泾迁入樟树村之后的历代列表如下页世系图，以便更清楚地了解这个家族的人口繁衍情况。②

从下页世系图可以看出，自詹子豪迁入崇安，再传至樟树村为第 25 代。从第 25 代詹泾传至清代末年，又繁衍了近 20 代，以每代间隔 30 年计算，詹泾迁入樟树村开基的时间，约在元末明初之时（约 1300—1400）。

从詹泾迁入樟树村起，至第 38 代“德”字行止，共 13 代，这里的詹氏家族几乎没有什么变化，虽然其间也有生育男丁 2～3 人者，但一直到第 38 代，詹氏人丁仍然仅有 5 人。

从第 39 代“茂”字行开始，即在清朝雍正、乾隆年间（1723—1795），这里的詹氏族人有了明显的增多，“茂”字行的男丁已达 12 人，到第 41 代“廷”字辈，男丁增加到 26 人。这个时期，也是中国历史上人口增长最迅速的时期，但是，樟树村詹氏家族也和崇安县其他村落的詹氏家族一样，并没有能够保持比较正常的人口增长。第 42 代，全族男丁为 24 人，第 43 代为 31 人，第 44 代为 30 人。经过 20 世纪上半叶的社会动乱之后，樟树村的詹氏族人，仍然是 29 户、65 人。③ 也就是说，从詹泾入迁樟树村以来，约 600 年间，詹氏族人繁衍了 20 余代，仅有这么寥寥数十口，其人口增长之缓慢，

① 光绪《建峰詹氏宗谱》卷一，《创建星村宗祠序》。

② 参见光绪《建峰詹氏宗谱》卷七，《黄柏泾公派》。

③ 参见民国《崇安县新志》卷四，《氏族》。

家庭规模之难以扩大，令人吃惊。目前詹氏族人散居崇安县各地不下数十处，然从民国三十年（1941）全县詹氏人口仅 1 111 人①的数字可见，樟树村以外的詹氏族人，其发展速度及家族规模基本上与樟树村相差无几。

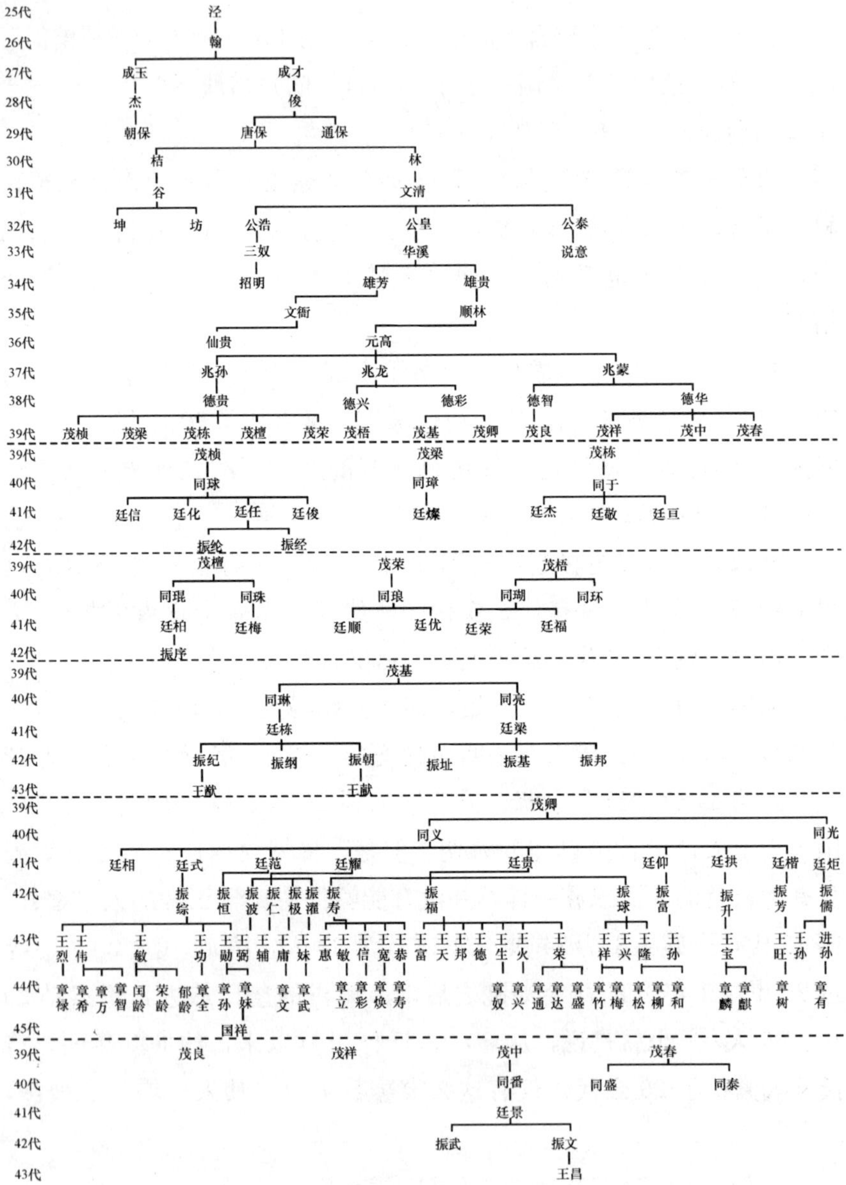

- 泾（25代）
  - 翰（26代）
    - 成玉（27代）
      - 杰（28代）
        - 朝保（29代）
    - 成才（27代）
      - 俊（28代）
        - 唐保（29代）
          - 桔（30代）
            - 谷（31代）
              - 坤（32代）
              - 坊（32代）
          - 林（30代）
            - 文清（31代）
              - 公浩（32代）
                - 三奴（33代）
                  - 招明（34代）
              - 公皇（32代）
                - 华溪（33代）
                  - 雄芳（34代）
                    - 文衙（35代）
                      - 仙贵（36代）
                  - 雄贵（34代）
                    - 顺林（35代）
                      - 元高（36代）
                        - 兆孙（37代）
                          - 德贵（38代）
                            - 茂桢、茂梁、茂栋、茂檀、茂荣（39代）
                        - 兆龙（37代）
                          - 德兴（38代）
                            - 茂梧（39代）
                          - 德彩（38代）
                            - 茂基、茂卿（39代）
                        - 兆蒙（37代）
                          - 德智（38代）
                            - 茂良（39代）
                          - 德华（38代）
                            - 茂祥、茂中、茂春（39代）
              - 公泰（32代）
                - 说意（33代）
        - 通保（29代）

- 茂桢（39代）
  - 同球（40代）
    - 廷信、廷化、廷任、廷俊（41代）
      - 廷任 → 振纶、振经（42代）
- 茂梁（39代）
  - 同璋（40代）
    - 廷燦（41代）
- 茂栋（39代）
  - 同于（40代）
    - 廷杰、廷敬、廷亘（41代）

- 茂檀（39代）
  - 同琨（40代）
    - 廷柏（41代）
      - 振序（42代）
  - 同珠（40代）
    - 廷梅（41代）
- 茂荣（39代）
  - 同琅（40代）
    - 廷顺、廷优（41代）
- 茂梧（39代）
  - 同瑚（40代）
    - 廷荣、廷福（41代）
  - 同环（40代）

- 茂基（39代）
  - 同琳（40代）
    - 廷栋（41代）
      - 振纪（42代）
        - 王猷（43代）
      - 振纲（42代）
      - 振朝（42代）
        - 王献（43代）
  - 同亮（40代）
    - 廷梁（41代）
      - 振址、振基、振邦（42代）

- 茂卿（39代）
  - 同义（40代）
    - 廷相（41代）
    - 廷式（41代）
      - 振综（42代）
        - 王烈（43代）
          - 章禄（44代）
        - 王伟（43代）
          - 章希、章万、章智（44代）
        - 王敏（43代）
          - 闰龄、荣龄、郁龄（44代）
        - 王功（43代）
          - 章全（44代）
        - 王勋（43代）
          - 章孙（44代）
          - 章妹（44代）
            - 国祥（45代）
    - 廷范（41代）
      - 振恒（42代）
    - 廷耀（41代）
      - 振波（42代）
        - 王弼（43代）
      - 振仁（42代）
        - 王辅（43代）
      - 振极（42代）
        - 王庸（43代）
          - 章文（44代）
      - 振濯（42代）
        - 王妹（43代）
          - 章武（44代）
    - 廷贵（41代）
      - 振寿（42代）
        - 王惠（43代）
        - 王敏（43代）
          - 章立（44代）
        - 王信（43代）
          - 章彩（44代）
        - 王宽（43代）
          - 章焕（44代）
        - 王恭（43代）
          - 章寿（44代）
      - 振福（42代）
        - 王富、王天、王邦、王德（43代）
        - 王生（43代）
          - 章奴（44代）
        - 王火（43代）
          - 章兴（44代）
        - 王荣（43代）
          - 章通、章达、章盛（44代）
      - 振球（42代）
        - 王祥（43代）
          - 章竹、章梅（44代）
        - 王兴（43代）
        - 王隆（43代）
          - 章松、章柳、章和（44代）
    - 廷仰（41代）
      - 振富（42代）
        - 王孙（43代）
    - 廷拱（41代）
      - 振升（42代）
        - 王宝（43代）
          - 章麟、章麒（44代）
    - 廷楷（41代）
      - 振芳（42代）
        - 王旺（43代）
          - 章树（44代）
  - 同光（40代）
    - 廷炬（41代）
      - 振儒（42代）
        - 王孙（43代）
        - 进孙（43代）
          - 章有（44代）

- 茂良（39代）
- 茂祥（39代）
- 茂中（39代）
  - 同番（40代）
    - 廷景（41代）
      - 振武（42代）
      - 振文（42代）
        - 王昌（43代）
- 茂春（39代）
  - 同盛、同泰（40代）

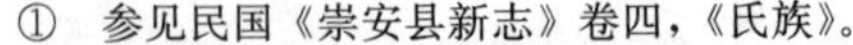

① 参见民国《崇安县新志》卷四，《氏族》。

（二）岚谷村的彭氏家族

彭氏家族也是崇安县最古老的家族，根据20世纪30年代末崇安县政府的统计，该族姓又是崇安县人口最多的族姓之一，除了周、吴、王、陈、刘诸姓之外，彭、李、张、黄、丘等姓，是当时崇安县人口最多的十大姓。

目前崇安县追溯从我国北方迁居入崇最早的姓氏，自然是非彭氏莫属，但是彭氏究竟于何时迁入崇安，则各种记载大多带有神秘传说的色彩。据该县《县志》的记载，传说中的仙人彭祖曾经带两个儿子隐居于此，故现在著名的国家风景名胜区武夷山的名称，还是以彭祖这两个儿子的名字"武"、"夷"命名的。《族谱》的记载比彭祖的传说要现实一些，但仍然追溯其祖先为黄帝之后的颛顼氏，以及秦末汉初的大将军彭越，延至唐初贞观年间，其孙辈彭迁奉命入闽，《彭氏重修族谱》载云：

> 祖名迁，乃陇西郡人，家世武功，束发从秦王（李世民）扫隋之乱，而宣力唐朝，树大勋，复赐姓彭，授建州左千牛卫上将军。贞观初入闽守官，兢兢焉播于兹土。尝慕陇亩栖岩处，而游咏夷山洞天，辟兹温岭，偕三姓而居焉。公殁，葬武夷当源，卫国夫人葬温岭。子讳汉，任判官，议镇改崇安场。太武朝设官守土，居民有抚焉。汉生当，授荫兵马都监，提督建州政务。以温岭风俗淳厚，上疏题场为县。先生如此肇达造士、亲贤扬善，主持风化，为当世名臣，功德无量，岂徒以世爵为荣为显也哉……
>
> 自唐抵宋，传之云胤，有乘公任广陵节度使，思永天圣进士，仁宗朝授户部侍郎，汝砺吏部尚书、宝文阁直学士。龟年从朱熹游，后太常博士，有路字通吉，富于道德，而取及第，与胡安国为忘年友。通吉嗣孙爽以文章负海内，而成进士，行己教人……凡此者代有名宦。①

从这记载中可以知道彭氏家族不仅早在唐代初年便已入崇，而

① 岚谷《陇西彭氏重修族谱》，《老序》。

且崇安县的早期行政建制如温岭镇、崇安场等，都与彭氏家族的开发繁衍历史相关联，《崇安县新志》记载："王（审）知闽时，邑人彭汉请以新丰乡为温岭镇，至是［南唐保大九年（951）］又从彭当之请，改温岭镇为崇安场。"① 《武夷山市志》亦载云："唐贞观初，润州人彭迁授建州左牛卫上将军，捐资雇请劳力，在温岭东岸（今市区附近）开垦荒地九十余处。清康熙《崇安县志》载：'据集乡民约万人，遂名其乡新丰'。"② 彭氏家族对古代崇安县的开发做出了重大的贡献。

彭氏家族迁居崇安县的历史如此悠久，其子孙繁衍散处于崇安县各地是势所必然，据崇安《陇西彭氏重修族谱》记载："簪缨累累，指曷胜屈。要之子孙之散处者不一，其地既溯其源之所自，尤宜晰其流之所分也。盖凡居崇安城中者淑明公之派，而新阳六一公之裔。西历黄西者，文森公之派，而双门者，敦公所垂脉也。新丰之号，乃千牛公所倡九十余村之总称也，肇基公则在岚峰。福二公之裔，则在洋屯、詹墩之二村。福五公则在潦下之村。其迁居建阳嘉禾者，长润则君远公之子孙，而交溪乃自长润迁其浪坑，则礼三公之后昆。而塘头乃自浪坑所移，凡此者源远流长，笔难尽记。"③

关于崇安县彭氏家族自唐代以来的分迁情况，岚谷《作邑彭氏族谱》的记载更为详细，迁居外县、外省的情况暂且不说，单是分迁于崇安本县各乡的，就有百来支，遍布崇安县各个乡镇：

东海公徙本邑北乡岚角（谷）居住，子孙移居水东。

懋学公明万历二十年（1592）移本邑南乡兰汤居住。

懋盛公明万历二十年（1592）分居水东。

鹗表公自水东徙岚谷山下居住。

华孙公嘉庆五年（1800）自东山下移客溪口龙门居住。

懋贤公明万历二十五年（1597）分居岚谷上彭住。

廷湖公康熙五十年（1711）移东山下居住。

① 民国《崇安县新志》卷一，《大事记》。

② 武夷山市志编纂委员会编：《武夷山市志》卷三，《人口》，第一章，《人口源流》。

③ 岚谷《陇西彭氏重修族谱》，《历代源流序》。

振裕公乾隆癸丑（1793）徙福林山下住。

振丕公同弟振星公移行路源住。

采蘩公嘉庆元年（1796）徙行路源住。

大源公乾隆五十年（1785）徙大岚边住。

显培公嘉庆十一年（1806）移家江陈住。

显柯公嘉庆丙辰年（1796）徙山坳住。

显楫公同长子移城隅住。

文钦公嘉庆甲子年（1804）徙里源居住。

文铭公嘉庆乙丑年（1805）徙山坳居住。

五九公徙岚角后洋坂居住。

景□公徙居乌山寺住。

景堂公徙居上彭住。

毛六公同弟毛七、毛八公由乌山寺徙新房下居住。

秀发公由上彭徙岚角街尾住。

佛郎公由乌山寺徙居芝城高楝。

如界公自上彭移居小漈。

如岳公自上彭移民山坳。

振□公自上彭寄居官茅塔。

天进公自乌山寺徙居小浑住。

如龙公同弟自上彭徙居福林山下住。

公太同弟公奇、公郁徙居牛岭仔。

存惠公寄居黎口。

永光公由上彭徙居五源住。

同山公由五源徙居大岚边住。

同连公与弟同美由上彭徙西池墩住。

元宝公由五源移居池墩住。

元远公由五源寄居行路源住。

炳敬公由上彭寄居江陈。

同朝公与弟同道移东山下住。

永盛公徙东山下住。

如岱公由上彭徙染溪住。

公良公由染溪寄居城隅住。

文□公本后洋坂沙墩住。

德训公自上彭移居染溪住。

迪生公分居岚头漈下溪州村居住。

元益公居上彭住。

显域公同长子居城隅住。

五四公明正德初年居大北萧屯地方。

元达公康熙二十年（1681）移萧屯徙横源住。

文楚公雍正初移居城隅住。

彬公三子灿钧公徙大浑水坜居住。

廷亮公乾隆庚寅年（1770）徙居下洋。

廷寄公乾隆己丑年（1769）徙居下畲。

贺献公派世居五夫大彰住。

凌霜公乾隆癸丑年（1793）徙居城隅住。

廉公移居林尾。

成公明正统庚申年（1440）由林尾徙官庄。

世高公由官庄移居大西三渡。

守山公派由城隅徙居西乡大安。

守仁公派世居城隅。

式齐公自城隅徙居下坜坑。

式丹公派世居城隅。

青龙公徙居本邑东乡岩后。

文擢公阳谷居住。

天民公由阳谷居程墩。

慈公派下守诏公寄居西源。

元参公支下居本邑东乡下梅西山。

六□公居李畲。

凤孙公徙南树下下厅。

六子公移上梅地方。

六义公徙水东，后移黄柏翁家村庄。

六龙公徙居圆井坑。

澍公支下大礼公万历丙子年（1576）移下梅当坑。

兴龙公派徙居程墩。

永泰公世居潺口程浒。

佛生公支下世居麻园。

佛受公居城隅三官堂巷内。

佛兴公派下世居阳谷地方。

裕公世居南乡新阳。

诚公支下分阳谷地方住。

阳公明嘉靖甲申年（1524）移居阳谷水尾，子孙散居下梅地方。

和公明正德壬申年（1512）徙北乡吴屯塔上头。

天衢公由吴屯揭家于城隅居住。

景文公子玉明公明成化十五年（1479）徙居岚角村，子孙散居漈下大漈地方住。

仲仁公支下世居城隅。

仲德公派下入大安、城隅住。

亿公居江源乡。

玉郎公自江源移居城隅坑头。

六一公徙大西黄石头伞街。

天福公派下居何墩。

如禧公徙温林。

世宧公宋淳祐二年（1242）徙北乡良墩。

庚公宋宝□元年居本邑北乡阳谷范墩。

陈孙公康熙五十八年（1719）由良墩徙居大浑。

廷儒公乾隆时自大浑移居麻园。

鹏三公派入城隅住。

成定公派下入崇城。

仕坚公康熙年间徙居大当桥。

林长公乾隆时由良墩徙居坑口。

九十公派下徙居大西杨庄。

四奴公派下居双溪水尾。

伯达公派世居洋角。

瑞生公由阳谷徙居五夫。①

我们之所以要把《彭氏族谱》中子孙分居的记载不厌其烦地抄录在这里，是为了说明：一个早在唐代前期就入迁崇安的古老家族，繁衍了 1 300 余年，子孙散居于外地、外省的不算，就是分迁于本县的，据该族谱的不完全统计，已达一百来处。② 如果按照福建沿海地区比较正常的家族发展历史，一个未曾断绝又分迁一百来处的姓氏，其子孙数量至近现代可达数万乃至十余万是十分正常的。然而崇安县彭氏家族并非如此，据 20 世纪 30 年代末的人口统计，全县彭姓人口虽然雄踞崇安县前 10 位，但也仅有 596 户，2 456 人。如果按 100 处计算，平均每处（村落）只有 5～6 户人家，25 人左右。请看《崇安县新志》中对于彭姓人口分布于各乡镇的详细记录（见下表）。③

崇安县彭氏家族人口分布表

乡镇	户	口	平均每户人数
清献镇	35	152	4.34
赤石镇	19	89	4.68
安壮乡	3	15	5
西霞乡	5	11	2.2
吴屯乡	48	169	3.52
岚谷乡	200	980	4.9
黎口乡	10	35	3.5
双梅乡	26	107	4.11
五夫乡	79	320	4.05
大将乡	104	398	3.82
白水乡	1	10	10
星村镇	35	137	3.91
黄柏村	2	8	4
黎源乡	28	32	1.14
文仙乡	1	1	1
合计	596	2 464	4.13

① 光绪乙未年（1895）修《作邑彭氏族谱》卷二，《分派居址》。

② 该族谱称〈分派居址〉的统计是不完全的："所有城内墩外附近者居址繁盛，难于悉录，□迁乔者散处他乡，未易相稽。"

③ 民国《崇安县新志》卷四，《氏族》。

根据上表，崇安县彭氏家族的族人虽然分布于各个乡镇，但大部分乡镇只有数户及数十户人家，只有岚谷、大将、五夫、吴屯、城关（清献镇），人口超出150人以上。其中岚谷乡，算是崇安县彭氏族人最集中的地方，共有200户，980人。当时岚谷乡管辖7个保（约等于现在的行政村），近50个自然村落。我们这次调查的岚谷村，有彭氏族人300人左右。这在崇安县已经是比较突出的聚族而居的例子了。因此无论是祠堂、族田和族谱等家族组织设施，或是祭祖等家族礼仪活动，都是崇安县其他乡村族姓所不能比拟的。尽管如此，一个从唐代就定居于此，并且在崇安历史上产生过重要影响的著名家族，繁衍发展至20世纪三四十年代，人口只是寥寥的数百人。从这一典型家族的分析中，我们也不难看到崇安县家族发展历史的曲折、衰微，以及家族组织的松散零落和家族观念的日益淡薄。

三、乡族基层社会的管理与稳定

崇安县一般农村杂姓聚居与家族组织比较松散的特征，使得这里的基层社会的管理与稳定，不像沿海地区家族势力强盛的农村那样，家族势力与乡绅阶层在基层社会的管理活动中能产生重要的影响。我们在调查中发现，崇安县农村基层社会管理及其赖以稳定的主要因素之中，政权的力量、民间信仰的趋同和方言的整合，起了不可忽视的作用。这里我们仍然以上述黄柏、樟树和岚谷的情景为例。

关于崇安县乡村民间信仰，及其在维系杂姓聚居的基层社会中所发挥的作用诸问题，我曾经在《崇安县的辟支古佛崇拜与腊烛会》和《闽北建瓯厚山村的三圣公王庙会》两篇论文中作了阐述。松散的家族组织和多元的移民社会，使得这里无法像沿海许多家族那样，由家族势力操纵着各自的民间信仰，从而为控制基层社会发挥应有的作用。在崇安县以至闽北的许多乡村，来自不同地区和族姓而聚居在一起的居民，往往会趋同于当地的某一种较有影响的民间信仰，从而在这种共同的民间信仰中获得和谐共存的精神文化依托。这样的民间信仰无疑对杂姓聚居的基层社会的稳定起了重要的作用。①

所谓政权的力量，就是指政府在农村所设置的管理体制。例如在明清时期，有户口赋役管理的里甲制度、保甲制度等。政府各种法令的推行以及对农村实行赋役征收等，必须从中央政府下达到省、府、县，再直达这些基层组织，从而使法令等得到一定程度的实施。民国以来，政府继续推行保甲制度，特别是 20 世纪 30 年代中期，红军在这一带进行土地革命之后，国民党政府对于农村的保甲制度尤为强化。《崇安县新志》云："民国二十年（1931）夏遭劫后，民众流离，庐舍为墟，至二十三年（1934）冬，县城虽经收复，然四年匪扰仍无宁日，县政府依照剿匪区内编查保甲户口条例，整编保甲，成立区公所，将全县划分九区，第一区公所设县城，第二区公所设下梅，第三区公所设五夫，第四区公所设黄土，第五区公所设星村，第六区公所设赤石，第七区公所设洋庄，第八区公所设大浑，第九区公所设岚谷。"黄柏、樟树隶属于第六区公所，岚谷隶属于第九区公所，后来又一度缩减为四个区，黄柏、樟树隶属于第一区，岚谷隶属于第二区。至民国二十四年（1935），"全县保甲计编二十五联保，一百零九保，一千二百七十七甲"。1940 年县政府又根据各保甲的人口情况，把境内各乡镇保甲分为一、二、三等，"黄柏、岚谷、西霞、黎口、五夫、白水、大将、黎源、文仙为三等乡镇"②。

在宗族势力强盛的沿海地区，政权的保甲制度等基层组织，往往成为宗族势力的附庸，是宗族势力协调与政府关系及控制地方的一种工具。而在崇安县则不同，人口的迁移不定、村落规模小、杂姓聚居和家族组织松散诸因素，使得这里的居民都无法形成一种足以欺凌外姓或异乡人的势力。这样反而使聚居在一起的各个不同姓氏、不同籍贯的居民之间，原有的居民与新迁入的移民之间，自觉

---

① 参见《崇安县的辟支古佛崇拜与腊烛会》，载台北汉学研究中心编：《寺庙与民间文化研讨会论文集》，1995；《闽北建瓯厚山村的三圣公王庙会》，载台北"中央研究院"民族学研究所编：《华南农村社会文化研究论文集》，1998。

② 民国《崇安县新志》卷一○，《政治》。

或不自觉地保持一种比较和睦而又有某种相互制衡的乡邻关系，以求得基层社会的稳定。在这种情况下，政府的基层行政组织，自然而然地成了农村社会最有权威的力量。政府赋税的征收、兵徭役的调发、户籍的编制、公益事业的建设，等等，可以说绝大多数的政策贯彻都得由保甲制度进行落实。除此之外，乡邻之间的吵闹、财产的交割、山林水利的争执，乃至婚嫁丧葬，等等，许多事情也得请保甲组织出面协调解决。

政府的基层保甲组织既然是一种管理基层社会的权力机构，那么保、甲长的人选，自然也是居民们所关注的。从三个调查点的一般情况看，越是村落规模小、杂姓聚居的，局面越混乱，保、甲长人选的推举越是"民主"。从当时国民党政府的"保甲组织法"中，保、甲长是允许居民们选举的，当然在一般的地区，这种法令形同虚设。而在杂姓聚居的村落，由于居民均与政府没有特别密切的关系，也就没有突出的族姓可以操纵选举。因此，甲长的产生，一般通过两种方法：一是共同协商，推举大家公认比较能够承当而又有一定办事能力的人出来担当甲长；另一种办法是采取轮流制。保长的人选则比较复杂一些。

虽然说黄柏、樟树、岚谷三个调查点中的名门望族很少，杂姓聚居是普遍现象，但是在一些相对有实力的家族里，他们对于基层社会管理的影响力，也是不可忽视的，当然这种影响力远不能与沿海地区的那种强宗欺凌弱姓的局面相比拟。

在黄柏、樟树，潘、廖、吴是比较古老的姓氏，特别是潘姓，自清代以来就很有名。吴姓不知何时迁入崇安樟树，但以当时仅潘、吴等寥寥数姓有家族祠堂这一点来推测，应该是在此地定居有一二百年历史了。廖姓则因经营一些茶叶生意，并开设小型的制茶作坊，也有一定经济实力。因此，在潘家村，甲长一般都是由潘姓人担任，吴家村的甲长一般由吴姓人担任，而在坜屯村，这里的甲长，大部分由廖姓人担任。至于黄柏乡的保长，也有好几任是由潘姓、廖姓和吴姓的人担任。

岚谷的情景也是如此。这里虽然也是杂姓聚居，但是自然村落规模比较大，这里的彭、陈二姓是居住历史较为悠久的姓氏，且在清末民初均有一定的经济实力，经营田产及造纸业，等等，《县志》称彭氏“其子孙蕃衍于五夫大将岚谷等处，为一邑望族”①。陈姓则是在民国年间有俗称“陈胖”的大地主，其占田近三百亩，纸槽十余座，富甲崇安“北路”各乡。故彭、陈二姓在岚谷一带的基层社会管理中有一定的影响力，这里的保长人选，也经常受到彭、陈二姓的意向影响。

尽管少数有实力的族姓对于基层社会的管理和控制会产生某些影响，然而从整体上说，在以杂姓聚居和家族组织松散为基本特征的崇安县农村，族姓及富室对于基层社会的影响还是有限的。我们在沿海各地的地方志及其他文献中，可以经常看到关于强宗巨室控制地方和强凌弱、众暴寡的记载，而在崇安县以至闽北各地地方志及其他文献的记载中看到，这一带基本上能够保持比较淳朴的民风。

虽然黄柏、樟树、岚谷等地的家族组织比较松散，家族观念比较淡薄，但是由于居民的不断流动，新旧居民及不同籍贯的居民聚居在一起，在那些新迁入的居民当中，为了适应当地的社会并取得一定的生存地位，不同籍贯间的同乡观念在初迁入的一段时期内还是比较浓厚的。这些新迁入的居民的社会往来和正常婚姻关系，比较多的是在同乡之间进行。而不同籍贯之间的“明媒正娶”的通婚，一般都要在移民的第二、第三代以后才比较大量地出现。在这些地区，虽然不像沿海地区那样经常发生乡族械斗事件，但也偶有发生一些诸如争夺垦荒地点、水利山林等纠纷，这些纠纷有相当一部分也是在不同籍贯的居民之间发生的。因而在不同籍贯的居民间，也存在着某些带有地缘同乡色彩的互助组织。如20世纪30年代政府鼓励大量浙江、江西移民来崇安开垦，浙江省的江山县人和诸暨县人，就曾在县城设立一个同乡会，帮助同乡人解决与外乡人的冲突以至诉讼等。据说在20世纪40年代初，由于抗日战争仍在进行中，时有一些过往的杂牌军队胡乱抓人掠物。黄柏乡所辖的柘洋村，有不少浙江景宁县的移民聚居于此。有一回，一小股过往军队顺路拉

① 民国《崇安县新志》卷四，《氏族》。

走几头水牛，激起这些移民的反抗。军队准备前往报复，幸好浙江同乡会组织敦请有关头面人物出来斡旋赔偿，终得无事。可见这种同乡组织在庇护同乡时可起到一定的作用。

我们这次所调查的黄柏行政村之下的一个自然村落——官埠头村，是村民委员会的所在地，在20世纪三四十年代有一个逢二、逢七日的墟集。官埠头村临近武夷山风景区，武夷山风景区是武夷岩茶的正宗产地。每年清明前后，有大量的江西人来此采茶帮工，分布在武夷山风景区及邻近的星村、赤石镇及官埠头村等地。由于这个缘故，这一带也有不少江西人移居于此。为了联络乡谊，江西移民及临时来崇安打工采茶的江西人，在官埠头村合资建造了一座江西会馆，并设置了十余亩的会馆田，以供会馆的日常开销及各种活动。会馆于每年五月举行一次大型的聚会活动，招徕江西同乡，联络乡谊。聚会期间，凡是江西人都可以免费进馆吃饭，也可自由捐款。而在平时，会馆则受理同乡人之间的纠纷，以及协调与外籍人、当地人之间的关系。这个会馆还与县城和星村镇的江西会馆有直接的联系，当时有许多江西人在崇安、星村、赤石一带经营武夷岩茶，很有经济实力。然而从江西会馆的实际功能来看，其主要目的在于安置每年三至五月间来崇安采茶打工的季节性流动人员，为这些春来夏归的季节性工人提供临时的食宿和安排雇主。而会馆在建立、扩展一种江西同乡势力的作用，则是比较微小的。

黄柏、樟树、岚谷三个调查点新迁入的居民，虽然还保存着一定的同籍互助观念并形成某些同乡组织，但当新迁入的居民与当地居民聚居达十数年之后，同籍互助观念逐渐淡化，同乡组织逐渐失去作用。大体而言，由于杂姓及不同籍贯的居民聚居，在新移民中，第一代和第二代的同乡观念比较明显，与外乡人的冲突也大多发生在这两代人身上。随着邻里关系的协调和婚姻关系的联络，到了第三代以后，这种同乡互助的观念不能不大大淡化，而更多的是聚焦于乡邻之间的关系。这种关系的形成，除了因杂姓异籍聚居无法形成一般足以欺凌外姓或异乡人的势力，从而自觉或不自觉地维持和睦平衡关系，以及通婚关系的增多等因素之外，方言的融合不能不说是其中一个重要的原因。

从福建、广东、台湾等地的移民历史上看，方言对于移民社会的形成，实在有着十分重要的作用。当某一地区的居民迁移到另一个地区成为新移民时，一定会把原先的方言带到新的移民区。然而有些移民把自己原有的方言和生活习惯带到新的移民区后，生根扩展，形成新的派生方言区；而有的移民，虽然把自己原有的方言和生活习俗带到新的移民区，但随着时间的推移，自身的方言和习俗逐渐被当地的方言和生活习俗所消融，移民的后代也变成了道地的当地人。如福建闽南福佬人，迁移到台湾、广东潮汕、海南岛以及浙南温州的一些地区，这些地区至今仍然保持闽南福佬人的方言和某些生活习俗。再如闽西、赣南交界的客家人，向台湾及广东北部山区迁移，带去了客家方言，这些地区至今自认为是客家区。相反的，有一部分客家人向福建沿海的闽南区迁移，却无法把自己的方言和生活习惯移植过去反而被闽南福佬人所消融，因而这部分客家人的后裔也就成了闽南福佬人。崇安县的情景也是如此，虽然说至少从 20 世纪以来，浙江、江西、福建沿海均有大量的移民迁人，但至今为止，没有一个地方的方言能够在这里根植下来，相反的，不论是来自何地的移民，都逐渐同化于这里的方言，成了崇安人。

这种方言的移植与消融与否，取决了移民人数与原有居民的力量对比，如果移民人数较多，原有居民的力量较为薄弱，则移民的方言和生活习俗就有可能在新移民区生根扩展，这就是通常所说的“反客为主”。福建闽南人之所以能够把方言移植于台湾，其关键就在于此。而崇安县的情景正相反。如前所述，由于崇安县的移民不像闽南人向台湾那样的单向移民，而是一种多向的移民，即移民来自许多不同的省份和地区，操持有多种不同的方言，这种多向的移民无法形成一种明显占有优势的力量，包括方言的力量；于是，方言的组合也同乡族的组合一样，大家一致认同于本地原有的方言，而逐渐抛弃自身原有的方言。

当然，当多种方言渗入崇安县农村社会时，总会产生方言与方言之间相互排斥和相互融合的情况，但其最终与崇安方言融合过程的时间长短，则主要取决于两个方面的因素。

一方面的因素仍然是我们上面所讲的操何种语言的人数优势。在一个自然村落或一个社区中，如果操崇安方言的原有居民占多数，而外地移民不是大批大批地涌进，则外来移民自身方言的消亡及认同崇安方言的过程就比较短暂。一般而言，新移民的第一、第二代人之间仍可在自家及同乡范围内操自身方言，而第二代人在与当地人的交往中，则往往使用当地方言，到了第三代，不论是家内或是对外，则几乎全部用崇安方言，到第四代以后，自身原有的方言可能就完全消失了。我们这次调查的岚谷村，大体上属于这一类型。

反之，在一个自然村落里，如果操崇安方言的原有居民人数少于新迁入的移民，并且这些新迁入的移民是来自同一个籍贯，那么，这些移民就能够较长时间地保留自己原有的方言，其与当地方言消融归化的过程要相应长一些。这种情景在原黄柏乡有三个比较典型的例子：一是现在的柘洋行政村，有一大批浙江景宁人在 20 世纪 30 年代新迁入，由于人数多，至今在其内部仍然部分流行浙江景宁方言。二是黄柏行政村的后村（这次调查的范围之内），20 世纪 30 年代有一批浙江诸暨人迁入，人数多于当地居民，因此至今亦在其内部部分流行诸暨方言。三是黄柏行政村的果园林，20 世纪 60 年代有一批福建沿海惠安县的移民迁入，人数亦超过原有居民，至今不仅在其内部通行惠安方言，同时也影响原居民的青少年们，即他们大体可以听懂这些移民所说的惠安方言。据《武夷山市志》记载："在武夷山腹地的天心赤石一带有些村子是闽南方言，是早年永春一带移民聚居点，但人数不多。"① 这种情况也是因为移民人数较多并且聚居的缘故。但是随着时间的推移，不同地区的方言最终还是消融于当地主流的方言之中。

不同地区的方言消融于崇安方言的第二个因素是墟市与地理的牵制。虽然说由于新移民与原居民在人数力量上的比例而造成方言消融过程的急缓有别，但是即使是在新移民人数占绝大多数的自然村落里，如上面所举的黄柏果园林和天心赤石一带的某些小村落，他们最终还是消融于崇安方言之中。这是因为人们的社会活动并不

① 武夷山市志编纂委员会编：《武夷山市志》卷三四，《方言志》。

仅局限于小自然村落之内，自然村落与自然村落之间，乡与乡之间，乡与县城之间，都要有一定的联系。在1949年以前虽然说崇安县农村仍然停留在一个比较封闭的农业社会里，但是每一个农民都必须与政府、与市场发生程度不同的联系。当移民社会纷杂，但没有一种外来方言可以在全乡、全县占统治地位的情况下，墟市的交流、民间与政府间的联络，就只有通行原有的崇安方言了。在某种意义上可以说，在文化落后的山区，国语（普通话）得不到推广，崇安方言自然而然成了这里的非法定语言，但又是事实存在的官、私方通用语言。特别是墟集，是所有农民必须与之发生关系的公共场所，自然村落愈是靠近赤石墟、官埠头墟的居民，方言同化的时间愈短，而离墟集的距离愈远，方言同化的时间就愈长。在这种情况之下，新移民们不论是自愿也好、非自愿也好、有意识也好、无意识也好，逐渐消融于崇安方言只不过是时间上的长短而已，趋向是不可逆转的。正因为如此，不管是原有居民占多数的村落，或是新移民占多数的村落，最终都将同化于崇安方言。根据笔者的调查，上述的柘洋、后村、果园村及天心赤石的村庄，虽然其中有一部分人仍会操原有的方言，但在新移民的第三代以后，没有人不会讲一口流利的崇安方言。

当然，这里也还有一个消融程度的问题。从地理上讲，愈是接近墟市、县城及交通要道，移民方言消融于崇安方言的时间就愈短，而那些远离县城、墟市并且交通不便的闭塞山村，其保留移民原有方言的时间就愈长。笔者曾在岚谷乡与浦城交界的一个偏僻山村看到几户人家，所讲的语言连岚谷乡的当地居民也要费很大精神才能听得懂。原来这几户人家是明末清初从沿海闽南来这里种植蓝靛植物的。定居下来以后，由于交通极为不便，且不与官府来往（可以躲避赋役徭役），结果闽南方言被保留了数百年。尽管如此，这些人家仍需要与外界产生一些联系，久而久之，闽南方言与崇安、浦城方言混杂，加上这偏僻山区也有一些浙江流民，遂成为一种“四不像”的语言。这是一种极少见的例子，但也由此可见在市场、地理及社会往来过程中，外地移民的方言最终同化于崇安方言是必然趋势。当然，外地方言消融于崇安方言的过程中，也不排斥吸收某些外地方言的可能性。方言同样有一个演化变迁的过程，这正如《武夷山市志》中所言："武夷山市方言（崇安话）属于闽北方言……（崇安）历史上曾是古闽越人的聚居地，后来又与赣语区有不少往来，宋元以来有不少江西人移居此地，语言受赣客方言影响。"[①] 这种影响是很正常的，不仅方言如此，其他的生活习俗也有着类似的融合变迁过程。方言与生活习俗的消融归化，无形中消除了外地移民与原有居民之间的界限，促进了基层社会的稳定。因此，在杂姓聚居、家族组织松散的移民区域里，方言与生活习俗的认同在其间所发挥的重要作用，是不能忽视的。崇安县以及闽北许多杂姓聚居、家族组织松散的地区所形成的基层社会形态，与福建沿海地区家族、宗族制度较为严密的基层社会形态存在着诸多的差异，这也就是理所当然的了。

（原载石奕龙、郭志超主编：《文化理论与族群研究》，合肥，黄山书社，2004）

① 武夷山市志编纂委员会编：《武夷山市志》卷三四，《方言志》。

附录二
松散家族制度下的乡村婚姻形态
——崇安县黄柏村实例调查

人们讨论中国传统社会的婚姻形态，往往受到传统家庭伦理道德观念的影响，认为一般的家庭婚姻总是明媒正娶，花轿花烛，嫁夫随夫，从一而终。然而，这种明媒正娶、从一而终的婚姻形态，除了受到传统家庭伦理道德观念的支配以外，还必须具备相应的社会环境和经济条件，即一个组织比较严密的家族、乡族社会和相对稳定的乡村经济，是维系这种传统婚姻形态必不可少的社会基础。如果不具备这样的一个社会基础，则人们观念中的这种明媒正娶、从一而终的家庭婚姻形态，就不太可能得到完善的维系和沿袭。崇安县黄柏村的婚姻形态，就是缺乏比较严密的家族、乡族组织和相对稳定的乡村经济这一社会基础，而呈现的一种变异的实例。

一、黄柏村的家族、乡族结构

清代后期以来，社会动乱对于闽北山区的人口姓氏构成，产生了重大的影响。崇安县黄柏村行政隶属于原崇安县武夷乡。这个行政村所管辖的区域，正是20世纪30年代国民党军队和共产党领导的红军相互争夺甚为激烈的区域，红军败退后，人口流失惨重。据《崇安县新志》记载，20世纪30年代的黄柏行政乡，包括现在的黄柏、柘洋、樟树3个行政村，自然村落有50余个，居民姓氏有40

余种，人口数量2 000余人。[1] 然经战乱之后，仅剩1 300余人，平均每个自然村落的人口不足30人，每种姓氏的人口也只有30余人。自20世纪30年代后半期起，当地政府面对乡村凋零的局面，推行了一系列招徕外地移民的措施。于是陆续有一部分外地移民迁人，其中以浙江人最多，江西人次之，另外还有少量湖广人以及福建沿海的移民。外地移民的迁人，更增加了这一地区人口混杂、姓氏众多的局面。

现在的黄柏行政村，共隶属有21个自然村落，各自然村落的规模很小，大者有200余人，小者仅有10余人及数十人。笔者这次共调查了9个自然村，即：官埠头、黄龙洲、官庄、江墩、潘家、鄢家、后村、祖师岭、坜屯。这9个自然村的人数约1 000人，问卷人数为107人。而在这107人中，共有48种姓氏，这48种姓氏是：温、陈、廖、黄、严、隆、吴、谢、李、翁、胡、赵、柴、林、周、艾、徐、王、赖、汪、江、萧、毛、任、刘、苏、夏、蓝、程、施、方、范、宁、游、潘、张、熊、邱、詹、邵、姚、叶、丁、杨、宣、郑、裴、虞。在这些姓氏中，作为户主的男性姓氏达27种，并且其中约半数的姓氏系20世纪前期从外地、外省新迁入的移民。由此可见，杂姓聚居是黄柏村调查点近百年来最基本的社会特征。

杂姓聚居使得这一带的乡族组织，特别是家族组织十分松散，宗法势力相当微弱。家族组织的三大要素，即祠堂、族谱、族田，在这里很不普遍。在黄柏行政村的21个自然村落中，仅潘家村有一座祠堂和数十亩族田，维持家族组织的日常活动。然而这仅有的一座祠堂，也是清代前期潘姓繁盛时建立的，清代后期以来，潘姓也不断衰落。1949年前，潘姓仅剩下十余户人家，家族组织的日常活动时断时续，勉强应付。1949年以后，这座唯一的祠堂已倒塌废弃，不复存在。至于其他姓氏，则只能在自家厅堂中祭拜祖先，均未能形成制度化的家族组织。

杂姓聚居和家族组织的松散，使得这些来自各地的姓氏，无法

---

① 参见民国《崇安县新志》卷四，《氏族》。

形成一股足以欺凌外姓或异乡人的势力，这样反而使各个不同姓氏的居民之间，自觉或不自觉地保持一种比较和睦的乡邻关系，以求得社会的平衡。而就其各个姓氏内部而言，由于没有严密的家族组织，无法实行有效的内部管理和控制，宗法观念相对淡薄，传统的家庭婚姻等纽带，不能不受到严重的削弱。

二、性别比例与再婚现象

杂姓聚居的移民社会，男性的数量往往高于女姓的数量。这是因为外地移民的迁入基本上采取两种形式，一是夫妻全家一道移来，这种移居形式，在短时期内对当地的婚姻形态影响不大。而另一种形式，则是先由男劳动力来此地打工谋生，取得一定谋生条件后，再回原籍搬迁妻儿家属，或直接在本地寻找女性，组成家庭。这样，就势必影响到当地人口中的男女性别，出现不合理的比例。请看崇安县民国二十七年（1938）到三十年（1941）的人口性别比例统计（见表2—1①）：

表2—1　崇安县民国二十七年（1938）至三十年（1941）的人口性别比例统计

年月（民国）	户数	口数	男口数	女口数
27年（1938）10月	13 480	59 604	32 877	26 727
28年（1939）6月	13 789	62 163	34 334	27 829
29年（1940）10月	18 401	87 096	50 196	36 900
30年（1941）6月	19 072	90 284	51 612	38 672

在以上四年户口的男女性别比例中，民国二十七年（1938）的男女之比是10∶8.1，民国二十八年（1939）也是10∶8.1，而民国二十九年（1940）是10∶7.3，民国三十年（1941）是10∶7.5。

再看黄柏村的户口统计数字，如表2—2。②

① 户口数字据国民党崇安县政府历年户口统计，现藏武夷山市档案馆。

② 数字参见民国时期崇安县政府第一区署：《户口异动呈报表》，现藏武夷山市档案馆。

表 2—2　　　　　　　　**黄柏村的户口统计表**

年月（民国）	户数	口数	男口数	女口数
28 年（1939）11 月	411	1 768	1 016	752
28 年（1939）12 月	411	1 769	1 017	752
29 年（1940）4 月	705	2 513	1 414	1 099
29 年（1940）11 月	588	2 509	1 403	1 106
30 年（1941）4 月	706	2 519	1 417	1 102
30 年（1941）11 月	719	2 530	1 423	1 107

根据表 2—2，民国二十八年（1939）、二十九年（1940）、三十年（1941）黄柏村的男女性别比例分别是 10∶7.4，10∶7.8，10∶7.8。

黄柏村的男女性别比例与崇安县各乡的平均男女性别比例基本上是一致的。但值得注意的是，同时期的崇安县各乡镇中，唯有县城及其郊区的清献镇，以及武夷茶叶的集散市场赤石乡的男女性别比例是基本持平的，而其他各乡大多属山区，则普遍出现男女性别比例不协调的局面。城厢清献镇和赤石乡的男女性别比例基本持平，可能是城镇内的行政管理效能和道德观念氛围比较规范的缘故。

杂姓聚居，宗法关系松弛，以及男女性别比例的不协调等因素，促使这一地区的婚姻形态成了自己鲜明的特色。

就整体情况而言，民国时期黄柏村的婚姻形态，还是以大婚为主，同时也存在一部分招赘婚和小婚的情况。在该村 101 名男女问卷人中各类婚姻所占比例如表 2—3。

表 2—3　　　　**黄柏村 101 名男女问卷人中各类婚姻所占比例表**

婚姻种类	男性	女性	小计	所占比例
大婚	31	33	64	63%
招赘婚	12	6	18	18%
小婚	7	12	19	19%

然而，黄柏村婚姻形态的特点并不体现在以上三种婚姻的比例中，而是体现在婚姻关系的不稳定状态中，拐带妻子或妻子被拐带，以及甲妻转为乙妻或丙妻转为乙妻的现象时有发生，而其中最突出的一点，是寡妇改嫁、男性再婚的比例很高，先看 50 名男性问卷人的再婚情况如表 2—4。

表 2—4　　黄柏村 50 名男性问卷人的再婚情况表

问卷人	结婚次数	备注
隆 A	2	
严 A	2	
黄 A	2	妻子曾有“前夫”
王 A	2	两个“妻子”同时存在，各居一处
宁 A	2	
潘 A	2	
徐 A	2	两个“妻子”同时存在，各居一处
王 B	2	妻子有“前夫”
吴 A	3	
萧 A	2	妻子有“前夫”
徐 B	2	妻子有“前夫”
陈 A	4	妻子有“前夫”
夏 A	2	妻子有“前夫”，再婚时“前妻”尚在

据此，在 50 名男性问卷人中，有两次以上婚姻的共 13 人，占男性问卷人的 26%，其中王 A 和徐 A，在没有与原妻正式脱离婚姻关系的情况下，又与后妻结合，属于重婚现象。而在这 50 名男性问卷人中，其妻子属于两次以上婚姻的也有 10 余例。

在女性问卷中，两次以上婚姻比例更高，兹将女性再婚的情况整理如表 2—5。在这 51 位女性问卷人中，两次以上婚姻的竟有 24 例，占女性问卷人的 47%。

表 2—5　　黄柏村 51 名女性问卷人婚姻情况表

问卷人	结婚次数	备注
程 A	2	
施 A	3	
吴 A	3	
吴 B	2	
方 A	2	两个“丈夫”同时存在
周 A	2	
林 A	2	
翁 A	2	
陈 A	2	
谢 A	2	
邱 A	2	
廖 A	2	
黄 A	2	第二次婚姻属自由恋爱

续前表

问卷人	结婚次数	备注
刘 A	2	
陈 B	2	两个“丈夫”同时存在
柴 A	2	
郑 A	3	
郑 B	2	
叶 A	2	
丁 A	2	
程 B	2	
裴 A	3	
虞 A	2	
姚 A	2	与前夫正式离婚

女性的再婚高于男性，是女性少于男性的性别比例不合理所致。在福建沿海等家族组织严密的社会里，聚族而居，婚姻的择偶对象一般是不可能在同一个村落里进行的。而在闽北崇安县等杂姓聚居的社会里，许多再婚者的择偶对象往往是同一村落里或邻近村落里的。值得注意的是，这种频繁再婚的关系，由于没有强有力的家族、乡族组织和宗法势力加以限制，几乎成了当地社会的一种正常习俗，得到了社会乃至观念的宽容。甚至连地方政府的行政管理、婚姻法规等，也都对这种再婚关系予以默许。在我们所调查的这些再婚例子中，没有一例有到政府机构去进行婚姻登记的，其中有六例的再婚，是在前夫或前妻尚健在的情况下进行的，而只有一例是与前夫办理正式离婚手续的，其他五例都是在与前妻或前夫没有任何婚姻断绝手续的情况下再婚的。从法律上讲，这种再婚犯有重婚罪，但在当地并不认为是违法行为，为乡邻所接受。

官埠头自然村只有十余户人家，居民有吴、毛、苏、夏、陈、周、江、谢、刘等姓氏。在这个自然村落里，由于频繁的再婚，形成了一个复杂而奇特的婚姻关系网。表 2—4 的夏 A 是一个单身汉，恰好浙江龙泉县有一女子因饥荒而逃至崇安谋生，这个女子在龙泉县已有丈夫，但到崇安后，经人撮合，与夏 A 结婚，生有一女，并怀孕在身。同村之吴 A 前妻已亡，留有一女，恰好崇安城关有一寡妇施氏带有二男二女逃荒至本村，经人撮合，与吴 A 结婚。后来吴A见夏A之妻相貌姣好，年纪较轻，便与夏A之妻发生关系，不久便与施氏分居，与夏A之妻结合。而施氏留下一女与吴A作养女，自己带二男一女又同本村的陈A结合。以后因性格不和，又各自分居，施氏分一男给陈A，自己带一男一女过日子。夏A抚养其女至十岁左右，又有浙江一逃荒女子，带一男孩来到本村，遂与夏A结合家庭。以上这同一村庄里的四个重婚家庭，本来是十分不符合传统道德观念而不易相处的，但由于其子女的复杂关系，现在反而成了亲戚，夏A的遗腹女现为吴A之女，但其长相酷似夏A，同村所有的人都认为她是夏A的血缘，故至今夏、吴两家因这层关系而成亲戚。而施氏的长女留给吴A为女，长子留给陈A为子，因而吴、施、陈三家亦维系了一层亲戚的关系。这四家在平常的交往中，亦从不以曾有过不正常的婚姻关系而有所忌讳。

在坜屯村，也有两个关系十分微妙的家庭。廖某为人老实，勤劳能干，外表矮小丑陋。其妻则姣好精明，看不起丈夫，与同村的另一个有妻小的男性长期保存半公开的性关系，并为这个家庭生下了四个孩子。这四个孩子的相貌与这个男性的外貌极其相像，而与其名义上的父亲的外貌毫无共同之处。如今这两个家庭的关系十分融洽，这四个孩子都称这个男性为义父，每逢婚嫁及年节，两家之间都要互通礼问。

黄龙洲村有一个姓赵的男子，其妻为浙江江山县人，曾因闹饥荒时脱离其前夫而逃荒至崇安，与赵某结合。生有两个孩子。后来因赵某家庭贫穷，生活困难，其妻又随一做篾的工人私奔。数年后，其妻又回到赵家，双方无话，依然是夫妻。

类似的例子，在黄柏行政村这一调查点里有不少。而这种频繁再婚、家庭婚姻关系不稳定，以及通奸率较高（关于通奸的情况，无法作确切的调查，但根据一般性的讯问可以得出这一印象）的现象。无疑是与这一杂姓聚居的移民社会缺乏强有力的家族、乡族控制和观念的束缚有着密切的联系。

我们从黄柏村的招赘婚情况看，也同样可以反映出这一内在的因素。这里的入赘男性，在其正式结婚以前，一般都要先到女家劳动一至二年。在这期间，男性住在女家，吃在女家，参加女家的一切活动。当女方及其父母对男性的劳动表现及日常行为表示满意之后，方可进行正式的婚礼。如果女方对男性不满意，则可以像辞退长工那样辞退这个男性，另外再物色其他的招赘对象。这种招赘习俗的形成，当然有众多的因素，但是这一杂姓社会里男性多于女性的性别比例不合理状况，以及缺乏家族、乡族制度的约束，无疑是形成这种招赘风俗的基本因素。

被招赘的男性虽然在婚前受到苛刻的考察，但是一旦正式结婚以后，赘夫的社会地位及其在女方家庭中的地位，则和一般大婚男性的差别并不明显。赘夫们不要改姓，所生子女除第一胎（不论男女）必须跟妻姓外，其余的子女，不论数量多少，都跟赘夫姓。这样，在一般的情况下，招赘婚所组成的家庭，延续二代之后，由于跟随赘夫姓的子女多于跟母姓的子女，相比之下，赘夫的本姓反而比其妻姓更有可能得到沿袭发展。赘夫有着较高的社会和家庭地位，显然也是与这一地区家族、乡族势力微弱、宗法关系不强，以及杂姓聚居的社会环境相联系的。一方面，女方的家庭无法用强有力的家族势力来维护本姓的尊严和利益，而另一方面，极为复杂的社会婚姻环境，也使人们对姓氏的沿袭抱着比较淡薄的观念。

三、三例特殊的婚姻关系

在黄柏村的婚姻形态中，有三例特殊的婚姻关系，值得一提。

1. 招夫养夫。祖师岭村有一女性陈氏，原籍浙江省江山县人，前夫为泥水匠，兼农业佣工，夫妻结婚后生有二女。不久，前夫得了“大脚病”，逐渐丧失劳动能力，无法养活妻子家人。于是其妻陈氏又招赘一姓叶的男子入门，主持家庭的生产劳动。妻子同两个丈夫及其子女（后夫亦同陈氏生了孩子）共同生活在一起，形成一个家庭。如今陈氏的前夫和后夫均已去世，陈氏健在，其子女亦分别结婚成家生育孩子。当地人把这种婚姻关系称为“招夫养夫”，社会与政府并未加以干涉。甚至在1949年，政府进行土地改革和清查户口，也承认陈氏的这种婚姻关系，两个丈夫作为一个家庭共同分得土地，登记户籍。

2. 典妻。官埠头村有一女性方氏，原住本县星村乡，前夫为箍桶匠，并垦有数亩山田。后因经营不善，经济困难，并且长期卧病在床，遂将其妻典借给官埠头村一位姓彭的男性，典期为三年。三年典期一到，前夫仍然无力赎回，而方氏亦不愿回星村原夫家，于是追加典钱若干，方氏永久归彭氏为妻。如今方氏尚健在，在官埠头村的子孙有十余人，而其前夫和后夫，早已去世。

3. 收继婚。下坜坑村（属黄柏行政村，但未在此次问卷的范围之内）有一女性管氏，原籍浙江省龙泉县。20 世纪 30 年代时，其公公、婆婆，率领其丈夫、小叔、小姑等全家来崇安垦荒。其后丈夫病逝，留有三个孩子；其公公、婆婆亦相继去世，于是管氏与其小叔（丈夫的弟弟）自愿组成家庭。并生有子女。如今前夫、后夫的孩子均已成家，前夫的孩子仍称其后夫为叔叔。

以上这三例特殊婚姻关系的存在，同样也是与这一地区缺乏强有力的家族、乡族组织，宗法观念较为淡薄相互适应的。同时，这一地区贫困而又不稳定的农村经济，也是造成家庭婚姻关系混乱的重要因素。

黄柏村的婚姻形态，可能比较特殊，它呈现出许多与传统婚姻观念及其形态相悖离的变异。然而，这种变异的婚姻形态，正是建立在人口混杂的移民社会和家族、乡族制度松散的基础上的。众所周知，中国各个地区之间存在着明显的发展不平衡的状态，即使是在同一个省分、同一个区县之间，社会发展不平衡的状态也是显而易见的。因此，我们在探讨中国家族社会的一般形态的同时，也应该注意到不同地区、不同家族乡族间的特殊差异。黄柏村松散家族制度下民间婚姻形态的探讨，也许可以为了解福建乃至中国的家族制度的不同实态，提供一个值得思考的案例。

附录三
清代泉州福全所的众姓合族

研究中国家族史的学者，无不十分关注血缘关系在维系家族组织上的重要作用。血缘关系是中国家族制度构建的基础，没有血缘关系，就没有家族组织及其相关的制度。然而，中国家族制度经过长时期的历史沿袭，在不同时期社会经济变迁等因素的作用下，某些地区的民间家族组织也必然会出现许多异化的现象。这种异化的家族组织及其运作方式，尤其值得人们注意。近年来，我在搜集福建民间家族资料时，曾发现清代泉州府晋江县福全乡（旧称福全所）的全氏家族及其家族组织形式，就是一个典型的例子。

一

泉州府福全所，原为明代驻军之所。明代初年，明朝政府实行卫所制度，福建泉州府有永宁卫。《明史》记载："（洪武）二十一年（1388）又命（汤）和行视闽粤，筑城增兵。置福建沿海指挥使司五，曰福宁、镇东、平海、永宁、镇海。领千户所十二，曰大金、定海、梅花、万安、莆禧、崇武、福全、金门、高浦、六鳌、铜山、玄钟。"① 乾隆《泉州府志》亦载："洪武二十一年（1388）命汤和行视闽粤濒海地，筑城增兵，置永宁卫指挥使及崇武、福全、金门、高浦千户所。"② 因此，清代泉州府福全所的居民，大部分是明代军户的后裔。

① 《明史》卷九一，《兵志三》。

② 乾隆《泉州府志》卷二五，《海防》。

入清以来，清朝政府不复实行卫所制度，原明代的军户，大部分转为民户立籍，并且开始承担纳税服役的责任。于是，福全所洪、曾、张、吴等十余姓军户众议共立一姓，并建立合姓共有祠堂一所。当时的合姓约字如下①：

立约字詹奕灿、刘奕伯、吴奕盛、曾奕从、卓奕弼、洪奕龙等，今因灿等零星军户从无户眼，而且摄于强族之间，每被欺侮。兹全议欲顶一班，思姓氏多门，议将以地为姓，即“全”是也。公欲建筑大宗，而宗地未有其所。兹因陈胤晃、应京年老无嗣，愿将伊承祖地基一所，土名下营，其东西四至登载晃等约字明白，充入全中起盖大宗。如此地不堪起盖，约听灿等别售他处起盖祀宇。进主之日，愿将胤晃、应京并其父祖共神主六身进入祀中，配享春秋二祭。此系公同要议情愿，日后各无反悔异言。今欲有凭，立约字为炤。

康熙五十三年（1714）七月　日立约字人　洪奕龙　何世德
曾奕从　曾世都
张奕铨　张世正
詹奕灿　叶世春
刘奕伯　翁世瑞
卓奕弼　尤世祥
吴奕盛　赵世坦
代书人　郑元猷

从这纸合约字中，我们可以知道清代康熙年间泉州府福全所的洪、曾、何、张、吴等近二十姓军户②，从“福全所”的地名中取出“全”字，以为各姓共用的姓氏，并虚拟出“全为麟”为各姓共同的开基祖先。开基祖之下，把各姓分为五房，亦称“五柱”，轮流当值全氏家族的祠堂管理和支应户籍等事务。因此，该祠堂的一世

① 本合约存于全宗伊《光绪新撰全中谱》（手写本不分卷）。该书承蒙晋江市博物馆粘良图先生提供，特此致谢。

② 根据《光绪新撰全中谱》的记载，共同创建全氏祠堂的姓氏，除了合约字中的13个姓氏外，还有陈、林、黄、王、苏、许等姓。

祖和二世祖的神主是这样的：

一世祖为麟公暨妣
二世祖定斋公，妣古氏
二世祖定祥公暨妣
二世祖定贵公，妣金氏
二世祖定美公暨妣
二世祖定瑞公暨妣①

全氏家族的所谓一世祖、二世祖虽然都是虚拟的，并无其人，但是由于各个姓氏有着共同的社会需求和利害关系，这些不同的姓氏还是维持了这种特殊的家族联系。从康熙年间以至清代后期，全氏家族的内部联系虽然时而密切、时而松散，但是这种众姓合族的局面仍然得到延续。到了光绪年间，士绅全宗伊等人再次倡议加强这种众姓合族的关系，整修祠堂，进祖祭祀，众姓合族的内部团结得到了一定程度的提高。全宗伊在《新撰全中谱序》中写道：

我全自有明洪武帝廿七年（1394）间奉命守御福全城，因就家焉。终明季之世，科第蝉联。迨至本朝康熙六年（1667）、九年（1670）迁海边居民欲避敌粮，遂空其地。由是官室宇舍煨烬无余。后渐归复，始得草创第宇。然不及曩万分之一。屡受大姓欺凌，势有所不堪。幸赖先哲詹奕灿、张奕铨、刘奕伯、卓奕弼、曾奕从、洪奕龙、吴奕盛、叶世春、翁世瑞、尤世佯、张世正、曾世都、何世德、赵世坦等于康熙五十三年（1714）七月间议建宗祠。况三代共谛帝喾之尊，合百室同祀祖先之谊。溯全公为麟始祖，制主六座，历年分为五柱，轮当值首。无如世久年湮，几几乎陨坠。至光绪三年丁丑（1877）春，诸乡耆再集议，进各姓祖先神主，每订番并（饼银）五元，计进□座。除荫祖先及前有微劳计□座，实主有□座，即时乃鸠工庀材，其庙貌方得一新。从此春祀冬蒸，子子孙孙勿替引之。是为序。②

①② 见全宗伊：《光绪新撰全中谱》。

在全宗伊撰写的《全中谱》中，还详列了光绪年间重新请进祠堂的不同姓氏先祖神主的名讳。如第十三世："陈十三世祖维厚公讳妙富，妣蔡氏讳椒娘；黄十三世祖仁德公讳（缺），孺人陈氏讳□娘；黄十三世祖克颖公讳永，妣陈氏，讳不知，时未娶；王十三世淑泰公讳韵，妣蒋氏讳倓娘；吴十三世祖昌府公讳（缺），妣王氏讳邀娘；郑十三世祖为宣公讳窦，孺人陈氏讳龙娘；黄十三世祖仁慈公讳（缺），孺人陈氏讳□娘；尤十三世祖昌瑞公讳业，妣王氏讳间娘；苏十三世祖例赠修职郎敬斋公讳扶，孺人龚氏讳劝娘……。"① 这些不同姓氏的祖先神主牌同聚一堂，与虚拟的全氏始祖为麟公及"五柱"二世祖神主，一并成为福全所近二十个姓氏族人的崇祀对象。每逢祭祀之时，这些合族的族人由族长、乡绅带领，恭拜如仪。《全中谱》记载这些家族的祭祖文曰：

> 维光绪年岁次十一月朔越二十有八日主祭裔孙暨直祭裔孙众子孙等，谨以牲礼刚蜡庶馐果品香楮金帛之仪，敢致祭于列位祖考妣之灵日：维我全公，肇居有明，流传永远，至于大清。神灵莫测，孝孙有发。效三王之同祖，合千室以共盟。俾我士子兮，芹香采桂蕊攀琼林宴九万连登科甲，等鹏搏之捷。俾我农人兮，仓廪实妇子安岁千取丰年，叶鱼梦之亨。俾我百工兮，饬材办器，智巧双高，良称著而财源恒足。俾我商贾兮，居行并美，货贿通而利路广。凡我全中，咸炽而昌，咸寿而臧。有谋必就，无作不成。当兹葭月，敬备筵牲。神其来格，鉴此虔诚。尚飨。

泉州府福全所的洪、曾、张、何、陈等近二十个姓氏，就是通过这种合族的祭祖活动，使得这些家族的联系得到了长时期的维系。一直到了民国初年，这种合族的关系依然存在。20 世纪 50 年代以后，由于众所周知的原因，福全所众姓合族的祠堂及其祭祖活动才逐渐荒废，于今只剩下遗址一片。尽管如此，延续了近三百年的中国家族制度史的特殊表现形式——福全所众姓合族，还是应当引起研究中国家族史的学者们高度重视的。

---

① 见全宗伊：《光绪新撰全中谱》，《光绪三年岁次丁丑拾月日谨将所进祖妣序列与左》。

二

泉州府福全所的众姓合族，是有其复杂的社会经济背景的。首先，正如这些家族在共建合姓祠堂时订立合约时所言，他们之所以进行众姓合族，是“摄于强族之间，每被欺侮”，为了抵御强宗大族的欺凌，这些较为弱小的家族，不得不联合起来，以众姓的力量来抗衡强宗大族。自宋元以来，福建等华南地区的家族组织有所加强。在乡族势力特别是乡绅势力的作用下，基层社会形成了平衡与协调乡邻、族邻关系的某种势力。但是这种关系只是明清以来福建民间家族外部关系的一个方面。在另一方面，带有某种割据性质的家族制度具有很强的排他性，特别是为了争夺对于地方社会的控制权，家族与家族之间，乡族与乡族之间，相互欺凌、相互对抗的情景也处处可见。如清代福建沿海一带的记载：“强凌弱，众暴寡，福建下四府皆然。诏安小族附近大族，田园种植，须得大族人为看管，方保无虞。其利或十而取一，或十三而取一，名曰包总。否则强抢偷窃，敢怒不敢言。”① 仙游县，“为巨族、为小姓、为强房、为弱房……小姓畏大姓甚于畏官。其畏之奈何？一朝之忿，呼者四应，直至剑及寝门，车及蒲胥之势力”②。在一些乡族对抗较为激烈的地方，乡族械斗更成为一个严重的社会问题。“巨乡大族强房为之，嘉道前械斗盛行，乡人恃丁多为强之流弊，后则竞相仿效。”③ 在这样的社会环境里，一部分深受强宗大族欺凌的小姓，就只能通过众姓合族的方式，增强自身的力量，并且以此同强宗大族相抗衡，从而取得地方社会的某种力量平衡。当时的记载说漳州府的一些乡村：“乡绅肆虐，百姓苦之，众谋结同心以‘万’为姓。”④ 兴化府仙游县的情景亦然，“小姓积怨既久，乃集群小姓以之为敌”⑤，根据清

① 陈盛韶：《问俗录》卷四，《诏安县》。

② 同上书，卷三，《仙游县》。

③ 民国《同安县志》卷二二，《礼俗志》。

④ 江日升：《台湾外纪》卷六。

⑤ 陈盛韶：《问俗录》卷三，《仙游县》。

代档案资料的记载，在漳州泉州所属各州县大小姓的抗争时有发生，“其初，大姓欺压小姓，小姓又联合众姓为一姓以抗之。以前以‘包’为姓，以‘齐’为姓，近日又有以‘同’为姓，以‘海’为姓，以‘万’为姓者”[1]。毫无疑问，泉州府福全所洪、张、陈、詹、曾、何等姓氏的众姓合族，正是在这种社会背景下出现的。

泉州福全所全氏合谱中所谓的“强族”，指的是世袭福全千户所的正千户蒋氏家族。[2] 据《福全蒋氏宗谱》记载，福全蒋氏原籍寿州，元末明初随朱元璋起兵征战至福建，累功正千户，“始祖旺公，号明封，今家庙主号寿州公。稽其世系乃凤阳府寿州延寿乡人。父六十一公，讳成，公母名大娘，生四子，长曰橹，次曰真，三曰兴，祖其季也。初名旺六，原籍徽州歙县人，父自歙徙寿州，甲午二月率四子从淮甸军，并建汗马功。橹与真俱世为寿州副千户，兴为高州世袭千户。祖由总旗历升授福建建宁卫前所百户，洪武二十五年壬申（1392）老疾致仕。二十八年（1395）蒙诰进永宁卫福全世袭正千户。本年闰九月同子到任相传。”[3] 民间族谱对于族人官职的记载多有不实，但是《福全蒋氏宗谱》的记载却是可信的。道光《晋江县志》记载明代福全千户所正千户共 4 人（县志所载不全），都是蒋氏：“蒋元启，成化间袭；蒋继实；蒋鉴，俱嘉靖间袭；蒋学深，鉴子。”[4] 正与族谱的记载相吻合。

蒋氏家族虽然世袭正千户军户，但是从明代中叶开始，这个家族陆续有不少族人读书赴科举。到了明代后期，终于出了几位进士，其中最有名的是曾任明末崇祯年间东阁大学士的蒋德璟。“德璟子中葆，号八公，光彦（亦为进士）子。天启壬戌（1622）进士，选庶吉士，除编修。以不入魏阉樊，与文震孟俱罢。崇祯十一年（1638）起原关，历少詹事……十五年（1642）廷推阁臣，首德璟……遂接为礼部尚书，东阁大学士。”[5] 因此，到了明清之际，福全所蒋氏家

① 转引自傅衣凌：《明清社会经济变迁论》，55 页。

② 关于福全所蒋氏家族与洪、詹、陈诸小姓的复杂关系，本人在该地从事社会调查时，得到晋江市博物馆粘良图先生的全力协助并提供《福全蒋氏宗谱》，特此再申谢忱。

③ 清《福全蒋氏宗谱》（手写本不分卷），《第一世谱牒》。

④ 道光《晋江县志》卷二九，《职官志・武秩》。

⑤ 道光《晋江县志》卷三八，《人物志》。

族可谓文武俱全，雄踞一方。蒋德璟曾经写过《福全蒋氏宗谱世序》，其中谈到这一时期该家族的族人繁衍情况，已经分布于泉州府的许多地方："始祖寿州公讳旺……生三子：长洪谧公，世袭正千户；次子、三子俱归凤阳。洪谧公生三子：长永赠公，世袭正千户，次子徙居惠安，三子徙居同安。时洪武间以功臣之子孙应袭本职者仍在卫所世袭，其余各官舍，或徙都邑监军立为军籍，不与官籍之例。洪谧公第二子籍贯惠安，第三子籍贯同安，皆系官舍出外邑监军也。璟考惠安县崇武大岞蜂山等处共十三乡姓蒋者，皆洪谧公次子之子孙也。考同安县及漳平湾头义昭等处姓蒋者，皆洪谧公三子之子孙也。惠安、同安与我同二世祖皆系本支……又按晋江西街有姓蒋者，乃我四世祖政德公血脉也。"① 由此可见，到了明末清初之时，蒋氏家族在福全所及泉州惠安、同安一带的族人势力之众。

随着家族成员的不断扩大和政治地位的日益提升，蒋氏家族势必成为控制福全所地方的首要家族，家族成员欺凌其他弱小家族的事情也就时有发生。根据《福全蒋氏宗谱》的记载，其八世祖蒋镜（鉴）就曾因横行不法欺凌军人而毙于狱中，险些丢弃世职。该谱略云：

> 八代祖镜公，嘉靖间袭正千户。公少敏慧，补府诸生，弄文墨、颂酒色、饰纨绔……既袭职，考掌印屯捕，寻改考掌崇武所印。军门召为总督中军赞画，寻弃去。浙江军门督府留之，奉差回闽，见府公不屈礼也。本所军某海中网一宋砚，公心欲之。军出不逊语，会军妻坐事对簿，时小产，未曾愈。公踢之。军弗医视，其毙，以为奇货。时郡守熊公汝达龂龁王少卿，而少卿之兄遵岩先生公妹倩也，尝忿倭寇之横、守帅狎报宁静，屡有札划刺守。时请文于王，又不应，因修郤公，示意军人告验，赖浙当道为解，公亦族人入浙矣。迨差回，与抗礼，熊愤且愧，复竟前事令勘原官屯印。时收放银米积分厘至四百两，以侵欺边海钱粮罪革爵。于是拘公镇抚司中。两道廉，俱冤□，

① 清《福全蒋氏宗谱》(手写本不分卷)；蒋德璟：《福全蒋氏宗谱世序》。

惟太守领之，弗释也。遵岩为晤两道，意薄责示惩，以杀守忿，而公勿知也。闻行笞，狠傲大叱云：生平不耐笞教意，今者胜读十年书。熊复亲立门促行杖者加力焉。公出，俗以为创重将人溺可疗。公瞑目视太守，益恨。食酒肉拥色，遂病毙镇抚狱中。熊守日夜差刘经历，讳志义号碧潭湖广松滋人，永宁卫经历，全民感之。嘉靖戊午孟冬季运为像竖碑祀之，追银纳赃，刘心冤之，而熊中悔。钵山公乃纠族人捐补，而自捐金三百，于是祖职无改。①

从这段蒋氏家族自己记述的资料可以看出，千户蒋镜不仅草菅军户人命，而且侵欺边海钱粮。但是由于族大势强，虽然蒋镜本人病毙狱中，最后还是通过金钱打通官场关节，保住了世袭的千户职位。由此可以想见福全所其他弱小军户家族遭受蒋氏凌辱欺压的不堪情景。在这种复杂的环境里，地方基层社会的控制，在很大程度上是取决于家族的强势力量，福全所的弱小姓氏家族就不得不联合起来，实行众姓合族。中国家族制度十分强调家族血缘的纯洁性和传承性，我们从福建民间族谱的族规谱训中都可以领略到民间家族对于慎终追远的祈求。但是复杂严峻的社会环境又是每一个家族所必须认真面对的现实。这样，福全所洪、曾、何、张、吴等近二十姓军户家族对于家族血缘的追求就只能有所变通，在尽可能维系各个小家族内部血缘关系的基础上，进行超血缘关系的乡族组合，并且以此来对抗强宗大族的凌辱欺压。即使是在同一个姓氏的家族内部，为了扩大家族的强势力量，也会出现许多诸如收养异姓、螟蛉继嗣等的血缘变异的情况。饶富意味的是，清代后期泉州学者杨浚面对当时大量家族血缘变异的现实，引经据典，参酌鬼神报应之说，试图对此现象有所讽正，他说：

天地古今，一气之所弥纶也；祖孙父子，一气之所感通也，是之谓大同，若异必乱。故律有明条焉。盖神不钦非类，民不祀非族，俗云非我族类，其心必异，有断断然。闽俗乞养

① 清《福全蒋氏宗谱》（手写本不分卷），《八代祖镜公》。

异姓为子，漳泉尤甚。率因人口多少，以别房分强弱。非无子始乞，即有子亦乞之。然流毒愈不可言，从未有异姓之子能孝能弟者，比比犯上作乱，一如附骨之蛆，终其身以至子子孙孙受害无穷。此辨之不可不早也。纪文达公曰有视鬼者曰：人家继子，几异姓者，虽女之子，妻之侄，祭时皆所生来享，所后者弗来也。几同族者，虽五服以外，祭时皆所后来享，所生者虽亦来，而配食于侧，弗敢先也……闽人尚鬼，请即以鬼论之。父老相传：有曰泉郡追荐父母、焚化库钱，必亲血脉子孙环绕扬灰，而异姓不得近前。或人丁稀少，亦布幕缺处。有言一高僧为显宦超拔先人，焚冥镪时，僧忽见无数恶鬼争相夺攫，始悟显者之子为乞养，亟挥之退，请女公子出举火，然后本人祖先受享。女为显者亲生也。有一宦归祭祖祠，隐几假寐，梦来享者皆蓑笠赤脚，丑劣万状。醒而察知其子为异姓，来就食者乃异姓之先人，大哭失声。信乎张一栋曰：更立他人之后为子，则相传之脉绝矣。死者必不相安，非诳语也。近闻厦（门）岛中元节，建醮焰口，夕有能视鬼者曾骇然曰：提军某、总戎某，何游魂摩击，至与孤贫无依之鬼相夺食？盖厦多西班显者，后访问其子孙为螟蛉，虽有家祭，所先非一气，仍不得来歆也……漳泉乞养异姓，非为承祧也，或以械斗，备作前驱，死伤听之，故殷实家乞之，不仅一二人已矣。岂知彼既异姓，窃其赀财，与所生者暗通消息，罪犹小焉。多有乱伦肆淫无所忌惮矣。今欲维风化、正人伦，使和睦无间言，必自屏除螟蛉始。①

尽管杨浚等少部分知识分子对于福建漳州、泉州等沿海地区民间家族的收养异姓、螟蛉继嗣等情况深感忧虑，但是这种情况已经成为这一地区一种较为普遍的社会现象，并没有因为小部分知识分子的讽喻而有所改变。② 这种在华南地区具有一定典型意义的家族

① 杨浚：《岛居三录》卷五，《记异姓乱宗事》。

② 参见陈支平：《近500年来福建的家族社会与文化》，第九章，上海，三联书店上海分店，1991。

内部血缘混杂和超越纯正血缘关系的众姓合族的家族联合体，实际上是中国家族制度历经明清时期社会变迁之后的变异形态。血缘传承固然是家族制度的根本基础，但是地缘上的利害关系，有时将在这种变异的家族形态中发挥着更为重要的作用。关于这一点，无疑正是我们以前研究中国家族制度时所忽视的。

自从20世纪80年代中国学界对于家族制度、家族社会的研究形成热潮以来，许多学者针对“家族”、“宗族”的概念及其含义进行了反复的讨论。但是对于“乡族”的概念，则少有人给予足够的关注。“乡族”一词，最早是傅衣凌先生提出的。他的著名论文《论乡族势力对于中国封建经济的干涉》[①] 发表以来，对于其后中国学界开展的家族史研究产生了重要影响。但是我在反思中国家族史研究的这一历程时，却更加深切地感受到：人们对于“家族”、“宗族”等概念的讨论过于概念化的界定，反而在一定程度上阻碍了对于家族社会的多重审视。中国的家族社会，不仅在不同的区域内有着不同的表现形式，而且在同样的区域内，不同家族之间的关系也是利害纠缠、错综复杂的。在某一个区域内，千家一姓，聚族而居，家族势力控制基层社会的现象固然有之，但是由若干个不同姓氏的家族交错分布、相互依存、相互抗衡的现象也是处处可见。泉州府福全所洪、曾、何、张、吴等近二十姓军户家族的众姓合族，就充分反映了家族制度、乡族社会的多样性和复杂性。明清以来，福建沿海地区，特别是泉州、漳州一带时有民间械斗发生。械斗所及往往并非二乡一族，而是多姓联合，愈演愈烈。龙溪、漳浦、云霄等县，“大姓则立红旗，小姓则植白旗……订日互斗，大姓则合族相帮，小姓则合帮相助”[②]。泉州府，“郡府械斗最为恶习，有大小族会、东西佛会，勾结数十姓，蔓延数十乡”[③]。兴化府仙游县的乌白旗大械斗，延续百余年，牵涉到仙游之外的德化、大田、莆田、南安等邻县的许多姓氏乡族参与其间。[④] 这种状况，也都体现了福建民间家

① 原载《厦门大学学报》，1961（3）。

② 张集馨：《道咸宦海见闻录》。

③ 佚名：《温陵风土纪要》，不分卷。

④ 参见施鸿保：《闽杂记》卷七，《乌白旗》

族关系、乡族关系的错综复杂。因此，这种基于一定地缘范围和家族血缘范围的“乡族”概念，反而能够在一些特定的区域内更加体现家族社会的基本特征。“乡族”的概念理应同“家族”、“宗族”的概念一样，受到学界的重视。这也正是本书采用“家族社会”又采用“乡族社会”的思路所在。

（原载陈捷先、成崇德、李纪祥主编：《清史论集》，北京，人民出版社，2006）

附录四
读史为文廿余载
——陈支平教授访谈录

采访时间：2005 年 5 月 17 日

采访地点：厦门大学

采访记录及文字整理：厦门大学人类学研究所张先清

问：您是 1977 年进入厦门大学历史系学习的，那么大学阶段为什么选择历史学这门学科呢？

答：人的一生有很多偶然，我选择历史学也是一种偶然。在进入大学学习前，我曾经在农村务农，后来又入伍。复员后被推荐上大学。当时厦门大学划拨给我所在地区 7 个名额，我是其中一位。在分系时，可能因为历史学是一个相对冷门的学科，别人不太愿意念，我就被划到历史系学习历史了，实际上当时我对历史学毫无概念。现在回想起来，我走上历史学研究的道路，纯粹是一种机缘巧合。

问：您在明清赋役制度研究方面很有成就。您的第一本个人专著就是探讨清代赋役制度演变问题的。此后您又陆续发表了一系列著述，目前还承担国家清史项目《财政金融志》（上）的撰写工作，您怎么想起选择赋役制度史这个一般人视为畏途的课题作为自己长期的研究对象呢？

答：这里面有很多因素。进学校读了两年历史后，恰好当时国家开始恢复研究生招生制度，报考的人很少，系里的老师就极力推荐我参加考试。经过一番准备后，我考上了厦门大学中国经济史专业的研究生，导师是傅衣凌先生。傅先生是明清社会经济史研究领域的大家，在海内外享有盛誉。他一直很关注明清商人与商业资本方面的研究，受他的影响，我的硕士论文选的也是明清时期商业史方面的。

研究生毕业后，我留在厦大历史系任教，同时兼任傅先生的学术助手。后来，我又考取了厦门大学的博士研究生，继续跟从傅先生，攻读博士学位。选什么样的题目做博士论文呢？这个问题让我颇费踌躇。那个时候社会科学界关于生产关系的讨论是一个非常热门的话题，史学界很多人参与讨论，偏偏我的个性属于不爱凑热闹那一类。而且，当时受传统史学的影响，认为只有制度史才是史学研究的正路，非其他方向可比。搞好了制度史，再从事其他方面的研究，自然可以游刃有余。所以，博士论文就选择了清代初期赋役制度演变问题作为题目。此外，当初选做清初赋役制度方面的研究，还有一个很偶然的因素，就是恰好那个时候辽宁省社会科学院影印出版了一套《清实录》，而且是可以拆开卖的，我全套买不起，就用稿费买了顺治、康熙、雍正前三朝部分。有了这三朝实录在手，做清初赋役制度演变方面的研究，信心自然过半。因为实录中关于清政府实施赋役制度等各类经济史料很丰富，置备一套细读，就可以收到事半功倍的成效。

现在回想起来，我当时选定明清赋役制度作为自己的一个主要研究方面，还是深受傅先生影响的。傅先生在讨论中国经济史时，比较强调经济与社会的结合，主张从具体的基层社会情境考察国家经济制度的推行情况。顺着这个思路，我关注赋役制度史，比较侧重探讨赋役制度与民间社会之间的关系，注意分析制度表达与在社会具体实施之间存在的距离，而不是仅仅局限于讨论制度本身。我在研究中除了利用实录等档案文献外，还充分利用了方志、族谱等地方文献，这些地方文献对于今人认识清政府各项财政制度在地方上的推行情况是很有帮助的。而对地方文献的重视，也正是傅先生所倡导的社会经济史学的一个显著特点。

问：中国家族制度文化史是您所关注的另一个重要课题，您先后出版过《近500年来福建的家族社会与文化》、《福建族谱》等很有分量的著作，引起了海内外历史学、民族学及文化人类学者的广泛关注，您是怎么跨入这个领域的呢？

答： 我跨入家族研究纯属无心插柳。在傅先生指导下，我曾经长时期在福建各地进行田野调查，收集各种民间文献资料。20 世纪 80 年代中国史学界正处在一个转型阶段，经过“文化大革命”一段时间的沉寂后，大家都在寻求新的研究增长点。北方一带的学者得地利之便，注重开发明清档案，而身处南方的我们在明清档案文献上不可能拥有北方学者那样的优势。但是，从傅先生以来，我们一直有一个比较好的传统，那就是重视通过社会调查，挖掘各类民间文献。在这些民间文献中，族谱是一个大宗。当时福建民间存在着大量的族谱，数年间我们往返奔波各地，一下子就收集了一大堆族谱。我们都知道，族谱是一种十分特殊的民间文献，其中蕴涵着大量反映家族社会文化的重要资料。在阅读这些民间族谱时，我很快就被族谱的丰富内容吸引住了，考虑到当时学术界系统研究家族社会文化方面的著作并不多见，而手头又正有这么多的民间族谱，于是就萌生了利用这些族谱资源开展家族社会研究的想法，先后发表了不少这方面的论文，并且出版了《近 500 年来福建的家族社会与文化》一书。书籍的出版，从学术意义上说，在一定程度上弥补了区域家族社会文化研究方面的不足，由此得到了学术界朋友们的肯定，这种肯定理所当然地转化为推动我继续这方面研究的动力。此外，从社会意义上说，当时恰逢改革开放初期，社会上正兴起一股复兴家族的潮流，不断有海外同胞回来寻根问祖，农村中也开始盛行家族重建。一些出版社闻风而动，前来约稿。在此情况下，我又撰写了《福建族谱》等有关家族方面的书稿，出版后反响还不错，引起了学术界一定程度上的注意。

现在看来，在家族研究方面最值得回忆的一点，是在一定程度上实践了跨学科的研究方法。在福建城乡做广泛而深入的田野调查，探求家族组织等中国传统基层社会结构问题，不仅需要扎实的历史学功底，而且还必须具备一定程度的社会学、文化人类学方面的知识。可以说，这种多学科交叉的研究方法，一直影响着我后来的研究。

问： 近年来您在闽台区域文化史研究方面亦很有建树，出版了

《客家源流新论》、《福建宗教史》、《福建六大民系》等著作。前不久，您所主编的《透视中国东南：文化经济的整合研究》还获得了中国图书奖。能从总体上谈谈您对闽台区域文化史研究的看法吗？

答：我关注闽台区域文化史的研究，应该说有多方面的因素。首先，我在福建城乡进行了长时期的社会调查后，收集的相关资料比较多，自然就产生了研究区域文化史的想法。其次，从20世纪90年代后期起，我的个人工作岗位发生了变化，担任了人文学院的学术主管。厦门大学有着深厚的人类学与民族学研究传统，一直是国内这方面的一个科研重镇，但近些年来在研究上有些弱化。我深感有责任推动这方面的学科建设，振兴民族学研究。我个人觉得中国民族学研究存在一种认知上的误区，这就是在相当长一段时期内认为“民族”指的就是少数民族，占国家人口绝大多数的汉族反而被排除在研究之外。而且民族学也被简单等同于民族问题。当然之所以有这样的认识，并非是学术角度的衡量，而是政策延续的一种结果。因此，作为一种学科建构，以往的民族学研究是存在很大缺陷的。汉族民系的研究理应得到应有的重视。有鉴于此，我对客家及汉族民系问题进行了一番探究，发表了不少这方面的论著，其中的一个出发点就是希望能够引起大家对占国家人口主体的汉族给予关注。值得高兴的是，目前学术界有关汉族及其民系的研究成果已经越来越多了。

经过长时期的学术积累，当我成为国家教委首批“人文社会科学跨世纪优秀人才”培养工程入选者后，闽台区域文化史研究就被当作该工程的一个主要资助项目，继续得以进行，而且研究视野也扩大到闽台区域宗教、民俗、民间文化等多个方面。希望通过这些研究能对区域社会文化的内涵有一个总体的把握。近期出版的《透视中国东南》一书，就可以看作一种尝试。

当然，还要补充的一点是，来自出版机构的约稿也是其中的一个原因。近年来，国内兴起一股区域文化热，社会上对描述、研究区域文化的书籍需求量比较大。在此背景下，出版机构希望能与学者合作，多出版这方面的书籍，以满足社会的需要，我也应尽力而为。

我觉得研究区域文化，关键就是要突出其地域特性，避免雷同。闽台区域文化，既是中国传统文化的重要组成部分，同时又富有鲜明的区域文化特色，这种特殊性也就是她的生命力。历史上闽台共处一个文化圈，两地人民相依相望，共同营造出这种源远流长的文化体系。因此，深入研究闽台区域文化，不仅体现在学术价值上，而且也具有十分重要的现实意义。通过研究我们可以清楚地看到，闽台同一文化渊源和传统没有变，两岸共同的中华文化稳定性和民族精神的凝聚力没有变，这是海峡两岸从分离走向统一的坚实文化基础。

问：最近您所主编的大型丛书“台湾文献汇刊”首辑共100册出版，在海峡两岸引起了极大反响，被称作重击“文化台独”的百册重典。2006年胡锦涛总书记访问美国时，曾经把“台湾文献汇刊”作为礼品之一赠送给耶鲁大学图书馆，成为中美文化交流的一件喜事。当初您是怎么想到要编辑这套意义重大的丛书呢？

答：实际上编辑这套资料丛刊，与我多年来关注闽台区域文化史方面的研究是息息相关的。近年来台湾问题成为大陆方面的一个研究热点，各种台湾研究机构如雨后春笋般冒出来。但是，在我看来，国内台湾研究热潮的涌动，一直存在一个很大的弱点，这就是，相当多的台湾研究只注重热点追踪，而不重视学术基础的建构。最突出的表现就是资料建设方面一直停滞不前。在相当长的一段时期内，国内从事台湾问题研究的学者基本上依赖20世纪台湾地方当局与台湾银行合作出版的“台湾文献丛刊”，这是很不利台湾问题研究进展的。因为这套“丛刊”固然规模宏大，影响广泛，但是也有不少缺憾。最典型的就是由于当时正值海峡两岸社会文化交流完全隔绝时期，“丛刊”的编辑者只能尽力网罗台湾岛内的文献资料，而无法顾及台湾之外特别是祖国大陆收藏的众多相关文献。实际上，大陆许多图书馆、档案部门所收藏的关于台湾问题的文献资料，无论在量与质方面，均可超越“台湾文献丛刊”，亟待我们搜集、整理和出版。我在从事闽台区域文化史研究过程中，接触到这方面相当多的资料，深感有必要进行系统的资料整理，因此，从20世纪90年代初开始，我联络厦门、福州等地的学者，着手整理、编辑这套

"台湾文献汇刊"，经过十年左右的努力，现在第一辑共100册终于出版面世。第二辑也在筹划中，预计总数也在100册左右，

这套"台湾文献汇刊"的出版，其意义当然是很大的。从学术层面上说，它在一定程度上填补了海内外台湾历史文化研究在文献资料建设上长期存在的缺陷。我们在整理、编辑"台湾文献汇刊"时有一个基本原则，这就是：凡是"台湾文献丛刊"已经收入的文献，除了少量有明显差异的原稿本、传抄本之外，此次不再重复收入，而是尽量选择那些此前未被整理过的东西。具体来说，这些文献主要包括四个部分的内容，第一部分是古籍，涵盖了从明末清初到民国初年的私人著述及地方志书。台湾版"台湾文献丛刊"所整理出版的大部分文献就是这个时期的相关古籍，而我们这一次编辑的"台湾文献汇刊"，新整理出版的这方面古籍有100余种，都是台版"丛刊"所未收进的。其中大部分是"丛刊"未能收进去的孤本、稿本甚至珍本，十分难得。如清初主持收复台湾的闽浙总督姚启圣的文集、文告等，因此大大增强了这套"汇刊"的史料价值。第二部分是有关台湾问题的各种档案资料。这些档案资料主要出自中国第一历史档案馆以及福建省档案馆和厦门市档案馆，是反映台湾与祖国大陆不可分割渊源关系的重要历史文件。第三部分是反映闽台两地关系的族谱。第四部分则是除了上述几部分资料外的各种民间文件、契约文书和碑刻资料等。台湾版"丛刊"曾收进一定数量的此类资料，但是大部分都是在台湾发现的。这次我们编辑"汇刊"，收入的民间文件，既有在大陆发现的，也有一部分是属于台湾新近发现的。由于上面几个方面的特点，使得这套"汇刊"具备很高的学术研究价值。

另外一方面，这套"汇刊"的出版也有很强的现实意义。祖国统一是全中国人民的共同心愿，然而，从20世纪90年代以来，台湾问题发生了一些值得注意的变化，某些别有用心的台独分子极力在台湾推行"文化台独"活动，企图从文化上割断台湾与祖国大陆的血脉渊源关系，台湾学术研究中也随之出现了偏颇的"去中国化"恶劣倾向。在这样的背景下，"台湾文献汇刊"的整理出版，不仅可以在学术研究上储备丰富的相关资料，而且更重要的是能够以扎实

厚重的文化积累形式，增强包括台湾人民在内的所有中华儿女的向心力，有力地打击一小部分台独分子进行“文化台独”的阴谋，为祖国统一事业做出实实在在的贡献。

问：史料是史学研究的根本。您的研究有一个显著特点，就是特别重视发掘正史官书之外的民间文书，并将其运用到明清社会经济史研究中，从而取得了令人瞩目的成就。您过去曾经整理过许多明清社会经济史料，近期又出版了《民间文书与明清赋役制度史研究》、《民间文书与台湾社会经济史》等著作，这些都很有代表性。您是否打算将研究重点重新转回到明清社会经济史？

答：确实，由于各方面的原因，一段时期内我曾经在闽台区域文化史方面投入了较多的精力，尽管这个研究领域同样很重要，但是说心里话，我个人一直想从中脱身开来。过去中国社会科学院经济研究所和厦门大学历史系一直是国内从事经济史研究的南北两个重地，然而，近年来经济史研究人员转向社会史研究的不在少数，由此导致社会经济史研究队伍有所削弱。一些师长曾经在不同场合的谈话中希望我能够重新归队，自己也感到有责任继承先师傅先生的研究方向。因此，从2000年开始，我又重新将主要精力放在社会经济史研究上，干起了老本行。当然，经过长时期的学术探索与积累，我在明清社会经济史方面的研究思路、问题意识，与20世纪80年代相比已经有很大不同。除了发表一些论文外，最近还出版了几本著作，其中两本是你上面所提到的《民间文书与明清赋役制度史研究》、《民间文书与台湾社会经济史》。此外很快就要出第三本，书名是《民间文书与明清社会经济史》，内容主要是有关明清时代商人与商帮问题的研究。

这些著作的一个特点是比较注重运用民间文书来考察明清以来的社会经济史。近二十年来，民间文书的搜集整理工作越来越受到学术界的重视。许多大型的民间文书汇编次第出版，为深入开展学术研究提供了第一手的珍贵资料，这是很值得高兴的事。我个人由于从事中国社会经济史的教学科研，也时时注意收集各类民间文书，日积月累，数量也有万件之多。然而，学术界对于民间文书的研究，似乎还跟不上搜集整理的步伐，一个明显的现象就是专注于此的著作寥寥可数。个中原因，据我看大概是因为民间文书雷同的很多，特别是民间契约，大部分是关于土地交易的文书，这些地契格式大多没有什么差别，全国各地基本相似。而土地关系史的研究，一度是20世纪后半叶的热门课题，这方面的成果已经很多，要想从中寻求创新很不容易，由此也造成了前面所说的搜集多、研究少的局面。实际上相比于民间文书丰富的内涵，我们对民间文书的研究远不能说已经深入、透彻了。可做的地方还很多，关键是如何更新我们的研究视角与方法。抱着这样的思路，我利用自己多年来收集的各类民间文书，在明清社会经济史方面做了一些探索，一方面希望能够通过自己的这些研究，呼吁大家重新认识民间文书的重要性与复杂性，如果能由此在一定程度上重新激发大家研究民间文书的兴趣，那实在是一件很令人快慰的事。从另一个方面来说，我个人也希望能够通过民间文书的研究，在明清国家体制与基层民间社会关系问题上做一些有益的探索。我一直认为，明清时期的国家体制，在政治上固然是一个中央集权专制的制度，但是这种体制是无法有效地掌握民间基层社会及其经济体系等方面的运作的。而政府对于民间基层社会的无所作为，又使得民间基层社会处于一种近乎自生自灭的放任状态，从而反过来限制了基层社会经济的顺利发展。当我们深入阅读各类民间文书时，对这一问题的认识会深化很多。

问：在西方年鉴派史家眼中，史料可分为“有意”和“无意”两大类，前者多为各种有意编成留示世人的官书，有点相当于我们所说的正史，后者则常指无意留下的各种公私记录，类似档案及各种民间文献，一般认为后者可靠性要超过前者，您怎么看待民间文献在国史研究中的地位？

答：实际上在我看来任何史料都是“有意”与“无意”的集合体，也就是说，任何史料既有有意的一面，同时也有无意的一面。造成这种现象的原因当然是多方面的，但其中很重要的一点是史料的编辑、生成本身已经成为一种文化，无论是官书还是民间文献，这些留存后世的史料的编辑者或者说生产者，当初在创作它们的时候，都不可避免要受到他所生活时代编写文化定式的影响。可能在一般人眼中，民间文献无意的成分大一点，因此更可靠一些，实际上这里存在着一个对民间文献认识上的较大误区。为什么这样说呢?这是因为民间文献的编成实际上已经受到了与生俱来的文化影响,编辑者大多无可摆脱这种文化影响,由此也使大多数的民间文献游离在有意与无意之间。族谱就是一个十分典型的例子。作为一种典型的民间文献,大多数族谱的编纂在于为家族提供一本相对于国史的家史,原不以示人为目的,从这一角度上说,族谱人为修饰的成分可能要少一些。然而,实际情况却并非这么简单。尽管族谱为家族社会史、经济史、人口史、民族史、宗教史、移民史、妇女史等诸多方面的研究提供了许多不可替代的第一手资料,但是我们也很容易发现族谱中存在着不少虚构冒托、夸饰炫耀的虚假成分。因为族谱毕竟是私家所记,在一些内容上存在着很大的主观随意性。因此,我们在运用族谱资料时,就应当实事求是,有所鉴别,有所选择,而非轻易迷信。那种随意摘取族谱中的某些人物或历史事件的记载,不顾其余,动辄轻言有"新观点"、"新发现"的做法,是不可取的,也是很不严肃的,这是我们利用民间文献研究国史必须十分注意的一点。

当然,我们认为任何史料都是"有意"与"无意"的集合体,并不是轻言所有史料都值得怀疑,只是希望读史者在阅读史料时,无论是官书还是民间文献,都不要走极端路子,或者彻底怀疑,或者盲目迷信。关键的一点还是要注重各类史料的比勘、辨别,而不要主次颠倒,一下子就做了史料的奴仆。

问:您在给学生开课时一直强调社会调查在史学研究中的重要性,而且您自己也一直躬行不倦。能谈谈您对社会调查与史学研究之间关系的心得吗?

答:社会调查在历史学中的应用,近年来越来越受到人们的重视,究其原因,我想大致有两个:一是社会调查是人类学、社会学、经济学等相邻学科的一种重要研究手段,而多学科的交叉渗透是现代人文社会科学发展的一个重要趋向;二是社会调查研究方法的运用,大大拓展了历史学研究基础即史料搜集的深度和广度,从而使得历史学研究呈现出更为丰富多彩的新局面。

中国传统史学是以政治史作为研究主线的,所以史学家们对于官修的所谓“正史”一度十分迷信。20世纪初以来，受到西方人文社会科学思潮的影响，一部分思想敏锐的史学家开始注意到从正史之外搜集史料的重要性。其中著名的有王国维先生的“二重证据法”，即在重视正史等文献资料的同时，应当重视运用地下考古发掘的新资料。然而，一直到20世纪三四十年代，学者们对于正史之外的各种私家笔记以及地方志书资料的运用，依然小心翼翼，甚至心怀疑虑。这种情况到20世纪三四十年代后发生了变化。从那时开始，一些年轻的学人，开始把史学研究的兴趣扩展到政治史之外的许多领域，特别是社会史、经济史领域。人们对历史资料的搜集范围，也突破了以往官方正史典籍的局限，开辟了多方面的资料来源。私人笔记、小说野史、方志家谱，都逐渐进入史学研究的殿堂。与此同时，有些社会学家和历史学家已经开始进入城乡基层社会，进行社会调查，并且运用社会调查资料所得，开拓了全新的史学研究领域。其中如陈翰笙先生的中国农村社会研究、傅衣凌先生的中国社会经济史研究，都对中国当代的历史学研究产生了重大的影响。目前，学术界对社会调查与历史研究相结合的学术道路已经表现出很大的兴趣与热情，社会调查在史料拓展方面所起到的重大作用已经得到了学术界广泛的认可。

社会调查与史学研究的结合，之所以能够引起人们日益重视，除了这种方法能够拓宽历史学资料来源的渠道外，更重要的一点还在于它能够“贴近社会下层看历史”。而从理论上说，贴近社会下层看历史的研究方法，是完全符合马克思主义唯物史观的。因为要理解马克思唯物史观所强调的一些核心问题如人民群众在社会和政治动荡时期的作用等，仅仅依靠“为帝王将相作家谱”的官方正史资料是远远不够的，显然需要社会调查这种“贴近社会下层看历史”的研究方法来加以认真印证。

现代人文社会科学发展的一个重要趋势，是理论和方法论的不断创新。作为“贴近社会下层看历史”的手段之一的社会调查，也完全与现代人文社会科学的新理论新方法相适应。以近年来较为流行的国家体制“大传统”与民间社会“小传统”的理论为例，国家体制“大传统”给我们留下的“文本”资料，远不能反映社会的全息和文化的全貌，其中最大的空缺就是社会下层民众的动向。历史学家需要通过社会调查等手段，从民间社会的点点碎影中补充这种历史的空缺，从社会下层发掘足以反映历史变动的轨迹，以最大限度地接近历史的真相。同时我们还应当看到，中国的政治文化、道德伦理固然对民间行为、社会经济等方面有着居高临下的示范作用，但是民间社会经济、下层社会风气的变化，同样可以影响统治者、知识分子对社会、政治以及道德伦理等方面的思考和调适。这也是我们强调通过社会调查等手段来贴近社会下层看历史的重要性所在。

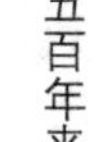

在我看来，社会调查作为史学研究贴近民间社会的重要途径，至少应当从这么四个方面进行这项工作，即广泛搜集民间私家文献资料、民间文化行为资料、民间神话传说与口碑资料，以及民间意识认知资料。

社会调查工作在学术研究上的运用，并不是历史学家的专利，相反在更早的时期内，人类学家、社会学家、民族学家、人口学家、经济学家等，就已经十分重视社会调查（田野工作）的运用，有些学科对社会调查工作的重视远远超出一般历史学家的重视程度。这种多学科对社会调查的关注，正体现了现代人文社会科学发展的另一个重要趋势，即各个学科之间的界限日益淡化。历史学的研究方法，正朝着多学科相互结合、相互渗透的方向迈进。传统的历史学过于迷恋典籍文献的资料作用，而人类学家、社会学家在社会调查（田野工作）上的成就，无疑给寻求学术创新的历史学家们带来有益的启示。以往对典籍文献资料往往抱怀疑态度的人类学家、社会学家们，近年来也对历史文献资料产生了相当的兴趣。学术研究众多学科的结合运用，显然已经对历史学科与其他学科之间的取长补短，产生了良好的效应，而社会调查这一研究方法的普遍应用，恰好能够在这种多学科的结合渗透方面起到一个良好的沟通作用。

当然，不同学科毕竟有着自己的学科特点，有着各自专注的研究理论和方法，体现在社会调查的具体操作上，也应当有许多各自不同的侧重点。因此，就社会调查的具体方法而言，应该根据不同的研究课题和调查对象，采用较为可行的相应措施，不能强求一致，或是过分仿效他人的研究方法，应该形成自己通过社会调查而积累史料的特点，形成自己运用这些材料解读历史的特点。傅衣凌先生对历史学的贡献，主要在于开创了中国社会经济史学派。这个学派，在研究方法上，以社会史和经济史相结合为特征，从考察社会结构的总前提出发，探求经济结构与阶级结构、经济基础与上层建筑之间的相互关系和相互影响。特别注意发掘传统史学所弃置不顾的史料，以民间文献诸如契约文书、谱牒、志书、文集、账籍、碑刻等证史；强调借助史学之外的人文科学和社会科学知识，进行比较研究，以社会调查所得资料，诸如反映前代遗制的乡例、民俗、传说、地名、口碑等资料证史。特别注意地域性的细部研究和比较研究，从特殊的社会经济生活现象中寻求经济发展的共同规律。我认为，即使从今天来看，傅先生开创的这种社会调查与多种资料、多种学科相结合的研究方法，依然值得我们认真效法、大力发扬。当然，人文社会学科的相互交叉、相互渗透的趋势进一步促进了历史学理论与方法论的前进，社会调查工作的深度和广度也将得到进一步的扩展。如何在吸收傅衣凌等史学前辈探索成果的基础上更上一层楼，无疑是我们今后必须切实努力的一个重要方向。

最后，我想强调一点，社会调查固然应当在现代史学研究中占有一定的学术空间，但这并不意味着社会调查就是推进史学研究的不二法门。事实上，社会调查所征询的对象，由于文化教育程度、地域观念以及个人经历的差异，他们所能提供给研究者的信息，往往是芜杂混乱的，且带有某种程度的片面性。民间文献所留下的文字，也往往由于受到记载者文化修养的限制和私家认知观念的影响，带有不同程度的片面性。如此一来，就需要研究者对这些芜杂混乱的民俗材料、口碑访谈、民间歌谣、谱牒私册等资料，进行认真的梳理，从中分辨出带有普遍意义而又真实可信的资料来。也就是说，如果研究者不具备传统史学所谓史才、史学和史识，就很可能落入社会调查的误区。特别是应当注意避免那种主题先行、概念先行，孤立化、只见树木不见森林的社会调查。

问：学术研究要做到既专精又广博，是很难达到的一个境界，您的研究领域相当广泛，在明清史、社会经济史、文化史等方面都有深入见解。您是如何处理治学的博与专这一问题的？

答：我想这和我在厦门大学历史系读研究生时代所接受的两个训练有关。一个训练就是当初选择明清赋役制度作为主要研究方向时，导师傅衣凌先生嘱咐我要认真地将明清主要史籍过一遍，因此我在做学生时有一段时期经常跑图书馆，阅读馆中所藏的明清主要史籍，由此打下了比较好的明清史基础；另一个训练是来自田野调查方面的。傅先生在指导学生从事田野调查时，反复强调收集资料要注意竭泽而渔，不要顾此失彼。因为有些资料可能目前暂时用不上，但如果及时搜集贮备，将来随着学术研究的进展，需要用的时候，自然就很容易用上。现在想起来当初读书时所受到的这两个训练真的是使我终身受益，做起研究来可以左右逢源，而不会缩手缩脚。现在我给博士生上课时，还是反复强调这两方面的训练。

我的研究兴趣虽说比较广泛，但实际上还是有所侧重的。从表面上看，我这些年研究领域涉及明清财政赋役制度、商人与商业史、家族社会、族群民系乃至闽台区域社会文化、宗教、民俗等许多方面，但绝大多数的研究都是围绕着国家制度与基层社会之间关系问题而展开的。如果说我的研究在相关问题上有一定深入的见解，也许正与这种比较开阔的研究视角以及比较多样的问题维度密切关联。

问：您曾经与杨国桢先生合著了《明史新编》一书，该书既是一部体现社会史与经济史相结合的明代断代历史专著，同时也是一部颇受欢迎的高校历史学科教材。近年来，您还致力推动人文学院的教学改革，主编了一套“人文教改创新丛书”，您所著的《历史学的困惑》作为该丛书的第一本，在 2004 年已由中华书局出版，能谈谈您对高校历史教学的看法吗？

答：对于高校历史教学，我个人感觉最失败的地方在于本科教育与中学教育之间的雷同。我们知道，学生在中学里接受的历史教育，只是些条理化的历史学基本常识，这可能可以满足中学历史教育的要求，然而，当学生考入大学后，很多人发现，大学所教的历史知识，与他们此前在中学所接受的教育并没有根本上的差别，相当于将中学里的知识点再过一遍，只是在内容上有所扩充而已。这怎么能引起学生的兴趣呢？这种失败甚至直接影响到研究生的教学，因为在这种教学背景下教出来的学生，对史学的了解仍然是十分有限，甚至可以说，对什么是历史学仍然茫然不知，更遑论在大学阶段打下扎实的基础了。

那么，高校历史教学应当怎样扭转上面所说的不合理局面呢？我觉得很重要的一点是必须引导学生培养一种历史基本认知，也就是说，什么是历史？什么是历史学？本科阶段的学生在经过系统的学习之后应当对上述问题有一种比较深入的理解，特别是能掌握一定的史学理论与方法论，形成一种历史感，从而为今后的研究工作打下一定基础，而不是简单重复中国历史与世界历史的基本知识点。

国内有一段时间曾经热衷于高校通史教材的编写，以《中国通史》为例，各种版本层出不穷，不下百部。但是，仔细一看我们很容易发现这些教材雷同的很多。反观海峡对岸，台湾地区数十年来高校大多只用一种版本的《中国通史》。我觉得大学历史教育不在于花费大精力去编辑各种通史教材，而是应当注重专题知识的讲授，我们近年来开展了一些教改活动，推出了“人文教改创新丛书”，就是希望能在高校教学中探索一种适应学生需要的教学新模式。

问：谢谢您接受本刊的采访。

［原文发表于《历史教学》2005（7）］

附录五
陈支平主要著作目录（1988—2010）

1. 清代赋役制度演变新探. 厦门：厦门大学出版社，1988

2. 近500年来福建的家族社会与文化. 上海：三联书店上海分店，1991；台北：扬智文化事业股份有限公司，2004

3. 基督教与福建民间社会. 合著. 厦门：厦门大学出版社，1992

4. 明清时代福建的土堡. 合著. 台北：国学文献馆，1993

5. 明史新编. 合著. 北京：人民出版社，1993

6. 中国赋役制度史. 合著. 厦门：厦门大学出版社，1994；上海：上海人民出版社，2000

7. 福建商帮. 合著. 香港：中华书局，1995

8. 福建族谱. 福州：福建人民出版社，1996

9. 福建宗教史. 主编. 福州：福建教育出版社，1996

10. 客家源流新论. 南宁：广西教育出版社，1997

11. 福建六大民系. 福州：福建人民出版社，2000

12. 透视中国东南：文化经济的整合研究. 主编. 厦门：厦门大学出版社，2003

13. 民间文书与明清赋役史研究. 合肥：黄山书社，2004

14. 历史学的困惑. 北京：中华书局，2004

15. 民间文书与台湾社会经济史. 长沙：岳麓书社，2004

16. 台湾文献汇刊. 100册. 主编. 九州出版社；厦门：厦门大学出版社，2005

17. 华南客家族群追寻与文化印象. 主编. 合肥：黄山书社，

2005

18. 中国通史教程. 元明清卷. 主编. 上海：复旦大学出版社，2006

19. 福建民间文书. 六册. 主编. 桂林：广西师范大学出版社，2007

20. “中国经济史研究丛书”（20 册）. 主编. 福州：福建人民出版社，2007

21. “台湾研究丛书”（20 册）. 主编. 福州：福建人民出版社，2007

22. “闽南文化丛书”（14 册）. 主编. 福州：福建人民出版社，2008

23. “闽台族谱汇刊”（50 册）. 主编. 桂林：广西师范大学出版社，2009

24. 民间文书与明清东南族商研究. 北京：中华书局，2009

25. 闽南文化百科全书. 主编. 福州：福建人民出版社，2009

当代中国人文大系

文学

论二十世纪中国文学	谢　冕
新世纪的太阳 ——二十世纪中国诗潮	谢　冕
中国反封建思想革命的一面镜子 ——《呐喊》《彷徨》综论	王富仁
嬗变 ——辛亥革命时期至五四时期的中国文学（修订版）	刘　纳
性格组合论	刘再复
中华古代文论的现代阐释	童庆炳
维纳斯的腰带 ——创作美学	童庆炳
中西比较诗学（修订版）	曹顺庆
文学的维度	南　帆
修辞论美学 ——文化语境中的20世纪中国文艺	王一川
众神狂欢 ——世纪之交的中国文化现象（最新版）	孟繁华

历史学

古文献丛论	李学勤
楚史	张正明
夏商西周的社会变迁	晁福林
《周礼》主体思想与成书年代研究（增订版）	彭　林
简帛数术文献探论（修订版）	刘乐贤
秦史稿	林剑鸣
秦汉交通史稿（增订版）	王子今
汉代婚姻形态	彭　卫
察举制度变迁史稿	阎步克
唐、吐蕃、大食政治关系史	王小甫

唐代藩镇研究（增订版） 张国刚
唐五代敦煌寺户制度（增订版） 姜伯勤
宋朝阶级结构（增订版） 王曾瑜
宋代地方财政史研究 包伟民
宋夏关系史 李华瑞
元代大都上都研究 陈高华 史卫民
明清土地契约文书研究（修订版） 杨国桢
在国家与社会之间
——明清广东地区里甲赋役制度与乡村社会 刘志伟
市场机制与社会变迁
——18 世纪广东米价分析 陈春声
明清福建家族组织与社会变迁 郑振满
近五百年来福建的家族社会与文化 陈支平
清代社会的贱民等级 经君健
江南的早期工业化（1550—1850）（修订版） 李伯重
中国的社与会（修订版） 陈宝良
近代中国社会的新陈代谢 陈旭麓
十九世纪后半期的中国财政与经济 彭泽益
太平天国的历史和思想 王庆成
离异与回归
——传统文化与近代化关系试析（增订版） 章开沅
二十世纪初中国政治改革风潮
——清末立宪运动史 侯宜杰
中国近代会党史研究（增订版） 蔡少卿
章太炎思想研究 姜义华
寻求历史的谜底
——近代中国的政治与人物 杨天石
胡适新论 耿云志
国学与汉学
——近代中外学界交往录 桑 兵
西学东渐与晚清社会（修订版） 熊月之
晚清政治革命新论（增订版） 郭世佑
美国的奠基时代（1585—1775）（修订版） 李剑鸣

哲学

哲学与主体自我意识　高清海
走向历史的深处
——马克思历史观研究　陈先达
理论思维的前提批判
——论辩证法的批判本性（第2版）　孙正聿
为马克思辩护
——对马克思哲学的一种新解读　杨　耕
论黑格尔的逻辑学（第3版）　张世英
海德格尔思想与中国天道（修订新版）　张祥龙
走进分析哲学　王　路
现象学的始基
——胡塞尔《逻辑研究》释要（内外编）　倪梁康
论可能生活（第2版）　赵汀阳
生命伦理学　邱仁宗
激动人心的年代
——世纪之交物理学革命的历史考察和哲学探讨　李醒民
现代科学与伦理世界
——道德哲学的探索与反思（第2版）　张华夏
希腊空间概念　吴国盛
中国佛教与传统文化　方立天
进化主义在中国的兴起
——一个新的全能式世界观（增补版）　王中江
中国伊斯兰探秘——刘智研究　金宜久
多元化的上帝观
——20世纪西方宗教哲学概览（增订版）　何光沪
宗教哲学研究
——当代观念、关键环节及其方法论批判（增订版）　张志刚
心学之思——王阳明哲学的阐释　杨国荣
孟子性善论研究（修订版）　杨泽波
情感与理性　蒙培元
从物质实体到关系实在　罗嘉昌
因果观念与休谟问题　张志林
科学活动论　刘大椿

图书在版编目（CIP）数据

近五百年来福建的家族社会与文化/陈支平　著．—北京：中国人民大学出版社，2010.12
（当代中国人文大系）
ISBN 978-7-300-13116-0

Ⅰ.①近…　Ⅱ.①陈…　Ⅲ.①家族-文化史-研究-福建省　Ⅳ.①K820.9

中国版本图书馆 CIP 数据核字（2010）第 245602 号

当代中国人文大系
近五百年来福建的家族社会与文化
陈支平　著
Jinwubainianlai Fujian de Jiazu Shehui yu Wenhua

出版发行	中国人民大学出版社		
社　　址	北京中关村大街 31 号	**邮政编码**	100080
电　　话	010－62511242（总编室）		010－62511398（质管部）
	010－82501766（邮购部）		010－62514148（门市部）
	010－62515195（发行公司）		010－62515275（盗版举报）
网　　址	http://www.crup.com.cn		
	http://www.ttrnet.com(人大教研网)		
经　　销	新华书店		
印　　刷	北京华正印刷有限公司		
规　　格	155 mm×235 mm　16 开本	**版　　次**	2011 年 3 月第 1 版
印　　张	17 插页 2	**印　　次**	2011 年 3 月第 1 次印刷
字　　数	231 000	**定　　价**	45.00 元